KB157128

Introduction to Air Transportation Service

항공운송 서비스개론

PREFACE

INTRODUCTION TO AIR
TRANSPORTATION
SERVICE

일과 휴식을 중요 시 하는 현대인들의 생활 방식에 부합하여 여행업계에는 다양한 상품을 개발하고 있으며, 관광객들을 쾌적하고 신속하게 목적지로 이동 시키는 항공운송산업 또한 연간 10%이상의 지속적인 성장세를 나타내고 있다.

아울러 항공운송분야에 취업을 희망하는 많은 지원자가 있으나 다양한 외국어 능력 및 신체조건 등, 제약요소가 있어서 뜻을 이루는데 어려움이 있는 것이 현실이다.

따라서 공항에 오래동안 근무했던 저자의 실무 경험과 학문적 이론을 바탕으로 본서를 저술하여 항공운송서비스 취업준비생들에게 도움이 될 수 있도록 하였다.

본서는 2016년 초판, 2018년 2판이 발간된 이후에, 학생들이 공항실무를 학습하는데 도움이 되는 것으로 평가 받고 있어서, 2019년 제3판을 발행하게 되었다.

3판의 내용은 기존서의 미흡한 부분을 보완하고 현재 인천공항 및 김포공항에서 부분적으로 운영되고 있는 Smart Self Check-In & Smart Self Bag-Drop System을 소개하여 여러분들의 공항업무 체험에 도움이 되도록 하였다.

공항서비스는 항공기 객실 승무원이외에도 지상 조업 및 보안검색 등 다양한 직종의 업무가 융합된 종합서비스임을 감안하여 본인의 능력에 맞는 취업처를 선택하여 항공인 으로서 여러분들의 꿈을 실현하기 바란다.

끝으로 본서의 출간을 지원하여 주신 한올 출판사 관계자 여러분께 감사를 드린다.

2019. 1.   저자 드림

CONTENTS

Chapter
02

항공운송서비스   021

Chapter 03

공항서비스   049

출입국 서비스   091

국제항공운송협약 및 국제기구   231

Chapter 09

국외여행 안내

265

Appendix
10

부록   336

INTRODUCTION TO AIR
TRANSPORTATION
SERVICE

항공운송업

항공운송
서비스개론

↗

항공운송업

01 항공운송업의 정의

1. 항공운송업의 정의

항공사는 상업적 목적을 달성하기 위하여 항공기를 이용하여 승객과 항공화물 등을 유가로 수송하는 업체이다. 항공운송업은 일정한 자격요건을 갖춘 항공사가 항공수요를 운반하고 그 대가로 수익을 창출하는 영업 활동을 말한다. 항공법 제2조 제31호에 의하면 "타인의 수요에 응하여 항공기를 사용하여 유상으로 여객 또는 화물을 운송하는 사업을 말한다."라고 규정하고 있다.

2. 항공운송의 부대 효과

항공기 승객을 목적지까지 짧은 시간에 편하고 안전하게 이동시키면서 그 과정에 비즈니스 또는 레저 등 다양한 목적에 부합되도록 리무진 또는 렌터카 서비스 및 호텔 투숙 등과 연계하여 고객의 기대에 부응하는 각종 관광 패키지 프로그램을 설계하고 운영하여 고가의 부가가치를 창출한다.

02 항공운송업의 특성

1. 경제성

첨단 항공산업의 발달과 항공사 간의 경쟁, 이용자의 소득 수준 향상에 따른 기대욕구의 상승으로 항공산업은 더욱 발전하고 있다. 항공사는 실효적인 서비스 개발로 소비자의 기대에 부응하는 다양한 항공스케줄과 운임체계를 제공하여 여행자의 욕구를 충족시키는 것을 말한다.

2. 안전성

하늘을 날면서 고객서비스를 제공하는 교통수단인 항공기는 다른 육상, 해상 교통수단인 차량, 철도, 선박들과 달리 사고의 발생 횟수는 적지만 한 번 발생 시 탑승객 전원이 사망하게 되는 대형 참사를 피할 수 없게 되며 국제적으로 국가 신인도에도 큰 영향을 미치게 된다.

따라서 항공사는 물론 조종사, 승무원, 지상 조업사, 탑승객 및 관련되는 모든 인력과 장비들은 관련 규정 및 절차들을 잘 지켜서 승객과 항공기의 안전을 지켜야 한다.

3. 쾌적성

쾌적성은 항공기 기내 서비스에서 큰 비중을 차지하고 있다. 숙련되고 친절한 자세로 고객을 응대하는 것도 중요하지만 화장실, 좌석, 항공기 내 온도·습도·조명 및 소음 관리와 운항시간 등 여행과 관련된 신속하고 정확한 정보 제공도 주요한 요소이다.

4. 신속성

항공기가 다른 교통수단보다 이용객들에게 선호되는 이유는 먼 거리를 짧은 시간에 안전하고 편리하게 갈 수 있다는 차별성 때문이다. 따라서 항공사 등 조업 관련 인적·물적 자산을 효율적으로 활용하여 항공기의 지연, 결항 등을 최대한 방지하여 항공기 고객들에게 최상의 서비스를 제공하여야 한다.

5. 공공성

국가의 주요 기반 시설의 한 축인 항공운송은 항공사의 독자적인 사정이나 판단에 따라서 항공기의 운송 스케줄이나 요금 등을 결정할 수 없게 된다. 이는 국민 생활에 밀접하게 연관을 갖고 있어서 국가 경제나 문화활동에 커다란 영향을 미치고 있으며 아울러 국제항공기구인 IATA, ICAO 등의 권고나 규정들을 지켜야 한다.

03 항공운송업의 발전 배경

1. 도입 배경

- 16세기 초 레오나르드 다빈치에 의해 새의 비행원리 탐구
- 박쥐의 날개 응용 '오니숍터' 개발

2. 비행 기술 응용

- 18세기 말 프랑스의 몽골피에 형제 열기구 발명
- 1783년 물리학자 드 로제 세계 최초 열기구 탑승 유인비행 실현

3. 동력 비행 시험

🌐 1903년 미국의 라이트(Wright) 형제 가솔린 엔진 개발

🌐 '라이트 플라이어-1' 인류 최초 유인비행 실현

4. 항공기의 상업화 배경

🌐 제1차 세계대전 때 항공기 정찰용으로 개발

🌐 전쟁 종료 후 항공기 상업화 모색

🌐 최초의 상업적 목적으로 우편물 수송

5. 첨단화

🌐 1937년 영국의 프랭크 휘틀 세계 최초 제트 엔진 개발

🌐 1939년 하인켈 178기 개발

🌐 1946년 세계 최초 제트 엔진 여객항공기 개발(영국)

🌐 1958년 미국 보잉(Boeing)사 개발 B-707 뉴욕/런던 취항

04 우리나라 민간 항공산업 발전

1. 도입기 활동가

🌐 한국인 최초 비행사 : 안창남

● 일본 오꾸리 비행학교에서 수학

● 1922년 '금강호' 탑승하여 서울 여의도 입성

🎐 중국항공계 활동가 : 박태하 · 김진일 · 서일보
  ● 중국 광동과 남원에서 후진 양성
🎐 우리나라 최초 여성 비행사 : 권기옥(1925)

2. 민간 항공의 도입

🎐 1946년 신용욱 '대한국제항공사' 설립
🎐 1948년 대한민국 정부 수립 후 '대한국민항공사' 설립
  ● 서울/부산 등 국내선 운항면허 취득
🎐 1960년 조중훈 '한국항공' 설립(부정기 항공 면허)
🎐 1962년 장덕창 '고려항공' 설립
🎐 1962년 대한항공공사(국영) 국내선 취항 개시

3. 민영화 시대의 도입

🎐 1969년 대한항공공사–한진상사(조중훈)에 매각
  ● 일본/동남아 노선 개척 취항
🎐 1972년 미주 노선 취항

4. 복수 항공 시대 개막

🎐 1988년 금호그룹 제2민항 설립허가 획득 : ㈜서울항공 설립

5. 저비용 항공사 도입

🎐 2005년 8월 한성항공 취항(2010. 10. 티웨이항공으로 사명 변경)

⊛ 2006년 제주항공 취항

⊛ 2008년 진에어 취항

⊛ 2008년 에어부산 취항

⊛ 2009년 이스타항공 취항

05 항공운송업의 분류

국토교통부령으로 정하는 일정규모 이상의 항공기를 이용하여 유상으로 여객이나 화물을 운송하는 것이며 항공법 제2조에 의해 국내 항공운송업의 분류와 각 목의 정의는 다음과 같다.

1. 정기운송사업

정기적인 운항계획에 따라서 일정한 항공노선을 정하여 운항하는 항공편

2. 부정기 항공 운송사

정기적인 운항계획이 아닌 필요 시에 항공노선을 개설하여 운항하는 항공편

3. 항공기 사용사업

항공운송사업 이외의 사업으로서 타인의 수요에 맞추어 항공기를 사용하여 유상으로 농약 살포, 건설 또는 사진 촬영 등 국토교통부령으로 정하는 사업

4. 항공기 취급업

항공기에 대한 급유, 항공화물 또는 수하물의 하역, 그 밖의 정비 등을 제외한 지상조업 등을 말한다.

5. 항공기 정비업

다른 사람의 수요에 맞추어서 다음 각 목의 어느 하나에 해당하는 업무를 하는 사업을 말한다.
❶ 항공기 등, 장비품 또는 부품의 정비 등을 하는 업무
❷ 항공기 등, 장비품 또는 부품의 정비 등에 대한 기술 관리 및 품질 관리 등을 지원하는 업무

6. 상업서류 송달업

타인의 수요에 맞추어서 유상으로 "우편법" 제2조 제2항 단서에 해당하는 수출입 등에 관한 서류와 그에 딸린 견본품을 항공기를 이용하여 송달하는 사업을 말한다.

7. 항공운송 총판매(대리)점

항공운송사업을 하는 자를 위하여 유상으로 항공기를 이용한 여객 또는 화물의 국제운송계약체결을 대리(여권 또는 사증을 받는 절차는 제외한다)하는 사업을 말한다.

8. 도시공항 터미널업

공항 구역이 아닌 곳에서 항공여객 및 항공화물의 수송 및 처리에 관한 편의를 제공하기 위하여 이에 필요한 시설을 설치 · 운영하는 사업을 말한다.

06 항공운송업 현황 및 향후 전망[1]

1. 운송업 현황

글로벌 경제 위기 이후 불황을 보이던 항공운송업은 2010년을 고비로 지속적인 회복세를 보이고 있다.

2017년 1월에 국토교통부가 발표한 자료에 따르면 2016년 국제선 항공여객 실적은 2015년 대비 18.8%가 성장 되었고, 국내선 여객 또한 10.5%의 성장률을 기록하였다

그 원인은 2015년 전국을 뒤덮었던 메르스 사태의 기저효과 및 환율 등의 안정에 따른 것으로 일본, 중국, 동남아 등의 국가의 항공수요 증대와 더불어 인천을 비롯한 국내 주요공항의 성장에도 기여하였다.

국토교통부 보도자료, 2017. 1. 30.

구분	실적(%)	대상국가	국내성장공항	비 고
국제선	18.8	일본, 중국, 동남아 등	인천, 김해, 제주, 대구, 청주	• '15년 대비 성장 • 청주, 대구 흑자 • '15메르스 기저효과 • 환율 및 유가
국내선	10.5	제주 등		
항공화물	7.0			

2. 국적 대형항공사(FSC) 및 저비용 항공사(LCC) 수송실적

대한항공과 아시아나 등 대형 국적항공사의 운송실적은 2015년 대비 8.0%가 증가 되었고, 진 에어 등 저비용사의 운송실적은 전년 대비 59.5%로 크게 증가하였다.

---

1) 월간 산업 리뷰(2011.3월호)

이는 저비용항공사가 항공기 추가 도입 및 비수기 항공기 좌석할인요금 실시 등 공격적인 마케팅을 도입하여 내·외국인의 제주여행 촉진 및 내륙노선의 시장 확대에 크게 기여한 것으로 분석된다.

그림 1-1 **국내 여객운송 실적 추세** (단위: 만명)

여객(만명)	2012년	2013년	2014년	2015년	2016년
국제선	4,770	5,099	5,678	6,143	7,300
국내선	2,160	2,235	2,465	2,798	3,091

또한 2010년부터 일부 저비용 항공사들의 국제선 취항이 늘면서 국제선 매출 비중이 전체 매출에서 차지하는 비중이 높아지는 것도 하나의 요인이 되었다. 저비용 항공사의 국내선 평균 점유율은 2009년 27.3%(494만 명)에서 2010년 34.7%(701만 명)로 상승하였으며, 국제선 평균 점유율 역시 2009년 0.75%(16만 명)에서 2010년 3%(92만 명)로 상승하는 등 저비용 항공사들의 성장세가 두드러졌다.

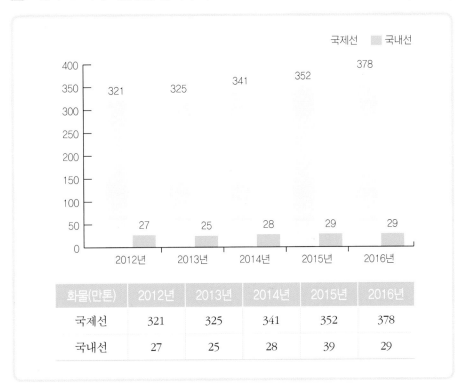

그림 1-2 국내 화물운송 실적 추세 (단위 : 톤)

화물(만톤)	2012년	2013년	2014년	2015년	2016년
국제선	321	325	341	352	378
국내선	27	25	28	39	29

3. 항공운송 수요 전망

(1) 환경 분석

　2016년 항공시장은 신흥국 경제성장 둔화, 브렉시트, 테러 등 세계경제성장 불확실성 악재에도 불구하고 전체 항공여객 1억 명 돌파, 항공화물 7%대 성장 등 역대 최고실적 달성하였다.

　따라서 지속적인 성장 추세를 보이고 있는 항공 시장을 감안하면 2017년에도 내국인의 해외여행 증가 및 외국인 관광객의 국내 여행 수요 증가와 항공화물의 확장에 따른 항공사의 운항노선 확대전략으로 항공시장의 성장세가 계속될 것으로 전망되고 있다.

(2) 발전 방향

향후에는 보다 경쟁력 있는 항공 산업 환경을 조성하기 위해서 IT를 활용한 스마트 공항운영체계를 추진하는 한편 저비용 항공사와 대형 항공사의 간의 상호 보완을 통한 전략적 동반으로 고객서비스 개선을 추진하여야 할 것이다. 특히 2017년 말에 개관 예정인 인천국제공항 제2터미널 운영과 더불어 일본·중국 등 주변 국가들의 경쟁공항들과 차별화된 고객서비스로 12년 연속 세계 공항 서비스평가(ASQ) 1위의 위상에 맞는 고객만족을 창출할 수 있도록 인적·물적 서비스 자산을 효율적 활용을 갖춘 종합시스템을 구축하여야 할 것이다.

표 1-1 국내 항공사 항공기 도입 계획

항공사 명	'10.12월 말 보유대수	'11년 도입 예정	비 고
대한항공	129대	16대	2017년까지 총 45대 도입 예정 (중·대형 기종 35대)
아시아나항공	69대	3대	2017년까지 총 45대 도입 예정 (중·대형 기종 39대)
제주항공	7대	2대	
티웨이항공	2대	1대	
진에어	5대	2대	도입 기종은 B737-800(189석)
이스타항공	6대	1대	
에어부산	6대	1대	도입 기종은 A321-200(195석)

표 1-2 국내 항공사 항공기 보유현황 (2017.07.15)

구분	기종별	KAL	AAR	JJA	JNA	ABL	ESR	TWB	ASV	계	비고
여객기	A380-800	10	6							16	
	B747-8	9								9	
	B787-9	2								2	
	A350-900		1							1	
	B747-400	5	4							9	
	B777-300	4								4	
	B777-300ER	20								20	
	B777-200	14	11		4					29	
	A330-300	21	15							36	
	A330-200	8								8	
	B767-300		7							7	
	B737-800	15		29	19		14	19		96	
	B737-900	16								16	
	B737-900ER	6					1			7	ZE 1대
	B737-700						3			3	
	A321-100		2							2	
	A321-200		19			14			4	37	
	A320-200		7			6				13	
자가용	737-700	2								2	
	BD-700	2								2	
	소계	134	72	29	23	20	18	19	4	319	
화물기	B747-8F	7								7	
	B747-400F	12	10							22	
	B777F	11								11	
	B767-300F		1							1	
	소계	30	11							41	
	총계	164	83	29	23	20	18	19	4	360	

memo

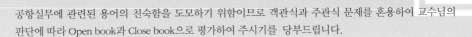

제1장 항공운송업

공항실무에 관련된 용어의 친숙함을 도모하기 위함이므로 객관식과 주관식 문제를 혼용하여 교수님의
판단에 따라 Open book과 Close book으로 평가하여 주시기를 당부드립니다.

성명: 학번:

1. 다음은 항공운송업의 특성이다. 틀린 문항을 고르시오.

  ① 경제성
  ② 수익성
  ③ 안전성
  ④ 신속성

2. 항공운송업의 정의에 대하여 서술하세요.

3. 아래의 설명이 의미하는 운송업의 특성을 고르시오.

> 국가의 기반시설인 항공운송사업은 항공사의 독자적 사정이난 판단에 의하여 항공기의 운항 스케줄이나 요금등을 결정 할 수 없게 된다. 이는 국민 생활과 밀접한 연관을 갑고 있어서 국가 경제나 문화 활동에 커다란 영향을 미치고 있으며 아울러 국제항공기구인 IATA(국제민간항공수송협회), ICAO(국제민간항공기구) 등의 권고나 규정 등을 지켜야 한다.

① 경제성

② 수익성

③ 안전성

④ 공공성

4. 다음 중 항공기의 상업화 배경에 해당하지 않는 문항을 고르시오.

① 러 · 일 전쟁 종료 후

② 제1차 세계 대전

③ 전쟁 종료 후 상업화 모색

④상업적 목적으로 우편물 수송

5. 다음 중 항공운송업의 분류에 해당하지 않는 문항을 고르시오.

① 정기운송사업

② 항공기 취급업

③ 항고기 정비업

④ 귀빈 수송업

memo

INTRODUCTION TO AIR
TRANSPORTATION
SERVICE

항공운송
서비스

**항공운송
서비스개론**

↗

CHAPTER

02

항공운송
서비스

01 항공운송서비스의 개념 및 절차

1. 항공운송서비스의 개념

여객과 화물을 유상으로 출발지에서 원하는 목적지까지 편안하고 안전하게 이동시키는 서비스로서, "항공기"라는 하드웨어를 이용하여 설정된 항공노선을 비행하는 것"을 말한다.

2. 항공운송서비스의 절차

항공운송서비스는 전 과정이 한 개의 제품으로 형성되어 고객서비스를 제공하는 것이다. 즉, 고객이 기대하는 운송서비스의 전 과정 및 이에 부속되는 부가서비스 자체가 개별적이 아닌 유기적 관계로 구성되어 제공된다는 특징이 있다.

항공사가 생산, 판매하는 운송서비스는 고정적 상품과 유동적 상품의 양면성을 동시에 지니고 있는데 고정 상품은 항공기의 좌석 및 화물칸 등으로 주로 항공기의 기종, 좌석 및 화물 적재 공간의 배치 등에 따라서 결정된다. 아울러

유동 상품인 인적 서비스는 무형 상품으로서 출발지에서부터 목적지까지 항공
운송과 관련된 모든 서비스 활동을 말하며, 항공기 좌석의 예약·발권, 공항 탑
승 수속, 기내 서비스, 수하물의 처리 등이 대표적인 요소이다.

그림 2-1 항공운송서비스의 절차

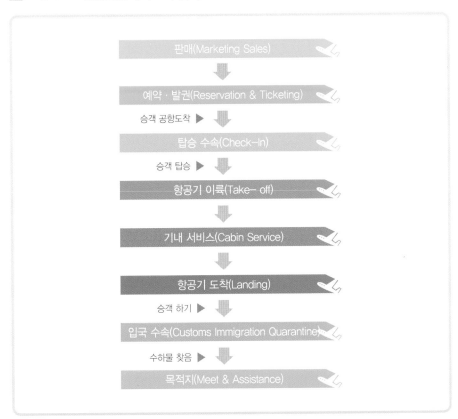

---

1) 한국항공대학교 대학원 설은종(2012. 8.)

02 항공운송서비스의 구성

1. 고정 상품

항공기 중심의 물적 서비스 요소를 말한다. 즉, 항공기 기종, 항공기 공급좌석, 기내 서비스 시설, 화물탑재 공간 등 항공기 중심의 물적 상품요소 측면에서의 특성을 나타낸다.

2. 유동 상품

항공기 중심의 물적 서비스와 달리 항공기 탑승과 목적지까지의 여행과정에서 제공되는 인적 서비스 요소를 말한다.

즉, 항공권 예약발권 서비스, 항공기 탑승수속, 기내 객실서비스, 도착 후 지상서비스 등이 포함된다. 항공운송서비스는 인적 서비스가 결합해야 상품, 즉 서비스로서 완전한 가치를 갖는다. 항공사에서는 항공기 자체인 고정적 상품요소만으로는 서비스 차별화가 어렵기 때문에 인적 서비스를 중요시하고 더 많은 노력을 하고 있다.

3. 항공운송서비스 특성

(1) 안전성

승객의 인명 및 재산과 직접 관련되므로 항공운송서비스에서 최우선시되는 기준이다.

항공사 및 항공기 제작업체에서는 첨단기술을 개발 적용하여 지속적으로 안전성을 향상시키고 있으며, 각국의 공항 당국에서도 항공기 운항 및 유도장비의 첨단화를 통해 안전성 향상에 집중하고 있다.

(2) 고속성

선박, 철도 등 타 운송수단과 가장 대비되는 특성으로 전 세계가 시간적 · 공간적 장애를 극복하고 사람들의 생활패턴을 획기적으로 변화시키고 있다. 여객기의 속도는 1951년 270km/h대에서 2011년 1000km/h대로 발전하였다.

(3) 정시성

항공서비스에서 고객의 신뢰성을 형성하는 제일 중요한 요소로서 항공사 서비스에서 기본이 되는 요소이다. 정시성 평가의 기준은 항공사의 공표된 시간표(time table)로서 정시성이 상실되면 고객은 타 항공사나 타 교통수단으로 이동하게 되는 등 그 영향은 심각하다. 항공사에서는 정시성 확보를 위해서 노선별 적정 운항 기종, 대체 항공기 보유 등에 꾸준히 노력하고 있다.

(4) 쾌적성

항공기 여행이 주는 쾌감과 만족감을 의미하며, 기내 서비스, 기내 시설, 비행상태 등을 들 수 있다. 또한 항공사에서는 목적지 도착시간의 단축, 항공기 소음저감 등도 쾌적성을 높이는 요인이라 볼 수 있다. 이러한 요소는 타 교통수단과 차별화되어 항공기 선택의 중요 동기로서 작용한다.

(5) 생산과 소비의 동시성

항공서비스는 고객의 소비행위, 즉 여행하고자 하는 행위가 있을 때 항공사의 서비스가 즉시 생산되고, 고객이 서비스를 제공받을 때 소멸하게 된다.

(6) 소멸성

일반 유형 재화와 달리 항공운송서비스는 무형재로서 생산과 동시에 소멸되기 때문에 재고가 발생되지 못한다.

즉, 특정 항공편이 제공하는 서비스는 해당 운항편에서 즉시 모두 사용(판매)되지 않으면 추후 판매기회는 상실되어 항공사의 손실에 영향을 줄 수 있게 된

다. 따라서 항공사에서는 운항항공편의 탑승률 제고를 위한 다양한 마케팅 전략을 수행해야 할 필요가 있는 것이다.

(7) 소유권 비이전성

고객이 목적지에 도착한 순간 곧바로 바로 항공서비스는 소멸되게 된다. 즉, 고객은 항공요금을 지불하면 항공기를 이용할 권리를 얻게 되고 항공기 탑승 편익을 경험하고 목적지에 도착한 순간 곧바로 권리가 소멸되는 것이다.

(8) 불량품 반품 불가

항공사 서비스의 품질 평가와 판단은 고객이 여행목적지에 도착한 후에 가능하므로, 불만족 서비스에 대해 일반 상품처럼 교환, 반품은 불가하다.

(9) 서비스 구성의 복합성

항공운송서비스는 일반 유형상품과는 달리 항공기라는 고정적 상품과 예약, 발권, 탑승수속, 기내 서비스와 같은 유동적 상품으로 구성되어 있다. 이에 따라 항공서비스 제공 시 동질적인 서비스요소를 투입하였더라도 고객이 느끼는 만족도는 누가, 언제, 어디서, 어떻게 제공했느냐에 따라 주관적 평가에 의해 이루어지므로 계량화가 매우 어렵다.

(10) 수요 변동성

항공수요는 계절적 · 시기적 변화가 매우 크다. 즉, 고객의 항공서비스 소비 활동은 시간대 · 요일 · 월 · 계절별로 수요변동폭이 심하게 나타난다.

(11) 자유 경쟁

일반 상품과 같은 수 · 출입 절차, 관세는 부과하지 않으며 국내 항공사, 외항사 간의 자유로운 경쟁이 가능하다.

고객 입장에서는 항공요금, 항공사 서비스를 고려해 자신의 취향, 경제적 능력에 따라 항공사를 선택할 수 있다.

03 항공예약업무

1. 항공예약서비스 의의

항공기를 이용하는 고객에게 안정적인 좌석 공급 및 여행 관련 각종 정보 등을 제공하고, 항공사에서는 항공좌석의 수요예측·확정·판매·발권 등의 제반 행위를 원활하게 진행하여 고객과 항공사 양측 모두가 항공운송서비스를 원활하게 수급하는 과정이다.

2. 예약의 분류

(1) 좌석 예약

- 고객이 희망하는 최종 목적지 항공편 조회 및 좌석 확보
- 항공 여행 일정 작성
- 세계 연결 항공편 전산망 컴퓨터 활용

(2) 부대 서비스

- 여행 일정에 부합하여 숙박 호텔·관광·교통편 예약
- 위치 및 전화번호 등 필요 정보 제공

(3) 특정 기내식 요청

- 항공기 출발 24시간 이전까지 특정 기내식 예약 접수
- 유아식·환자·종교인 등의 요청을 받아 기내식 제공 시 반영

3. 항공예약시스템

(1) CRS(Computer Reservation System)

- 1964년 미국 아메리칸 항공사(AA)에서 최초 도입
- 전산 단말기를 이용하여 항공권 예약 · 발권 · 탑승 관리
- 항공사의 수익관리 기능 강화
- 항공사 발권 대행 여행사에 보급
- 항공사 인력 절감 효과

(2) OAG(Official Airline Guide)

- 전 세계의 국내선 · 국제선 시간표를 중심으로 운임 · 통화 · 환산표 등 항공여행에 필요한 자료가 수록된 정기 간행물
- 녹색표지의 세계판(World Wide Edition)과 하늘색 표지의 북미판(North America Edition)으로 구분
- CRT(전산예약시스템)를 사용할 수 없는 경우에 OAG를 활용하여 관련 항공 정보 취득

(3) PNR(Personal Name Record)

- 여행하려는 고객에게 필요한 제반 서비스 사항을 정해진 형식에 따라서 예약 전산 시스템에 기록해 놓는 것
- 항공권 발행 · 고객운송 · 객실서비스 등

04 항공권

1. 항공권의 개요

(1) 항공권의 정의

항공운송증서는 국제항공운송협회(IATA)에서 정한 표준 양식에 따라서 항공사와 여행자 간에 체결한 계약 내용을 표기하고 항공사의 운송약관에 따라서 여객 운송서비스가 제공됨을 표시하는 증서이다.

(2) 항공권의 종류

❶ 여객 항공권(Passenger & Baggage)

여행 일정에 따라서 여객 및 위탁한 수하물에 대하여 항공사가 발행하는 증서이며 가장 대표적인 것은 항공사 출국 수속 카운터에서 발행하는 종이 항공권

❷ **수기 항공권**(Manually Issued Ticket)

초기 형태의 항공권으로서 해당 항공사에서 인가를 받은 대리점이 손으로 여행 일정을 기록하고 도장을 찍어서 그 효과를 확인하는 형태의 항공권

❸ **자동발권 항공권**(Automated Issued Ticket)

컴퓨터 예약시스템(Computer Reservation System)을 활용하여 예약된 자료 및 발권 데이터를 이용하여 발행되는 항공권으로 매표보고서도 자동으로 정산된다.

❹ **자동발행 탑승권**(Automated Ticket & Boarding Pass)

항공권에 부착한 마그네틱 자료에 발권 및 탑승정보를 수록하고 탑승권 용도를 겸비한 항공권

❺ **초과요금 징수 수하물표**

여객의 항공권 좌석 등급에 따라서 허용된 수하물을 초과하는 경우에는 추가로 수하물 위탁 요금을 징수하고 발행하는 영수증

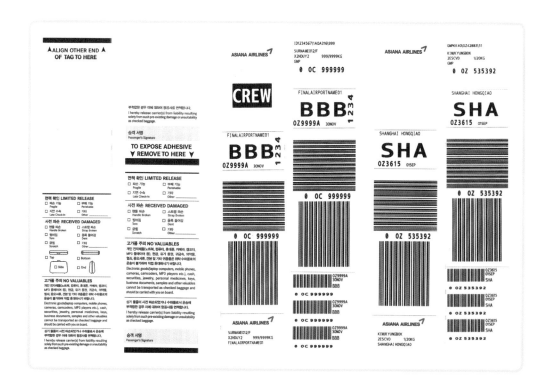

⑥ 항공사용 MCO(Miscellaneous Charges Order)

여행 도중에 발생할 수 있는 항공요금 및 부대비용을 징수한 경우에 발행하는 증표(BSP:Billing and Settlement Plan)이다.

MCO의 용도

- 환불 지급용(Refundable balances/agent refund voucher)
- 예약 · 변경 등에 수반되는 추가 비용
- PTA(Prepaid Ticket Advice) 비용
- 좌석 승급(Seat/up-grade) 비용
- 택시 · 지하철 · 버스 등 지상 이동 비용
- 탑승거부 보상금(Denied boarding compensation)

⑦ 전자항공권(ITR)

Itinerary & Receipt로서 국제항공운송협회(IATA)의 권고에 따라서 항공사의 업무량 감소와 예산 절감을 위하여 종이항공권을 완전히 없애고 2008년 6월 1일부로 시행되고 있는 e-Ticket체제이다. 확인증 또는 전자항공권 발행 확인서라고 불리며 종이항공권을 요청하는 경우는 추가로 발급 비용을 지불하여야 한다.

(3) 항공권 기재사항

IATA에서 승객에게 고지하도록 권고하는 계약 조건

1 탑승 수속 절차, 수하물 수량 및 중량(무상)
2 정부부과 제세공과금 안내
3 여객 및 수하물 배상책임에 대한 고지
4 초과 예약(Over-Booking) 시 탑승 거부
5 회항편 예약 재확인
6 운송 금지 품목

항공기 탑승객 중에서 임산부, 노약자 또는 항공기 탑승이 곤란한 것으로 판단되는 승객이 항공사에 제출하는 서류

CTP-0003 항공사용

서약서
Declaration of Indemnity

ASIANA AIRLINES

탑승객 성명 Name of Passenger	
보호자 성명 Name of Guardian	
연락처 Telephone No.	
주소 Address	

아시아나항공 귀하

본인은　　　　년　　　　월　　　　일 아시아나항공 OZ　　　　편으로
　　　　　에서　　　　　　　　　까지 여행함에 있어서
　　　　　　　　　으로 인하여 귀사 항공기에 탑승시나,
탑승중 혹은 탑승후에 건강상 유해한 결과가 발생한다 하더라도 귀사및 귀사 직원에 대해서 일체의 책임을 묻지 않겠으며
이로 인하여 아시아나항공이 취한 모든 조치를 감수 하겠으며 또한 이에 따라 발생될 수 있는 모든 제반 경비 및 아시아나항공
또는 제삼자에 끼친 손해를 보상하겠음을 서약합니다.

To : ASIANA AIRLINES, INC.

I, the undersigned hereby agree to release idemnity and hold ASIANA AIRLINES INC. its officers, directions, agents and
employees harmless from and against any and all liabilities, damages, claims suits of judgements for any possible
detrimental consequences on change to my (name of passenger)
state of health (detailed description)
which might occur before, during or after transportation by ASIANA AIRLINES, INC. arising out of or in connection with
traveling from (point of orgin)　　　　　　　to (point of destination)
on ASIANA AIRLINES Fight No. OZ　　　　　on (date)　　Month /　　Date /　　Year
I, the undersigned authorizes ASIANA AIRLINES,INC. to take whatever action they consider necessary to ensure my state
of health. I, the undersigned agree it shall bear any and all additional expenses and costs arising out of or in connection
with my/the above person's transportation and shall assume full responsibility and liability for all damages which might
be caused to ASIANA AIRLINES, INC. or any third party.

작성일 Date　　　　　　　　　　　　　　　　탑승객 혹은 보호자 서명 Signature of Passenger (or Guardian)　　(인)

(4) 항공권의 구성

❶ 심사용 쿠폰

- 항공권의 맨 앞장으로 항공권 판매 시 절취하여 회계부서로 이첩
- 해당 부서에서는 적용요금의 적정성을 심사

❷ 판매 지점 보관용 쿠폰

- 판매기록을 증빙하기 위하여 1부 절취 · 보관

❸ 수속용 쿠폰

- 항공기 탑승수속 시 제출
- 담당자로부터 탑승권(Boarding pass)을 교부

❹ 여객용 쿠폰(Passenger Coupon)

- 항공 여행 전 구간 탑승용 쿠폰과 함께 보관
- 여행이 끝난 뒤에는 마일리지 미적립 시 영수증으로 제시 · 적립

❺ 항공권의 공통 사항

　🧠 **유효기간**
- 항공권의 유효기간은 항공권 발권 시 적용된 요금에 따라서 결정
- 정상요금을 지불한 항공권의 첫 여행지는 발행일로부터 1년
- 나머지 목적지는 첫 구간 사용일로부터 마지막 날 자정까지
- 특별 요금이 적용된 경우는 구매조건에 따라서 서로 다른 유효기간 적용

　🧠 **유효기간 계산 방법**
- 항공권의 유효기간은 항공권 발행일 바로 다음 날 또는 항공기 최초 탑승 수속 당일
- 종료는 항공권에 기재된 유효기간 마지막 날 자정까지
- 일 단위로 적용한 경우는 민법상의 기간으로 기산하여 계산

　　EX **20일 적용** : 1 Mar. – 21 Mar. 24:00

- 유효기간을 월 단위로 적용한 경우, 만료 월의 동일 일자 자정까지

  ex 6개월 적용 : 1 Mar. – 1 Sep. 24:00

항공권의 사용 순서

- 항공권에 기재된 여행 일정에 따라서 순차적으로 사용
- 전자항공권의 특성에 따라 최초 항공 일정에 승객이 탑승하지 않았을 경우 나머지 모든 일정이 자동적으로 취소

항공권의 양도

- 항공권에 대한 권리 · 의무는 항공권에 성명이 명시된 승객에게만 해당
- 어떠한 경우라도 다른 사람에게는 양도 · 불가

항공요금 및 적용 화폐

- IATA운임 산출 규정 적용
- 항공운임은 여행 일정 최초 국제선 출발 국가 화폐로 계산
- 한국에서 출발하는 경우는 KRW^(한국:원)로 표기

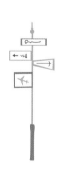

05 전자항공권(e-티켓)

KOREAN AIR

e-티켓 확인증 / e-Ticket Itinerary & Receipt

1914 / 26JUL15   인쇄하기

승객성명	Passenger Name	**LEE/JUYUNG MS** (KEBK1873****)
예약번호	Booking Reference	99316661
항공권번호	Ticket Number	1802314118769

여정 Itinerary

편명 Flight	**KE 917** Operated by KE (KOREAN AIR)					
출발 Departure	서울 **(ICN/Incheon)**		**02JUL15**	**15:40** Local Time	Terminal No. : -	
도착 Arrival	취리히 (ZRH/Kloten)		02JUL15	20:00 Local Time	Terminal No. : -	
예상시간	Flight Duration	11H 20M	SKYPASS 마일리지	SKYPASS Miles	0	
예약등급	Class	A (일등석)	항공권 유효기간	Not Valid Before		
예약상태	Status	OK (확약)		Not Valid After	30MAR16	
운임	Fare Basis	ALSKY	수하물	Baggage	3 Pieces	
기종	Aircraft Type	-				

편명 Flight	**KE 918** Operated by KE (KOREAN AIR)					
출발 Departure	취리히 **(ZRH/Kloten)**		**07JUL15**	**21:35** Local Time	Terminal No. : -	
도착 Arrival	서울 (ICN/Incheon)		08JUL15	15:30 Local Time	Terminal No. : -	
예상시간	Flight Duration	10H 55M	SKYPASS 마일리지	SKYPASS Miles	0	
예약등급	Class	A (일등석)	항공권 유효기간	Not Valid Before		
예약상태	Status	OK (확약)		Not Valid After	30MAR16	
운임	Fare Basis	ALSKY	수하물	Baggage	3 Pieces	
기종	Aircraft Type	-				

* 스케줄 및 기종은 부득이한 사유로 사전 예고없이 변경될 수 있습니다.
* 할인 또는 무임 항공권의 경우 예약 등급에 따라 마일리지 적립률이 상이하거나 마일리지가 제공되지 않습니다.

항공권 운임정보 Ticket/Fare Information

연결 항공권	Conj.Ticket No.	-
운임 산출내역	Fare Calculation	SEL KE ZRH0.00KE SEL0.00NUC0.00END ROE1.000000
산출 운임	Fare Amount	USD 0.00
지불 화폐	Equiv. Fare Paid	-
세금/항공사 부과 금액	Taxes/Carrier Imposed Fees	Paid Amount KRW 0
* 세금	Taxes	KRW 28000BP 41900CH
* 항공사 부과 금액	Carrier Imposed Fees	KRW 11400YR
총 산출금액	Total Amount	KRW 0
지불 수단	Form of Payment	NONIRU
발행일 발행처	Ticket Issue Date/Place	31MAR15 / 17393036
오리지널 티켓	Original Ticket Number	1802314110677 SEL30MAR1517395501
교환 티켓	Exchanged Ticket Number	1802314110677/12/E

* 지불금액은 (Total Paid Amount)에 표기된 금액을 확인하시기 바랍니다.

본 e-티켓 확인증과 함께 제공된 법적 고지문을 반드시 참고하여 주시기 바랍니다.
e-티켓 확인증은 탑승수속시, 입출국/세관 통과시 제시하도록 요구될 수 있으므로 반드시 전 여행 기간 동안 소지하시기 바랍니다. e-티켓 확인증의 이름과 여권상의 이름은 반드시 일치해야 합니다.

1. 전자항공권의 정의

● IATA에서 규정하고 있는 여객의 운송, 여객 관련 서비스에 대한 판매 방식
● 실물 항공권 형태로 발급 안 됨
● 인터넷 기반의 항공권 판매방식
● 항공사 CRS(컴퓨터 예약 시스템)에 보관된 여행 관련 세부일정 참조
● 사정 변경 시(여행 일정. 환불 변경 등)에 처리되는 방법
● 타 항공편 연결 시 전산 시스템을 활용·항공요금 정산

2. 전자항공권(e-Ticket) 정보

(1) 예약사항과 탑승자 정보(Passenger name)

❶ 예약 정보(Booking Reference)

● 항공사로부터 부여받은 승객의 고유 예약번호(Passenger number record)
● 승객의 고유 전화번호를 예약번호로 지정 가능
● 승객 선호번호 8자리 이내에서 선정

❷ 항공권 번호(Flight ticket number)

● 항공권 발권 시 부여된 고유번호
● 국제선 항공권 총 13자리로 구성

---

e-티켓 확인증 / e-Ticket Itinerary & Receipt

승객성명	Passenger Name	LEE/JUYUNG MS (KEBK1873****)
예약번호	Booking Reference	99316661
항공권번호	Ticket Number	1802314118769

❸ 성명 기록 방법

- 성(Last name)을 먼저 기록
- 이름(Family name)
- 호칭(title) 순으로 기록
- 여권기재 영문이름과 항공사 탑승예약자와 일치
- 여권에 기재된 영문이름과 불일치 시 출국 불가
- 항공권은 본인 이외, 어떤 사람에게도 양도 불가

표 2-1 항공권 성명 기재 방법(IATA권고)

구 분	별칭(IATA)	구 분	별칭(IATA)
처음	Last name	남성	Mr.
마지막	First name	여성	Ms.
남자 어린이	MSTR	의사	Dr.
여자 어린이	MISS	교수	Prof.

(2) 항공 여정

- 항공편 순서대로 기록
- 승객 여행도시 영문 대문자로 표기
- 한 도시에 2개 공항 존치 시 모두 기록 (GPO : 김포/ICN : 인천)
- 예약 상태

  - HK : 예약 확정(CONFIRMED)
  - HL : 대기자 명단 상태
  - RR : 예약 상태 재확인(RECONFIRMED)

(3) 전자항공권 예약증과 ITR확인서

- 예약과 동시에 예약상태 확인 가능, 예약 확인서 발급
- 승객 성명, 예약번호(PNR), 예약 정보 등 수록
- 출력 양식 항공사별로 상이

(4) 전자항공권 현황

- 2008년 7월부터 IATA에 의하여 모든 항공권은 e-Ticket으로 발행
- 종이항공권 발급 시 수수료 징수
- Not Paperless
- Not Ticketless

(5) 전자항공권의 향후 전망

❶ 항공사 측면

- 예약 · 발권 · 재정 및 고객관리 인력 절감
- 항공권 도용 사례 방지
- 위탁 판매 수수료 절감

❷ 사용자 측면

- 인터넷 예약 · 취소 · 변경 용이
- 항공권 구매를 위한 항공사 방문 시간 절감
- 분실 위험 감소
- Self check-in 가능

❸ 결론

- IT산업 발달 등으로 지속적으로 광범위하게 사용 증가 전망

(6) 전산예약제도(CRS : Computer Reservtion System)

- ❶ 1964년 미국 아메리칸 항공사(AA)에서 최초 도입
- ❷ 전산 단말기를 이용하여 항공권 예약 · 발권 · 탑승 관리
- ❸ 항공사의 수익관리 기능 강화
- ❹ 항공사 발권 대행 여행사에 보급
- ❺ 항공사 인력 절감 효과

06 항공운임

1. 항공운임의 정의

항공여객 또는 항공화물의 의뢰인으로부터 수령하는 금액

2. 항공운임 결정 절차

❶ 항공사가 IATA운임조정회의에 제출하여 회원국 만장일치로 의결

❷ 항공노선 취항 국가로부터 승인

❸ 회원국가 중에서 1개 국가라도 승인을 거부 시 IATA 결정 효력 상실

❹ 항공권 인상 및 기타 조정 사항 IATA회의 결정

❺ 운항거리 · 탑승률 · 취항 국가 항공정책 반영

❻ 여행기간 · 여행조건 등 반영

3. 항공운임의 종류

(1) 정상운임(Normal fare)

      ❶ 여정 변경 · 항공사 변경 · 환급 등을 제한 없이 신청

      ❷ 첫 기간 발행일부터 1년

      ❸ 나머지 구간은 첫 구간 사용일로부터 1년 유효

(2) 특별 · 판촉운임(Special fare/Promotion fare)

      ❶ 특별한 제한조건으로 여행의 다양성 확보

      ❷ 항공권의 최대 허용기간 · 예약 변경 등에 제한

(3) 할인요금(Discount fare)

❶ 유아운임(Infant fare)

- 최초 항공기 탑승일에 생년월일 기준 만 14일 이상 만 2세 미만
- 좌석 비점유 승객
- 성인 1명당 유아 1명 탑승 가능(성인요금 10%)

❷ 소아운임(child fare)

- 최초 항공기 탑승일에 생년월일 만 2세 이상 12세 미만
- 성인 여행자 동반(성인요금 75%)
- 성인과 동일한 무료 수하물 허용

❸ 학생운임(Student fare)

- 최초 항공기 탑승일 만 12세 이상 26세 미만
- 정규교육기관 6개월 이상 등록 학생(성인 75% 적용)
- 재학증명서 · 학생증 · 합격증 지참

❹ 단체승객 인솔자 할인운임(Tour Conductor)

- 10명 이상 인솔 승객 적용
- 단체여행 인원 수 비율에 따른 할인율 적용

❺ 대리점 직원 할인운임(Agent discount)

- 항공사와 계약이 체결된 대리점 직원과 배우자에게 적용되는 요금

(4) TAX

- 항공권 발권 시에 항공사가 해당 국가를 대신하여 징수하는 세금
- 운임 적용 화폐로 기재

❶ 공항세/출국세(Airport tax/Airport service charge)

- 출국 시 부과되는 공항 이용 세금

- 각 나라 공항마다 면제 대상이나 징수 항목 상이
- 김포 · 인천공항
- 공항세 : 관광진흥기금 10,000 + 출국세 17,000 + 국제빈곤퇴치기금

  1,000 = 28,000원

② 유류 할증료

- 항공유 급등에 대비 항공사 경영 보조금
- 각국 정부 인가를 득한 후 항공요금에 포함 징수

(5) 기타 항공권 할인요금

① 무료 항공권(Free of charge)

- 그룹 항공권 발급 시 무료로 발급
- 단체 출발 인솔자에게 제공
- 마일리지 적립 불가 · Tax 자비부담

② 프로모션 항공권(Promotion Free Ticket)

- 항공권 판매 촉진을 위한 제도
- 목표량 달성 여행사에 무상으로 지급

③ 서블로 항공권(Subject to Load)

- 항공사 직원용으로 제공
- 사전 예약 불가
  - 일반승객 수속 마감 후 좌석 배정

④ 여행사 확보 항공권

- 여행사가 항공기 좌석 대량 확보
- 항공기 출발 일정에 따라서 탄력적 운임 적용

07 발권

1. 발권의 개념

본인의 여행 일정에 맞추어서 항공편을 예약한 승객에게 항공운임을 적용한 항공권 발권 및 여행과 관련된 부수적인 서비스를 제공하는 것을 말한다.

2. 발권 절차

(1) 대리점 경유

항공권을 예약한 승객이 여행대리점 또는 타 항공사 등을 경유하여 발권하는 경우에 소정의 발권 수수료를 지불하는 판매 방식을 말한다.

(2) 전자항공권

본인이 전산 시스템을 활용하여 인터넷으로 해당 항공사와 접속하여 구매하는 방식이며 중간에 타 항공사를 이용하는 경우는 해당 항공사끼리 협정에 따라서 해당 구간에 대한 항공요금을 정산하고 있다.

또한 항공사에서도 항공노선 및 호텔 투숙과 시내 관광 등을 연계한 상품을 자사 홈페이지 등에 게재하여 판매하는 방식을 취하고 있어서 대행사 수수료 감면과 자사 홍보 등에 유익한 제도로 활용하고 있으며, 여행자는 IT 활용 예약을 통하여 여정 변경이 용이하고 또한 관광 및 투숙 등 부가서비스 이용에 편리한 본 제도를 선호하고 있는 추세이다.

(3) 발권 카운터 서비스

❶ 항공권 예약 및 발행
❷ 항공일정 변경 및 재발행

❸ 상용고객 관리

● 마일리지 적립

● 보너스 항공권 발급

● 좌석 Up-grade

(4) 고객 응대 서비스

● 고객 불편 처리

● 항공권 판매 대금 정산

● 최신 항공 정보 제공 등

memo

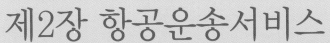

제2장 항공운송서비스

공항실무에 관련된 용어의 친숙함을 도모하기 위함이므로 객관식과 주관식 문제를 혼용하여 교수님의 판단에 따라 Open book과 Close book으로 평가하여 주시기를 당부드립니다.

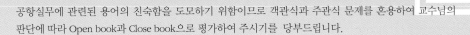

성명: 학번:

1. 항공운송서비스의 절차가 아닌 것은?

  ① 항공권 예약

  ② 항공권 발권

  ③ 항공기 탑승

  ④ 디 브리핑

2. 다음 설명에 맞는 문항을 고르시오.

> 항공서비스에서 고객의 신뢰를 형성하는 제일 중요한 요소로서 항공사의 공표된 시간표에 도착하지 못하면 이러한 특성이 사라지게 된다. 항공기가 약속된 시간보다 지연 도착하면 고객은 타 교통 수단으로 이동하는 요인이 된다.

  ① 안전성

  ② 고속성

  ③ 정시성

  ④ 소멸성

3. 항공예약서비스에 맞지 않는 문항을 고르세요.

① 좌석예약

② 부대 서비스

③ 특정 기내식 신청

④ 면세 서비스

4. 다음 중에서 항공권의 종류가 아닌 것은?

① 여객 항공권

② 수기 항공권

③ 자동 발권 항공권

④ 본인 작성 항공권

5. 다음 중 항공 예약 시스템에 해당하지 않은 것은?

① CRS(Computer Reservation System)

② OAG(Official Airline Guide)

③ PNR(Personal Name Record)

④ CANCEL

Memo

INTRODUCTION TO AIR
TRANSPORTATION
SERVICE

공항서비스

**항공운송
서비스개론**

공항서비스

01 공항의 개요

1. 공항의 정의

공항이란 "항공기의 이륙 및 착륙을 위한 육지 또는 수면을 말하며, 여객 및 화물의 운송을 위한 시설을 갖춘 장소"를 말한다. 국내외적으로 공항에 대해 다음과 같이 정의하고 있다.

ICAO에서는 공항(비행장)이란 "항공기 도착, 출발이나 지상이동을 위하여 일부 또는 전체가 사용되는 건물, 시설물, 장비 등이 포함된 육지나 수상의 일정구역"으로 정의하고 있으며 Aerodrome으로 표기하고 있다.

미국 연방항공청(FAA)에서는 "공항이란 여객이나 화물을 항공기에 싣거나, 내리기 위해 정기적으로 이용되는 착륙지역"으로 정의하고 Airport로 표기하고 있다. 한편 우리나라 항공법에서는 "공항이란 항공기의 이·착륙 및 여객·화물의 운송을 위한 시설과 그 부대시설 및 지원시설 등 공항시설을 갖춘 공공용 비행장으로서 국토교통부 장관이 그 명칭·위치 및 구역을 지정·고시한 지역"으로 규정하고 있다.

공항의 건설 발달 과정에서 "공항"과 "비행장"의 차이는 단순히 항공기가 이·착륙할 수 있는 장소를 비행장이라고 정의할 수 있고 공항은 여객과 화물을 처리할 수 있는 시설까지 갖춘 장소로 정의할 수 있다.

표 3-1 공항과 비행장의 구분

구분	공항	비행장	비고
개념	여객 및 화물을 운송할 수 있는 육지·수면	항공기가 이·착륙할 수 있는 육지·수면	ICAO, FAA, 대한민국 항공법
시설	• 활주로·유도로·계류장·착륙대 • 항공교통관제시설·항해보조 무선시설·격납고·급유시설 등 • 여객터미널·화물터미널	• 활주로·유도로·주기장 등	• 운영형태별 구분 - 민항공항 : 7개 (인천·김포·제주·양양·무안·울산·여수) - 군비행장 공항 : 8개 (김해·대구·청주·포항·광주·사천·원주·군산)
용도	• 상업용 여객·화물기	• 군사 비행기 및 소형 비행기	
기타			

02 공항의 발전 과정

1. 초기의 공항

제2차 세계대전 이후 정찰용으로 사용되던 전투기가 상업용으로 그 용도를 바꾸면서 초기에는 주로 우편물을 수송하게 되었다.

그 무렵 공항의 용도는 단순하게 항공기가 이·착륙할 수 있는 평평한 지면만 있으면 되었으나, 항공산업 발달로 항공기 기종이 Jet 엔진으로 발달하면서 공항은 첨단 기능을 갖춘 장비를 갖추고 승객과 화물의 대량수송·장거리 수송에 대비하였다.

2. 공항의 근대화

20세기 말에, Jet 항공기들의 발달로 항공기가 대형화되고 안전성도 더욱 확보하게 되면서 항공운송은 국가 간의 운송수단으로서 중추적인 역할을 맡게 되었다. 항공시장의 급격한 발달로 인하여 공항시설 역시 여객과 화물을 안전하고 쾌적하게 운송할 수 있도록 활주로 길이를 3,000m로 확장하고, 여객시설 및 여객청사를 신축하여 고객서비스 시설을 갖추게 되었다.

세계적으로 항공사가 국가기반 시설의 중추적인 역할을 감당하게 되자, 각국은 공항시설 확장에 더욱 노력하며 항공사의 유치, 공항시설에 대한 투자 등 국·민영 운영 주체의 구별 없이 항공산업 발전에 총력을 기울였다. 여행객의 증가와 안정적인 항공노선 유치를 위하여 여객청사 설계 시에는 승객들의 불편을 없애기 위하여 L/B(Loading-Bridge)를 설치하고 또한 다양한 구매 욕구 충족을 위하여 면세점과 레스토랑 등 컨세션 설치에도 관심을 기울였다.

초기의 여객청사는 선형(Linear)으로 건축되었으나, 1960년대부터 공항시설의

선형 여객청사DTW_linear형

위성형 청사
Terminal_1_of_CDG_
Airport_satellite형

효율성과 고객편의를 고려하여 중앙집중식(Pier)과 위성형(Satelite)방식으로 건설
되고 있으며, 프랑스의 오를리 등 세계 선진 공항에서 이러한 공법으로 여객청
사를 건축 · 운영하고 있다.

3. 현대식 공항의 출현

1970년 초반부터 전 세계적으로 B-747가 주종을 이루는 Jet 엔진 여객기 시대
로 개편되었다. 이는 항공기의 대형화와 고속화로 항공운송 산업에 큰 전환기
를 맞게 되었으며, 항공여행 시장의 발전은 물론 지구촌의 세계화에 크게 이바
지하였다. 항공운송 분야의 발달로 항공기술 산업은 더욱 발전하여 항공기 안
전을 위한 첨단 과학 장비들이 개발되었다.

또한 공항에 신속한 접근을 위하여 항만 · 지하철 · 육상 교통 등 다양한 접
근 수단을 확보하였으며, 신속 · 편리하고 안전한 승객 수속을 위하여 여행자
입 · 출국 서비스와 수하물 처리 등에도 정보 · 통신(Information Technology)을 활용한
선진 기술이 응용되고 있다. 또한 여객청사 역시 백화점 · 공연장 · 박물관 등
의 편의시설을 확보하여 공항이 단순하게 항공기 탑승시설만이 아닌 복합시설
로서의 기능으로 재단장하고 있다.

03 공항의 기능 및 역할

1. 공항의 기능

항공여객이나 항공화물의 집객 및 집하를 위한 항공운송기지로서 여객과 화물의 출발지·중간지 및 최종 목적지로서의 기능을 수행하는 곳이며, 아울러 안전한 운항을 지원하기 위하여 활주로 등 항공기 이·착륙 지원시설을 갖추고 있다.

또한 급격한 항공수요를 감당하기 위하여 IT(Information Technology)를 활용한 다양한 자동화 정보시스템을 구축하여 세관·출입국 수속·검역 등을 실시하고 있는 국가기본시설로서 중요한 기능을 담당하고 있다.

표 3-2 공항의 기능

구 분	처리 업무	비 고
항공 운송기지	• 활주로 등 기본시설 제공 • 항공관제시설 등 항행안전시설 제공 • 급유시설·격납고 등 운항지원시설 제공	항공기 이·착륙 지원
여객 운송기지	• 여객의 출발·도착 및 출입국시설 • 식당·면세점 등 편의시설 제공	여객청사
화물 운송기지	• 화물의 집하 및 출발·도착 기능 • 화물의 통관 및 항공사 대리점 등 지원시설	화물청사

2. 공항의 역할

국가의 관문으로서 해당 국가의 위상 제고와 더불어 국가 간의 인적·물적 자산 교류에 크게 이바지하고 있으며, 항공기의 안전한 이·착륙 지원시설을 개발하기 위한 첨단 과학 기술의 개발과 지역산업의 경제개발에 필요한 항공 지원시설로서 상업시설을 갖춘 종합서비스 센터의 역할을 담당하고 있다.

표 3-3 공항의 역할

구분	역할	발전 요인
초기 공항	• 여객 · 화물의 집결 및 도착 · 출발 • 항공기 급유 · 간단한 지상조업	• 지속적인 항공수요 상승 • IT기술기반 지원시설 구축 • 고객의 서비스 기대 욕구 충족
현대 공항	• 지역 개발 지원 항공 운송기지 • IT발달로 여객 · 화물 통관 수속의 첨 단화 시스템 구축	

04 공항시설

항공기의 이 · 착륙과 여객 및 화물의 원활한 처리를 위해서 공항시설은 활주로 등 기본시설과 여객청사와 부대시설 등으로 분류된다.

기본시설은 활주로(Runway), 유도로(Taxiway), 계류장(Apron), 항공관제시설 등으로 구분되며, 공항의 중추시설인 여객청사와 화물청사가 있고 또한 기능별로 Land-side와 Air-side로 분류한다.

1. 기본시설

(1) 활주로(Runway)

항공기의 이 · 착륙을 위한 지상 활주용 노면으로서 가장 중요한 기본시설이다. 항공기의 기종에 따라서 활주로의 길이 및 폭이 결정되며, 활주로의 규모와 수량에 따라서 공항의 등급(Category) 또한 결정된다. '활주로 운영 등급'이란 항공기가 활주로에 안전하게 착륙하기 위하여 각 공항의 활주로의 방향별로 운영등급을 설정하여 5단계로 분류한다. 활주로상의 방향 숫자는 대문자로 활주로 마지막에 표시하며 평행 활주로에는 활주로 방향 표시 숫자 밑에 영어 대문자로 좌 · 우(L · R)를 표시한다.

표 3-4 국내 공항별 활주로 등급

공항	활주로 방향	등급	착륙시설	착륙기준시정 (RVR)
인천(ICN)	32L, 14L, 15L, 33, R16, 34	CAT-IIIb	ILS	75m
김포(GPO)	14R	CAT-IIIa	ILS	175m
	14L, 32L, 32R	CAT-I		550m
김해(PUS)	36L	CAT-I	ILS	550m
	18L	비정밀	VOR/DME 참조	4800m
제주(CJU)	07	CAT-I	ILS	330m
	25			750m
대구(TAE)	31L	CAT-I	ILS	730m
	13R			2400m
울산(USN)	36	CAT-I	ILS	800m
	18	비정밀	VOR/DME	4800m
청주(CJJ)	24R, 06L	CAT-I	ILS	800m
양양(YNY)	33	CAT-I	ILS	550m
	15	비정밀	선회접근	4600m

표 3-5 활주로 등급 설정 기준

구 분	조 건	비 고
CAT- I	RVR 550m 이상 또는 시정거리 800m 이상, 결심고도 60m 이상	전천후 착륙 프로그램 1단계
CAT-II	RVR 350m 이상 또는 시정거리 4,000m 이상, 결심고도 30m 이상	전천후 착륙 프로그램 2단계
CAT-IIIa	RVR 200m 이상, 결심고도 15m 이상	전천후 착륙 프로그램 3단계
CAT-IIIb	RVR 50m 이상, 결심고도 15m 미만	전천후 착륙 프로그램 4단계
CAT-IIIc	시정거리 0에서도 착륙 및 활주 가능	전천후 착륙 프로그램 5단계

(2) 유도로(Taxiway)

항공기가 활주로, 주기장, 정비지역 등으로 이동할 때 사용되는 지상 통로를 말하며, 항공기의 운항 횟수 등을 고려하여 시설의 규모가 결정된다.

(3) 계류장(Apron)

항공기 승객의 탑승 및 하기, 화물의 탑재 및 하역 등과 연료 주입 및 정비 등을 위하여 항공기를 머물게 하는 곳을 말하며, 여객 및 화물청사 앞으로 배치되며, 계류장에는 탑승 주기장(Loading Aircraft Stand), 정비 주기장(Maintenance), 야간 주기장(Night) 등이 위치한다.

(4) 항공관제시설

❶ 항공관제(Air traffic control)

'항공기의 상호 충돌 방지 · 공항시설물, 기타 장애물 등과 충돌을 방지하기 위하여 항공기 조종사에게 필요한 각종 정보를 제공하여 항공교통의 안전 및 질서를 유지하기 위한 기능을 항공관제'라 하며 이러한 업무는 관제탑에서 근무하고 있는 관제사들에 의해서 수행된다.

❷ 무선시설

항공기의 안전운항을 지원하는 시설로
서 정밀진입용 시설인 계기착륙장치(ILS :
Instrument Landing System)가 있다.

항공기의 안전한 운항을 지원하기 위하
여 모든 공항은 이러한 전파시설을 설치하
고 있고, 항공기 또한 공항설치 장비와 교
신할 수 있는 장비를 장착하고 있으며 조종
사들 또한 이러한 장비를 운용할 수 있는
능력을 갖추고 있다.

❸ 항공등화시설(Airfield Lighting System)

야간이나 악천후로 인하여 조종사가 육
안으로 항공기 운항이 어려운 경우, 항공기
의 이·착륙을 지원하는 등화시설로서 진
입등, 활주로등, 유도로 등이 있다.

(5) 여객청사(Passenger Terminal)

국내선 여객청사와 국제선 여객청사로 분류되는데, 항공여객의 안전한 운송
을 지원하기 위하여 취항하는 항공사들, 공항공사, 정부기관과 고객들의 편의

를 위한 상업시설들이 입주하고 있으며, 항공기 탑승권 발급 및 수화물 탁송을 위한 항공사 Check-In 카운터, 공항공사의 신분확인 및 보안검색 시설과 함께 통칭 'CIQ'라고 불리는 세관(Customs), 출입국(Immigration), 검역소(Quarantine)와 보안기관의 국정원, 검찰, 경찰과 문화재 관리청등이 상주하고 있다.

(6) 화물청사(Cargo Terminal)

항공화물을 운송하기 위한 전용청사로서 화물의 통관을 지원하기 위하여 세관 및 동·식물 검역을 실시하고 항공화물 통관 대행사 등이 입주하고 있다.

2. 시설의 분류

항공기의 안전한 운항과 여객의 편의를 증진하기 위하여 국제선 여객청사 내의 출입국 관리시설을 중심으로 에어사이드와 랜드사이드로 분류하는데, 그 기능은 다음과 같다.

(1) 에어사이드(Air-side)

항공기 이·착륙을 지원하는 활주로, 유도로, 착륙대, 격납고 등의 시설을 갖춘 곳을 에어사이드(Air-side)라고 부르며 일반인의 출입이 엄격하게 통제되는 구역이다. 출국수속 후 여행객들에게 쇼핑장소를 제공하는 면세점과 항공사 라운지 등이 배치되었다.

(2) 랜드사이드(Land-side)

일반인들의 출입이 비교적 자유로운 지역으로 공항에 도착하면 처음 접하게 되는 청사 전면 호텔, 주차장, 항공사 탑승수속 카운터, 식당, 상업시설 등을 말한다.

3. 고객 편의시설

(1) 컨세션(Concession)

공항 여행객의 편의를 위하여
공항 내에 설치·운영되고 있는
식당, 스낵, 구두 미화소, 수하물
포장센터, 면세점 등을 말하며
업체 선정 방법은 관련법에 따
라서 최고 사용액 투찰자, 종합
평가방식을 통하여 적정운영자
를 선정한다.

(2) 면세점

❶ 면세점의 개념

면세점은 관세법 제196조에 따라
관세법상으로 '보세판매장'으로 분
류되며, 상품 판매 시 내국세(Tax)와
관세(Tariff)가 전혀 부과되지 않는
영업장을 말한다.

❷ 면세점의 유형[1]

구 분	보세판매장	종합보세구역 보세판매장	외국인 관광객 면세판매장	외국인 전용관광객 기념품 판매업소	지정면세점
근거 법률	관세법 제196조	관세법 제196조-2	• 조세특례법 • 제107조 • 외국인관광객 등에 대한 부가가치세 및 특별소비세 특례규정	• 관광진흥법 시행령 제2조 • 부가가치세법 시행령 제26조	• 조세특례제한법 제121조의13 • 제주특별자치도 설치 및 국제자유도시 조성을 위한 특별법 제177조
지정	관할세관장 (특허)	관할세관장 (신고)	관할세무서장 (지정)	지방자치단체장 (등록)	제주세관장 (지정)
이용자격	출국자, 외교관	외국인 여행자	외국인 여행자	외국인 여행자, 출국내국인	제주도 여행자 (19세 이상)
판매가격	면세 가격	제세 포함가격	제세 포함가격	면세 가격	면세 가격
판매조건	국외 반출, 외교관 사용	국외 반출	국외 반출	외국인 사용, 내국인 국외 반출	제주도외 지역 반출

❸ 외국인 여행자 또는 외국으로 여행하는 내국인을 대상으로 공항이나 항만에 설치·운영되고 있으며 1인당 구매 한도는 US $3,000이며, 대한민국 상품은 구매 한도에 포함되지 않으나 내국인이 해외여행을 마치고 입국 시에 면세한도는 1인당 $600이다.

📖 표 3-7 면세품 허용 내역

구 분	규 격	비 고
주류	1병(1리터, $400 이하)	해외 총 취득 가격$600 이하
담배	200개비(1보루)	
향수	2온스(약 60ml, 1병)	

---

1) 한국관세무역개발원, 2009

(3) 공항 귀빈실

❶ 귀빈실의 정의

해외로 출입국하는 귀빈을 예우하기 위하여 관련법에 따라서 공항청사에 특별히 설치한 장소를 공항귀빈실이라 하며, 항공사가 운영하는 귀빈실과 국토교통부령에 따라서 정부를 대신하여 공항공사가 운영하는 귀빈실이 있다.

❷ 귀빈실의 구분

구분	관련 근거	이용 자격	비고
공항 공사	• 항공법 제2조 • 국토부령 제1호 • 공항공사예규 제10호	1. 대통령 및 전·현직 3부 요인 2. 전·현직 중앙선거관리위원회 위원장 및 헌법재판소장 3. 국회에 원내교섭단체가 있는 정당의 대표 4. 다음 각 목의 어느 하나에 해당하는 사람으로서 외교부장관이 추천하는 사람 　가. 주한 외교공관의 장 　나. 국제기구의 대표 　다. 제1호부터 제3호까지의 규정에 준하는 외국인 5. 위의 귀빈실 사용대상자의 배우자 및 그 자녀	출입국 수속 대행
항공사	항공사 사규	1. 비즈니스 승객 이상 2. 모닝 캄, 다이아몬드 회원 등	항공사 탑승 수속 및 안내

(4) 대리 주차 서비스(Valet-Parking)

김포 및 인천공항에서는 공항이용객의 편의를 위하여 주차대행 업체를 선정하여, 여객청사2층에서 승객의 차량을 인도하여 귀국일자에 승객이 인도장에서 주차요금 및 주차대행료를 납부하고 본인 차량을 인도하도록 하고 있다.

(5) 시외버스 승차장

항공기 도착 승객들의 지방 연계 교통 편의를 위하여 김포공항과 인천공항 여객청사 전면에 각 지방과 연결되는 고속직행 버스 노선을 운영하고 있다.

(6) 철도 서비스

항공기 이용객의 편의를 위하여 지하철 및 철도 노선이 김포 및 인천공항과 연결되어 있으며, 지하철 9호선을 이용하면 서울시청역에서 김포공항까지 36분, 인천공항까지는 46분 이내에 도착할 수 있다.

05 국내 및 외국 주요 공항 현황

1. 국내 공항 현황

(1) 부지 및 활주로

공항명	부지면적 (m²)	활주로				비고
		규격	연간 처리능력(회)	'16년 활용률(%)	SLOT	
김포	8,440,923	3,600 × 45 3,200 × 60	226,000	64.7	4회	국토교통부
김해	3,697,435	2,743 × 46 3,200 × 60	152,000 (민항기 118,000)	65.4 (민항기 88.7)	평일 16회 주말 24회	국방부(공군) 국토교통부
제주	3,561,679	3,180 × 45 1,900 × 45	172,000	100.4	35회	국토교통부
대구	171,308	2,755 × 45 2,743 × 45	140,000	12.2	6회	국방부(공군)
울산	919,977	2,000 × 45	60,000	8.2	-	국토교통부
청주	1,909,645	2,744 × 60 2,744 × 45	140,000 (민항기 60,000)	12.4 (민항기 29.0)	-	국방부(공군)
무안	2,682,000	2,800 × 45	140,000	1.7	-	국토교통부
광주	150,599	2,835 × 45 2,835 × 45	140,000	7.7	-	국방부(공군)
여수	1,330,930	2,100 × 45	60,000	8.0	-	국토교통부
양양	2,488,500	2,500 × 45	43,000	1.4	-	국토교통부
포항	2,479,009	2,133 × 45	100,000	0.9	-	국방부(해군)
사천	45,299(*)	2,744 x 45	140,000	1.3	-	국방부(공군)
군산	142,803(*)	2,745 × 45 2,454 × 23	140,000	1.0	20회/일	국방부(미공군)
원주	16,429(*)	2,743 × 45	115,000	0.6	-	국방부(공군)

(2) 여객 및 화물터미널

공항명	구분	여객터미널 면적(m²)	여객터미널 수용능력(만 명/년)	여객터미널 '16년 활용률(%)	화물터미널 면적(m²)	화물터미널 처리능력(만 톤/년)
김포	국내	77,838	3,145	66.1	30,363	60.7
	국제	53,090	430	98.6	96,072	82.6
	계	130,928	3,575	70.1	126,435	143.3
김해	국내	37,935	1,269	53.2	9,685	19.4
	국제	71,995	630	129.3	18,378	15.8
	계	109,930	1,899	78.5	28,063	35.2
제주	국내	68,471	2,326	115.9	15,652	31.3
	국제	28,899	263	104.3	1,922	1.7
	계	97,370	2,589	114.7	17,574	33
대구	국내	11,985	257	71.9	844	1.8
	국제	15,008	118	58.0		
	계	26,993	375	67.6	844	1.8
울산		8,886	241	22.6	-	-
청주	국내	8,000	189	112.1	1,667	3.3
	국제	14,406	126	48.7	590	0.5
	계	22,406	315	86.8	2,257	3.8
무안	국내	20,000	416	3.0	2,022	3.3
	국제	9,106	94	20.7	2,022	3.3
	계	23,889	564	6.3	2,022	3.3
광주		10,561	294	54.9	2,765	5.6
여수		13,328	270	18.6	430 * 화물창고	1.1
양양	국내	10,083	207	0.0	-	-
	국제	16,047	110	8.0	-	-
	계	29,106	510	2.8	-	-
포항		11,707	357	1.9	-	-

공항명	여객터미널				화물터미널	
	구분	면적(m²)	수용능력 (만 명/년)	'16년 활용률(%)	면적(m²)	처리능력 (만 톤/년)
사천		3,960	92	16.4	133	0.3
군산		2,852	44	52.8	-	-
원주		1,596	24	32.7	-	-

(3) 계류장 및 주차장

공항명	계류장		주차장	
	면적(m²)	동시주기능력(대)	면적(m²)	동시주차능력(대)
김포	1,215,487	152 (일반 77, 소형 75)	346,789	10,598
김해	389,358	41 (일반 35, 소형 6)	153,732	5,334
제주	403,994	36 (일반 33, 소형 3)	116,554	3,205
대구	43,982	7(일반 7)	43,191	1,616
울산	33,480	6 (일반 4, 소형2)	26,860	500
청주	91,047	18 (일반 10, 소형 8)	45,558	2,331
무안	90,692 * 제빙 계류장 : 5,625	48 (일반 4, 소형 44)	66,990	1,883
광주	44,300	5(일반 5)	38,300	949
여수	41,868	5(일반 5)	25,548	607
양양	48,526	18 (일반 4, 소형 14)	14,734	498
포항	32,617	5(일반 5)	17,327	535
사천	13,140	2(일반 2)	9,667	301
군산	13,758	2(일반 2)	10,421	341
원주	6,590	1(일반 1)	2,743	135

2. 세계 주요 공항 현황

(1) ICN. 인천국제공항, 인천, 한국

개항 일자	2001. 3.		민간 공항
운영 주체	인천공항공사		
부지 면적	21,292,000m2		인천시 중구 운서동
여객청사	496,000m2 1동, 길이 1,066m, 폭 149m		4,400만 명/년
화물청사	258,000m2		450만 톤/년
활주로	3본 3,750 × 60,3,750 × 60,4,000 × 60		410,000회/년
취항 항공사	KAL, AAR, Air Canada 등		A380, B747, B767, B777, A330 등
연결 교통편	공항 ↔ 서울 시내 리무진, 택시, 공항철도 등 다양한 교통편 운영		전국 지방공항 연결 리무진 운행
공항 이용료	27,000원		유아, 통과 여객, 외교관 면제

(2) PEK, Beijing Capital 국제공항, 베이징, 중국

개항 일자	1933	군 전용 공항
운영 주체	베이징수도공항주식회사 (Beijing Capital International Airport Co. Ltd)	
부지 면적	23,001,150m²	
취항 항공사	Delta Airlines, Korean Air, Air Canada 등	
여객청사	3동	연간 약 8,200만 명
화물청사	111,485m²	연간 78만 톤
활주로	3본 • 3,200m × 50m • 3,800m × 60m • 3,800m × 60m	62만 회
공항/시내 간 교통안내	• 일반차량, 택시 약 40~50분 • CAAC의 버스 : 공항과 시내의 주요 호텔들을 연결하고 승차권은 1층 도착 카운터에서 구입	

(3) HKG. Hong Kong 국제공항, 홍콩, 중국

개항 일자	1997. 4.	홍콩섬, 구룡 간 해저터널 개통
운영 주체	홍콩공항공단 (Airport Authority Hong Kong)	
부지 면적	12,550,000m²	
취항 항공사	60개(119개 도시)	
여객청사	710,000m²	연간 4,500만 명
화물청사	5개	연간 425만 톤
활주로	2본 (3,800 × 60m)	시간당 54회
공항/시내 간 교통안내	• 고속철도 • Airport Express : 시내까지 약 24분 소요되고 매 12분 간격으로 운행하며 공항에서 출발하는 마지막 열차는 00 : 48분에 있음	

(4) SHA. Hongqiao 국제공항, 상하이, 중국

개항 일자	1964. 4. 29.	민·군 겸용 공항으로 전환 / 국제노선 첫 취항
운영 주체	상하이공항공단 (Shanghai Airport Authority)	
부지 면적		
취항 항공사	중국동방항공 등	
여객청사	82,000m² (국내선 : 52,000m², 국제선 : 30,000m²)	
화물청사		
활주로	1본 (3,400m × 57.6m)	
공항/시내 간 교통안내	버스 : 터미널 A 지역에서 탑승 • 공항 1선 　: 푸동 국제공항까지 정차 없이 운행하 　며 배차 간격은 약 15~25분이고 요금은 　30위엔	

(5) KIX. Kansai 국제공항, 오사카, 일본

개항 일자	1984	간사이 국제공항주식회사 설립
운영 주체	간사이 국제공항주식회사 (Kansai Int'l Airport Co. Ltd.)	
부지 면적	• 5,103,000m^2 • 13,630,000m^2	
취항 항공사	46개	
여객청사	1동	296,043m^2
화물청사	2동	264,000m^2
활주로	2본 • 3,500m × 60m • 4,000m × 60m	• 연 230,000회 • 최종 3본
연결 교통편	철도 • JR 서부선과 난카이 철도 노선 • 6개의 지하철 노선이 JR 노선과 　난카이선 연결 버스 • 국제선 도착층(1층)에서 승차, 　국제선 도착층(4층)에서 하차	

(6) NRT. Narita 국제공항, 도쿄, 일본

개항 일자	1993. 2. 2.
운영 주체	나리타 국제공항공사 (Narita International Airport Corporation)
부지 면적	10,840,000m²
취항 항공사	68개
여객청사	• 제1 : 176,300m² • 제2 : 284,000m² • 국내 : 19,400m²
화물청사	311,300m²
활주로	2본 • A4,000m × 60m(16R × 34L) • B2,500m × 60m(16L × 34R)
연결 교통편	• JR 동부선 (나리타 익스프레스) • 게이세이 철도 • 버스

(7) SIN. Changi 국제공항, 창이, 싱가포르

운영 개시	1990. 11. 22.	
운영 주체	창이공항그룹(Changi Airport Group)	
부지 면적	3,932,550평(1,300만m²)	
연결 국가 및 도시	80개(60개국 190개 도시)	
여객청사	1청사 280,020m² 2청사 358,000m² 3청사 380,00m² 저가 항공사 터미널 · 25,000m²	2,100만 명 처리 2,300만 명 처리 2,200 만 명 처리 270만 명 처리
화물청사	9동	300만 톤 처리
활주로	· 4,000m × 60m(2본)	
연결 교통편	· 철도 : Singapore Mass Rapid Transit · 버스 : 정류장은 터미널 1, 2, 3 지하에 위치	

(8) BKK, Suvarnabhumi 국제공항, 방콕, 태국

개항 일자	1996	신방콕 국제공항회사 설립
운영 주체	태국공항회사 (AOT : Airports of Thailand Public Company Limited	
부지 면적	324km2	
연결 국가 및 도시	108개 항공사 (부정기 항공사 포함)	
여객청사	1동(563,000m2)	45백 만 /연간
화물청사	190,000m2	300만 톤/연간
활주로	2본 • 3,900m × 60m • 4,000m × 60m	76편/시간당
연결 교통편	• 철도 • 공항 Express 버스 : 4개 노선	

(9) DXB. Dubai 국제공항, 두바이, 아랍에미리트

개항 일자	1960
운영 주체	Department of Civil Aviation
부지 면적	
취항 항공사	79개
여객청사	3동 • 제1 : 148,200m2 • 제2 : 12,000m2 • 제3 : 연간 6,000만 명
화물청사	1,000,000만 톤/연간
활주로	4,600m × 46m
연결 교통편	• 버스 • 택시 • 공항 셔틀버스

(10) JFK, J.F.Kennedy 국제공항, 뉴욕, 미국

개항 일자	1921	Port of New York Authority 설립
운영 주체	Port Authority of New York & New Jersey	
부지 면적	19,951,487m^2	
취항 항공사	78개	
여객청사	8개	
화물청사	10개소	
활주로	4본(2쌍의 평행 활주로)	
연결 교통편	• AirTrain JFK • 버스 • 공항 간 이동수단(JFK-LGA, JFK-EWR)	
여객 이용료	항공권에 포함($4.50)	면제·통과 여객, 유아, 승무원

(11) LAX. LA 국제공항, 로스앤젤레스, 미국

개항 일자	1928	
운영 주체	Los Angeles World Airports	
부지 면적	13,860,290m^2	
취항 항공사	25개	
여객청사	9동(412,156m2)	
화물청사	15동(2,105,282m2)	
활주로	• 3,658m × 61m, -3,658m × 46m • 3,135m × 46m, -2,70m × 46m	150회/시간당, 연간 80만 회
연결 교통편	셔틀버스 • "A" 노선 : 각 터미널 운행 • "B" 노선 : 주차장 B와 터미널 연결	

(12) YYZ. Toronto 국제공항, 토론토, 캐나다

개항 일자	1938	
운영 주체	토론토공항공단 (Greater Toronto Airports Authority : GTAA)	
부지 면적	17,920,000m²	
취항 항공사	Delta Airlines, Korean Air, Air Canada 등	
여객청사	3동	연간 약 3,800만 명
화물청사	111,485m²	연간 100만 톤
활주로	5본 • 2,895m × 60.9m • 2,740m × 60.9m • 3,368m × 60.9m • 2,590m × 60.9m • 3,300 × 60.9m	
공항/시내 간 교통안내	• 공항에서 토론토 시내 중심부까지 약 30km • 공항버스나 택시 이용 - 공항버스 : 소요시간 약 30~40분, 매 20분 간 격으로 출발 - 택시 : 소요시간 20~30분	

(13) CDG. Charles de Gaulle 국제공항, 파리, 프랑스

개항 일자	1945	ADP(파리공항공단) 설립
운영 주체	파리공항회사 (ADP : Aéroports de Paris)	
부지 면적	1,240,000m^2	
취항 항공사	100개(470개 도시)	
여객청사	3동(493,300m^2)	
화물청사	6동(부지 3,000,000m^2)	확장 부지 : 6,000,000m^2
활주로	4본 ● 4,240m × 45m, -4,215m × 45m ● 2,700m × 60m, -2,700m × 60m	
연결 교통편	● Main Lines(철도) ● RER B 노선(철도) ● Roissy 버스	
공항 이용료	항공권에 포함(EUR 7.88)	

(14) FRA. Frankfurt 국제공항, 프랑크푸르트, 독일

개항 일자	1948	프랑크푸르트 공항공사(Flughafen Frankfurt/ Main AG) 발족
운영 주체	Flughafen Frankfurt/Main AG	
부지 면적	19,000,000m²	
취항 항공사	146개	
여객청사	2동(704,000m²)	• 제1청사 3,000만 명 처리 • 제2청사 1,200만 명 처리
화물청사	6동(110 만m²)	150만 톤/연간
활주로	3본 • 4,000m × 60m • 4,000 × 45m • 4,000 × 45m	
연결 교통편	• 기차 : AlRail 서비스 • 버스 　정류장 : 터미널 1 도착층 앞, 　터미널 2 2층 앞	

(15) AMS. Schiphol 국제공항, 암스테르담, 네덜란드

개항 일자	1945. 이후	공항 재건설(암스텔담시)
운영주체	스키폴 그룹 (Schiphol Group)	
부지 면적	27,870,000m²	
취항 항공사	98개	
여객청사	1동(600,000m²)	60~65백만 명/연간
화물청사	6동	110만 톤 /연간
활주로	6본 • 3,800m × 60m, -3,400m × 45m • 3,300m × 45m, -3,500m × 45m • 3,450m × 45m, -2,014m × 45m	
연결 교통편	버스 • 198번 : Aalsmeer 운행 • 199번 기차	
여객 이용료	EUR 14.94	항공권에 포함

(16) ZRH. Zurich 국제공항, 취리히, 스위스

개항 일자	1953. 8. 29.	공항 운영개시
운영 주체	Flughafen Zurich AG (Unique)	
부지 면적	7,823m^2	
여객청사	2동	6,000명/ 시간당
화물청사	1동	
활주로	3본 • 3,700m × 60m(16/34) • 3,300m × 60m(14/32) • 2,500m × 60m(10/28)	
취항 항공사	70개 항공사 174개 노선	
연결 교통편	• 버스 11개 버스노선 • 택시 • 리모(Limo) 서비스	
여객 이용료	CHF 21.00	면제 : 통과 여객, 유아, 승무원

(17) LHR. Heathrow 국제공항, 런던, 영국

개항 일자	1946. 5. 31.	히드로공항 공식 운영개시
운영 주체	BAA Limited	
부지 면적	11,970,000m²	
여객청사	5동	
화물청사	1동	130만 톤/연간
활주로	2본 • 3,902m × 45m(09LL27R) • 3,658M × 45m(09R/27L)	
취항 항공사	92개(187개 도시)	
연결 교통편	• 전철 : Heathrow Express, Heathrow Connect • 지하철 • 시외버스 : National Express 버스 회사	
공항 이용료	GBP 21.22	

memo

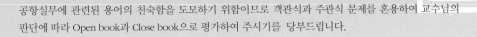

제3장 공항서비스

항공운송서비스개론 수행평가 퀴즈

공항실무에 관련된 용어의 친숙함을 도모하기 위함이므로 객관식과 주관식 문제를 혼용하여 교수님의 판단에 따라 Open book과 Close book으로 평가하여 주시기를 당부드립니다.

성명: 학번:

1. 다음 중에서 공항에 대한 설명이 아닌 것을 고르세요.

① 항공기의 이륙 및 착륙을 위한 육지 또는 수면

② 여객 및 화물의 운송을 위한 시설을 갖춘 곳

③ 항공기 도착·출발이나 지상 이동을 위하여 일부 전체가 사용되는 건물·시설물 등이 포함된 육지나 수상의 일정 구역

④ 항공기 출발을 이한 활주로만 갖춘 육지

2. 다음 중에서 공항 여객청사의 형태가 아닌 것은?

① 선형(Linear)

② 중앙 집중식(Pier)

③ 위성형(Satelite)

④ 복합식(Complex)

3. 다음 중에서 공항의 기능이 아닌 것은?

① 항공운송기지

② 여객운송기지

③ 화물운송기지

④ 장비수송기지

4. 다음 중에서 공항의 기본시설이 아닌 것은?

① 활주로(Runway)

② 주기장(Apron)

③ 항공관제시설(Air Traffic Control)

④ 보수로(Maintenance Way)

5. 아래에서 설명되고 있는 공항 시설은 몇 번 인가요?

> 항공기 이착륙을 지원하는 활주로, 유도로, 착륙대, 격납고 등의 시설을 갖추고 있는 곳

① 에어 사이드

② 랜드 사이드

③ 컨세션(Concession)

④ 면세점(Duty Free)

INTRODUCTION TO AIR
TRANSPORTATION
SERVICE

출입국
서비스

항공운송
서비스개론

출입국
서비스

01 항공운송서비스의 개념 및 절차

1. 여권(Passport) 확인

여행자의 해당 정부가 자국민 보호를 위하여 발행하는 신분증명서 또는 출
국허가서이다. 우리나라는 2005년 5월부터 비접촉식 IC칩을 내장한 신 여권을
발급하여 위·변조를 방지하고 있으며, 여권의 종류는 여
행자의 신분에 따라서 일반여권·
외교관여권·관용여권·거주여
권·여행증명서 등이 있다.

2. 사증(VISA)

여행목적 국가로부터 여행자
에게 발급되는 입국허가증을
말한다. 여행자가 자국에 설치

되어 있는 여행목적 국가의 공관에 소정의 절차에 따른 구비서류를 제출하면
주재 공관은 자국에 여행자의 입국비자 신청사실을 보고하고 승인을 받은 후
에 비자를 발급하게 되며, 체류기간 및 조건은 여행자가 해당 국가에 도착하여
공항 또는 항만에 설치된 출입국 사무소에서 면접 후에 최종적으로 결정된다.

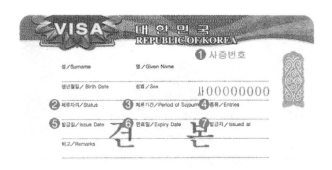

📖 표 4-1 사증(VISA)의 종류

입국 허용 빈도	입국 목적
• 단수 비자(Single Entry Visa)	• 관광 사증(Tourist Visa) • 상용 사증(Business Tourist)
• 복수 비자(Multiple Entry Visa)	• 체류 사증(학생 · 주재) 　(Staying Visa) • 통과 비자(Transit withot Visa)

3. 검역(Quarantine)

세계보건기구(WHO) 등의 계도와 각국의 철저한 위생관리로 전염병에 대한 염
려는 많이 사라지고 있지만 아직도 지구촌의 특정 지역에서 발생하고 전염되
는 일부 질병으로부터 자국민을 보호하기 위하여 모든 여행자에 대하여 검역
을 실시하고 있으며 해외여행을 목적으로 여행객이 출국 시 또는 입국 시, 공
항 또는 항만 등에서 세계보건기구(WHO)가 보증하는 국제예방접종증명서(Yellow
Card, Health Card)를 철저히 확인하고 있다.

내국인들이 출국할 때 예방 접종은 국립검역소 또는 보건복지부의 지정 병원에서 실시하고 있다. 또한 공항·항만 등에서 열감지 장치 등을 설치·운영하여 감염자는 격리 조치하는 등 철저한 검역을 실시하며 각종 질병으로부터 자국민의 재산과 생명을 보호하기 위한 노력을 실시하고 있다.

4. 병무 신고

대한민국의 남성으로서 만 25세 이상 병역 미필자는 출입국 시 반드시 병무 관할 행정기관(병무청)에 출국신고 및 귀국신고를 철저히 하여야 한다. 출국 전에 본적지 지방 병무청으로부터 '국외여행 허가증'을 교부받고 또한 병역을 마쳤거나 면제받은 사람도 출국 전에 거주지의 읍·면·동 사무소에 '국외여행 신고서'를 제출하고 '신고필증'을 수령하여 출국 당일에 인천공항 출국자는 병무청 출입국 사무소에 제출하고 기타 공항 출국자는 출국수속 시 '국외여행 신고서'를 법무부 출국사열 시에 제출하여야 한다.

5. 문화재 관련 신고

문화재의 진품 또는 모조품을 해외로 반출하고자 할 때는 공항 문화재 관리 사무소의 감정과 승인을 거쳐야 한다.

문화재보호법 제39조(수출 등의 금지)

① 국보, 보물, 천연기념물 또는 중요민속문화재는 국외로 수출하거나 반출할 수 없다. 다만, 문화재의 국외 전시 등 국제적 문화교류를 목적으로 반출하되, 그 반출한 날부터 2년 이내에 다시 반입할 것을 조건으로 문화재청장의 허가를 받으면 그러하지 아니하다.

② 문화재청장은 제1항 단서에 따라 반출을 허가받은 자가 그 반출 기간의 연장을 신청하면 당초 반출목적 달성이나 문화재의 안전 등을 위하여 필요하다고 인정되는 경우에 한정하여 2년의 범위에서 그 반출 기간의 연장을 허가할 수 있다.

③ 제1항에도 불구하고 다음 각 호의 어느 하나에 해당하는 경우에는 문화재청장의 허가를 받아 수출할 수 있다.

　가. 제35조 제1항 제1호에 따른 허가를 받아 천연기념물을 표본 · 박제 등으로 제작한 경우

　나. 특정한 시설에서 연구 또는 관람목적으로 증식된 천연기념물의 경우

02 항공사 탑승수속

1. 항공사 위탁수속

(1) 여행구비서류 확인

- 예약자와 여권 본인 일치 확인
- Visa소지 및 면제협정 국가 여부 확인
- 외국인 · 교포 국내 체류기간 적법성 확인

(2) 항공권 확인

- 항공권 유효기간 및 여정 확인
- 마일리지 카드 확인 및 적립

(3) 좌석 배정

- 항공권 좌석 등급 확인
- 인터넷 활용 사전 좌석 배정 여부 확인
- 승객 선호도 파악 좌석 배정
- 노약자 비상구 좌석배정 불가 안내

(4) 수하물 접수

- 위탁수하물 수량 · 중량 확인
- 이름표 부착 및 포장 상태 확인
- 위탁 불가 물품 및 세관 · 문화재 반출 신고 여부 확인
- 기내 반입 무료 수하물 수량 및 개수 안내
- 목적지 최종 확인

(5) 탑승권(Boarding Pass) 발급

- 성명, 좌석 등급 및 번호
- 항공기 편명 및 행선지
- 탑승구 및 마감시간 안내

(6) 항공여행정보

❶ TIM의 정의 및 구성

항공사가 세계 각국의 출입국관리법, 세관 통관 및 검역 관련 규정들을 사전에 고객에게 제공하는 정보를 말한다.

가. TIM(Travel Information Manual) : 항공여행정보집

IATA(국제민간항공협회)의 회원국인 AF, KLM, JAL 등 13개 항공사가 공동으로 발행하는 '항공여행정보책자'로써 여행자가 다른 국가 여행 시, 필요한 여권, 비자, 검역 절차, 관세 등의 정보를 수록한 정기 간행물이다.

나. TIM의 구성 및 내용

🌐 **PASSPORT**(여권)

- 입국에 유효한 국적별 여권
- 국가별 여권의 종류
- 여권 대용서류(T/C, 선원수첩 등)

🌐 **VISA**(입국사증)

- 입국에 유효한 국적별 사증
- 사증 면제 국가 현황
- 재입국 허가 규정

🌐 **HEALTH**(검역)

- 예방 접종 필요 여부
- 기타 권고 사항
- 애완동물 입·출국 절차

🌐 **TAX**(공항세)

- 공항세 징수 여부
- 공항세 금액
- 공항세 면제 대상

🌐 **CUSTOMS**(세관 통관 절차)

- 여행자 휴대품 면세(술·담배·향수 등)
- 통관 규정 등

🌐 **CURRENCY**(화폐)

- 외화 관련 규정 등
- 외화 반입 및 반출(소지 한도) 신고

2. Self Check-In & Self Bag Drop

(1) 정의

- 🛬 고객 스스로 탑승 수속 실시
- 🛬 무인화 간소화로 3분내 탑승 수속 완료
- 🛬 단, 입국 비자가 필요한 국가 또는 공동운항, 유아 동반 시 제한

(2) Kiosk를 활용하여 해당 항공사 선택

(3) 수속 절차

❶ Kiosk활용 수속 준비

❷ 예약 정보 확인

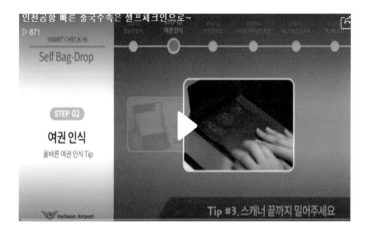

🧠 여권 확인

🧠 여행 경로 확인 및 좌석 선택

🧠 탑승권 출력

❸ 위탁수하물 유의 사항 확인

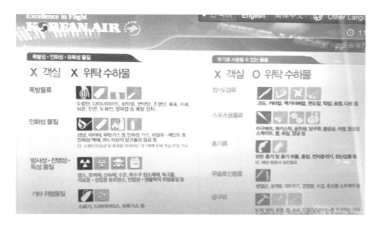

❹ 수하물 위탁(Self Bag Drop)

(4) 인천공항 제1청사 입주 항공사 현황

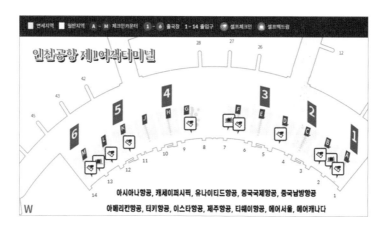

(5) 인천공항 제2청사 입주 항공사 현황

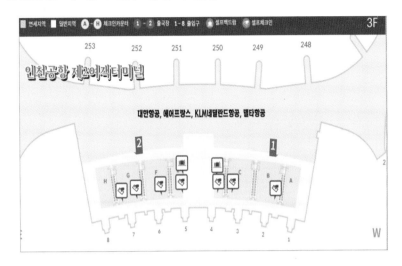

(6) 향후 전망

- 🌸 3분 이내 신속한 탑승 수속으로 고객 만족 기여
- 🌸 인천 및 김포 공항 취항 전 항공사 활용 가능
- 🌸 셀프 체킨 시스템 이용승객 대상 유료화 추진

03 출국 수속 절차

    항공기를 이용하여 다른 국가로 출국하는 모든 여행자는 해당 국가의 출입국 관련 규정에 의하여 세관(Customs), 출입국(Immigration), 검역(Quarantine) 절차를 이행하여야 한다. 2001년 알-카에다(Al-Qaeda)에 의해서 벌어진 항공기 납치 테러 사건 이후 모든 항고기 탑승객 및 수하물에 대한 검색이 강화되었고, 출입국 수속 절차 또한 더욱 엄격하게 실시되고 있는 실정이다. 출국수속은 세관신고 후에 보안검색, 법무부 사열 순으로 진행되고 있다.

1. 보안검색

    보안법 제14조(승객의 안전 및 항공기의 보안) 및 제15조(승객 등의 검색)등에 따라서 항공기와 승객의 안전을 위하여 항공기에 탑승하는 모든 승객과 휴대 물품에 대하여 검색을 실시한다. 항공기 내에서 승객의 안전을 위협할 수 있는 모의 총기류, 도검류, 폭발성 물품에 대하여 개인 반입이 금지되고 항공사에 위탁, 목적지 공항에서 인도할 수 있다.

2. 세관(customs) 신고

    내국인이 고가 물품을 휴대 반출 시 재 입국에 대비하여 세관 신고서 작성 요령을 안내하고 신고필증을 발급하며, 외국인의 경우 입국 시 재반출조건 귀중품 휴대 반입한 경우 반출 물품을 확인한다.

휴대물품 반출신고(확인)서
Declaration(Confirmation) Form of Carried-out Personal Effects

[유의사항]
1. 미화 600달러 이상의 가치가 있는 물품을 출국 시 휴대하였다가 재반입할 경우에는 본 신고서를 작성하여 세관장에게 제출하여야 하며, 휴대반출신고한 물품의 제조번호가 세관에 전산등록된 경우에는 2회차부터 세관신고절차를 생략할 수 있습니다.
2. 세관에 기 신고한 물품이 아닌 새로운 물품을 휴대반출할 경우에는 반드시 세관장에게 신고하여야 합니다.
3. 제조번호를 등록하지 않은 물품에 대해서는 출국 시마다 본 신고서를 작성하여 세관장에게 신고하여야 하며, 재반입하는 때에 관세를 면세받을 수 있는 근거가 되는 것이므로 소중히 보관하시기 바랍니다.
4. 본 신고서를 허위로 작성하여 신고하면 조사를 받게 되며, 조사결과에 따라 처벌받을 수 있습니다.

[Attention]
1. If you intend to carry out of the nation personal effects whose value exceeds US$400 and bring them back in after traveling, you should submit the declaration(confirmation) form to the Customs. In the case that the manufacture number (product serial no.) of the personal effects has been already registered with the Customs or the personal effects with a Customs tag attached are repeatedly carried out of and back into the nation, you do not have to make a repeated declaration for the same item after the initial declaration.
2. In the case of new personal effects which have not been declared to the Customs, make sure to declare the items to the Customs.
3. In the case of an item whose manufacture number(product serial no.)has not been registered with the customs or which does not have a Customs tag on it, you should fill in this declaration form and submit it to the Customs. This declaration form provides and important ground for duty exemption when you bring the items back into the nation, so make sure to keep this form carefully.
4. Any falsification in the declaration is subject to an investigation, and you may be punished according to its result.

No :

품 명 (Item)	규 격 (Description)	수량 또는 중량 (Quantity or Weight)

위와 같이 반출함을 신고(확인)합니다.
I hereby submit a declaration(confirmation) form of the above listed goods.

20　년　월　일

Date : Day Month Year
신고인 성명 :　　　　　(서명)　　　　　국적 :
Declarant's Name　　　(Signatue)　　　　Nationality:
생년월일 :　　　　　　여권번호 :
Date of Birth　　　　　Passport No :

3. 법무부 출국사열(Immigration)

여행자 신분 확인, 여권, 비자 등 출국 자격 심사

승객 사열 사진
(사열대 장면)

표 4-2 CIQ의 업무

구 분	관세청 (Coustoms)	법무부 (Immigration)	농림축산식품부 (Quarantines)	복건복지부 (Quarantines)
업무	• 휴대품 면세 · 관세 부여 • 물품통관허가 · 불허 결정	• 여권 유효기간 본인 여부 확인 • 사증 소지 여부 • 체류기간 · 입국 불가 결정 • 입국제한자 결정 (Blackist) • 체류기간 초과자 적발	승객 반입 식품 · 식물 · 동물 (애완견 등) 감염 등 확인	여행자 건강 상태 (감염자 분류) · 예방접종 여부 확인

4. 출국 라운지 대기

법무부 사열 등 출국 수속을 모두 마친 여객은 출발 항공기 탑승 시간까지 면세점 이용 등 개인 활동을 마친 후에 해당 항공기 탑승구 앞에서 대기하다가 항공사의 안내 방송을 듣고 통상 출발시간 30분 전에 실시하는 탑승에 늦지 않도록 하여야 한다.

5. 항공기 탑승

항공기 탑승 순서는 혼자서 탑승이 불가하여 항공사 직원의 도움이 필요한 환자·장애자·노약자 등으로 탑승을 실시하고, 일등석 승객과 비즈니스, 일반석 승객 순으로 탑승한다.

❶ 항공사 직원 도움 승객(Stretcher 승객, Wheel chair 승객, 보호자 비동반 유아 등)

❷ 노약자·유아·소아 동반승객

❸ First 승객

❹ Prestige 승객

❺ Economy 승객

단, 대형 항공기의 경우는 항공기 출입문이 2개인 관계로, 앞문은 First 승객과 Prestige 승객이 우선 이용하고, 뒷문은 일반 탑승객에게 배정

6. 항공기 출항 신고

(1) 담당기관 : 법무부 출입국관리사무소, 세관 승기실

(2) 제출 서류

- G.D(General Declaration) : 승무원 명단 등 출항편의 일반 사항
- PM(Passenger Manifest) : 탑승자 명단 등
- CM(Cargo Manifest) : 탑재 화물 목록 등

04 입국 수속 절차

　항공기가 도착하면 승객은 하기순서에 따라서 항공기에서 내린 후에, 통과 여객은 본인의 연결 항공편 수속 및 탑승구로 이동하고, 입국 승객은 항공사 직원의 안내 및 입국 동선에 따라서 검역·법무부 입국사열·위탁수하물 회수·세관 검사 등을 마치고 본인의 목적지로 이동하게 된다.

1. 항공기 하기순서

　❶ 응급 환자 및 노약자
　❷ VIP/CIP
　❸ First 승객
　❹ Prestige 승객
　❺ Economy 승객

2. 입국 검역

(1) 승객 검역(보건복지부 공항 검역소)

- 입국 승객 대상 열감지기 작동·운영
- 설문지 수거 및 이상 징후 승객 분리

(2) 동물 검역(농림축산식품부 국립동물 검역소)

- 휴대 반입 동물에 대한 검역 실시
- 대상 : 개 · 고양이 · 원숭이 · 조류 등
- 서류 : 출발국에서 발행한 동물 검역증 제출

(3) 식물 검역(농림축산식품부 국립식물 검역소)

- 휴대 반입 식품에 대한 검역 실시
- 과실 · 채소 · 묘목 · 씨앗 등
- 서류 : 출발국에서 발행한 식품 검역증 제출

3. 법무부 입국사열

입국한 모든 승객들은 내국인 · 외국인으로 구분되어 있는 전용 입국사열대를 이용하여 입국 자격심사를 받게 된다. 이때 내국인 중에서 범죄와 관련하여 지명 수배되었으나 해외로 도피하였다가 입국하는 사람은 관계기관에 통보받게 되고, 외국인들은 다음과 같이 입국목적 등에 대하여 심사받게 된다.

(1) 내국인

- 일반여행자 : 입국
- 특별범죄자 : 관계기관 현장 신병인도
- 지명 수배자 : 관계기관 통보

(2) 외국인

- 적법한 여권 및 입국사증 심사
- 입국 목적(관광 · 취업 · 유학 등)
- 체류기간 결정
- 입국제한 자(Blackist) 판정 및 퇴거 조치

4. 위탁수하물 회수

항공기 탑승 수속 시 위탁하였던 본인의 수하물을 해당 항공기 도착 화물인도 컨베이어 벨트로 가서 본인의 수하물을 찾고 수하물 표와 대조하여, 본인 것임을 확인한 다음 세관 검색대로 이동한다. 다만, 다음과 같은 경우는 항공사 직원에게 문의하여 본인의 피해가 없도록 하여야 한다.

1 기내 제한 품목 인도 : 골프채 · 건전지 · 칼 등
2 부분 파손 · 분실 · 미도착 : 수하물표 참조 신고서 작성 제출
3 미통관 물품 예치 · 유치 제도

(1) 예치 제도

여행자가 입국한 공항의 세관 보세창고에 맡겼다가 출국 시 찾아가는 조건으로 소정의 보관요금을 지불하는 제도이다. 예치 기간은 출국 예정 기간보다 1개월을 초과한 기간까지이며, 그 기간이 경과한 물품에 대해서는 세관장이 관련 규정에 따라서 공고한 후에 매각처분이 가능하다.

(2) 유치 제도

여행자 입국 시, 각종 증빙자료가 미비하여 통관이 제한되는 물품으로, 서류 보완 시기까지 세관 보세창고에 일시적으로 보관하는 제도이다. 보관기간은 30일이며, 보관기간이 경과한 물품은 관련 규정에 따라서 세관장이 공고한 후에 매각 처분이 가능하다.

5. 세관 신고

세관 검사의 목적은 첫째, 국내 반입금지 물품(마약, 총기류, 폭약, 외화 과다 반입 등)에 대한 통관 불허이며, 둘째는 면세 한도를 초과하는 반입 물품에 대한 관세부과이다.

승객이 비행기에서 하기하면서 휴대한 수하물은 X-ray 검사대를 통과하고 항공사 컨베이어 벨트에서 위탁수하물을 회수한 후에 본인이 해외여행 시 구입한 물품의 합계에 따라서 면세 검사대와 과세 검사대에서 세관 검사를 받아야 한다.

그림 4-1 세관 검사 절차

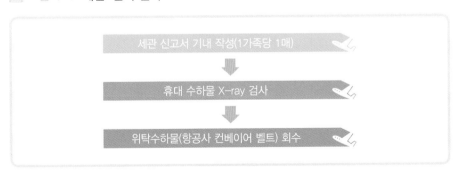

- 세관 신고서 기내 작성(1가족당 1매)
- 휴대 수하물 X-ray 검사
- 위탁수하물(항공사 컨베이어 벨트) 회수

(1) 검사대 통관 승객

- 면세 검사대 : 해외 구입 물품 합계($600 미만 구입자)
- 과세 검사대 : 해외 구입 물품 합계($600 초과) 또는 구내 반입 규제 물품 반입 시

(2) 면세 통관 물품

- 주류 1L 이내, 담배 10갑(200 개비), 향수 약 60ml 등
- 타인에게 판매할 목적이 아닌 본인 사용 목적 물품

6. 입국(목적지로 이동)

7. 입국 승객 동선

▨ 그림 4-2 입국 동선

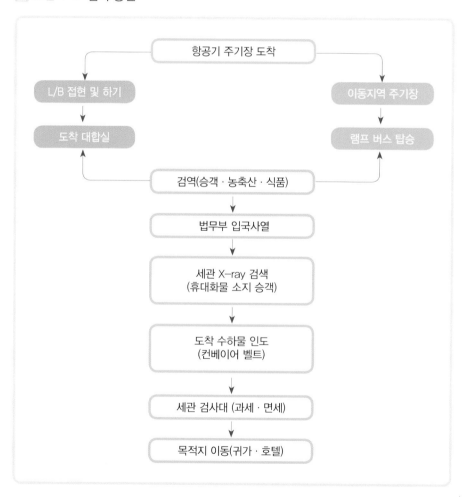

제4장 출입국 서비스

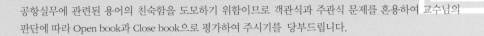

공항실무에 관련된 용어의 친숙함을 도모하기 위함이므로 객관식과 주관식 문제를 혼용하여 교수님의
판단에 따라 Open book과 Close book으로 평가하여 주시기를 당부드립니다.

성명: 학번:

1. 여권(Passport)에 대하여 설명 하세요.

_____

_____

_____

_____

_____

2. 사증(Visa)의 종류가 아닌 것을 고르세요.

① 관광 사증(Tourist Visa)

② 상용 사증Business Visa)

③ 체류 사증(Staying Visa)

④ 거주 사증(Living Visa)

3. 항공사 탑승수속 절차가 아닌 것을 고르세요.

① 항공권 확인(Flight Ticket Check)

② 좌석 배정(Seat Assignment)

③ 분실물 확인(Lost & Found Check)

④ 수하물 접수(Baggage Check)

4. 입국승객에 대한 검역 절차가 아닌 것은?

① 열감지기 작동 · 운영

② 여행자 출발지에 조회

③ 기내 가검물 채취

④ 여행자 설문지 수거 및 분석

5. TIM(Travel Information Manual)에서 확인할 수 있는 것이 아닌 것은?

① 치안 상태 (The Security Condition)

② 입국 사증(Visa)

③ 검역(Quarantine)

④ 화폐(Currency)

memo

INTRODUCTION TO AIR
TRANSPORTATION
SERVICE

보안검색

항공운송
서비스개론

↗

CHAPTER 05

보안검색

1. 보안검색의 정의

보안검색이란 불법방해 행위에 사용될 수 있는 무기 또는 폭발물 등 위험성이 있는 물건들을 탐지하기 위한 행동을 말한다.

공항에서 이루어지는 보안검색은 출국하는 여행자들의 신체 및 수하물 검색을 통하여 항공기 안전운항에 위해를 줄 수 있는 위해물품을 사전에 적발하는 행위다. 하루에도 수많은 승객과 관련 물품이 이동하는 공항은 밀수, 외화 밀반출, 총기류 밀반입, 밀입국 등 다양한 범법행위가 발생하는 곳인데, 특히 항공테러는 사고발생 시 승객과 항공기의 피해는 물론 국가 신인도에는 큰 영향을 미치게 되므로, 사전에 이를 차단하기 위한 보안검색은 항공보안의 핵심요소라고 할 수 있다.

2. 보안검색 발전과정

(1) 국제 환경

1931년 남아메리카의 페루에서 세계 최초로 항공기 납치사건(hijacking)이 발생하였으며, 1947~1958년의 약 10년간은 동·서독 분단으로 인한 정치적·이념적 적대관계로 항공기 납치사건이 수시로 발생하였다.

그 후 팔레스타인이 이스라엘을 정치적 · 경제적으로 고립시키기 위하여 하이재킹을 빈번하게 일으켜서, 1963년 9월에 국제민간항공기구 참가국들이 동경에서 회의를 개최하여 이를 방지하기 위한 협약을 체결한 이후, 항공기에 대한 납치사건을 방지하기 위한 항공보안활동과 보안검색을 실질적으로 시작하였다.

1969년 최초의 보안검색제도는 Eastern Airlines에서 하이재커 개인신상정보(Hijacker Profile)를 이용하여 실시하였다. 또한 1971년 9월 28일에는 미국 연방항공국(FAA)에서 총 107개 공항의 항공보안실태를 점검하여 항공보안규정에 위배되는 사항의 적발과 기타 항공보안제한구역의 불법적인 침입에 대하여 조사한 것을 바탕으로 해서 538조나 되는 항공보안규정을 제정하였다.

가장 핵심사항은 보안요원들의 검색을 거치지 않은 승객의 수하물은 어떠한 화물이라도 절대로 항공기에 탑재가 불가능하다고 규정함으로써, 모든 보안요원들이 수하물을 검색할 수 있는 법적인 권한과 검색절차에 관한 규정을 제정하였다는 것이다.

이에 따라 1972년에는 미국의 메이저항공사인 아메리칸 유나이티드항공사는 100% 검색을 의무화하였고, 1973년에는 국가 공권력을 행사할 수 있는 항공보안검색요원이 배치되었으며, 1976년에는 Federal Air Marshall 제도가 시행되었다.

미국에서는 9 · 11테러 이후 미 연방항공국 (FAA)이 육상, 해상, 공중을 통합한 '교통보안청' (TSA)으로 기구를 확대하여 국가가 국가 민간항공 보안프로그램을 개발, 실천, 유지함으로써 항공보안대책에 만전을 더욱 강화하고 있다.

(2) 국내 환경

우리나라의 보안검색 발전과정을 살펴보면 남 · 북한이 대치된 환경에서 북한의 특수공작원에 의해 자행되는 테러를 방지하기 위한 노력이 그 발단이다.

또한 ICAO 등에서 제정한 국제 항공보안규정에 따라 우리나라도 미국 FAA 등이 설정한 국제 기준에 맞게 보안검색 분야를 강화하게 되었다.

1969년 12월 11일 북한 간첩이 강릉을 출발하여 서울로 오는 대한항공 항공기를 납치하는 사건이 발생한 이후, 항공기에 대한 보안활동을 더욱 강화하는 계기가 되었다.

1970년 2월 26일부터는 경찰관으로 구성된 항공보안관(50명)이 국적기인 대한항공에 직접 탑승하여 항공기와 탑승객의 안전을 위한 보안활동을 강화하였다.

1971년 7월 1일 항공사로 구성된 공항운영위원회(AOC)가 보안검색원 7명을 선발하여 경찰의 지도를 받으며, 출국승객의 신체 및 휴대품과 탁송화물에 대한 보안검색을 실시하기 시작하였다.

국내 공항의 보안검색업무는 항공사에 의해 체결된 민간 경비업체 소속의 보안검색요원이 전담하고, 경찰은 검색 지도감독업무만을 수행한다는 방침이 정해져 1993년 9월 7일부터 김포, 김해, 제주공항과 1997년 개항된 원주, 청주공항 등의 보안검색업무가 민간 보안검색요원으로 이관되어 운영되었다.

3. 보안검색의 대상과 법적 근거

(1) 보안검색의 대상

보안검색의 목적은 '기내 반입금지 물품'을 적발하는 것이다. 기내 반입금지 물품(Restricted Items)은 '항공기 안전운항 및 승객의 생명과 재산을 보호하기 위하여 비행기에 탑승하는 모든 승객이 휴대하는 물품 중 휴대 및 탑재가 금지되는 물

품'을 말하며, 의미 그대로 승객들이 탑승할 때 기내로 반입할 수 없는 물품 또는
물건을 말한다. 위해물품 또는 제한물품(Restricted Article)과도 유사한 의미이다.

표 5-1 기내 반입금지 물품

위해물품	위험물품
총기류, 탄약류, 도검류, 곤봉류, 화약류, 폭발물, 탄약, 화염 액체, 가스 분사류, 전자 충격기, 송곳, 가위 등	조명탄, 라이터, 부탄 가스, 캠핑 가스, 에어로졸, 부식성 물질, 인화성 물질, 방사성 물질 등

(2) 보안검색의 법적 근거

① 국내 법령

가. 항공보안법

나. 항공법

다. 통합방위지침(대통령훈령 제289호)

라. 국가 대테러 활동지침(대통령훈령 제47호)

마. 국가보안시설 및 보호 장비 관리 지침

① 국제협약 및 ICAO 부속서

가. 항공기에서 범한 범죄 및 기타 행위에 관한 협약

나. 항공기의 불법납치 억제를 위한 협약

다. 민간 항공의 안전에 대한 불법적 행위의 억제를 위한 협약

라. 민간 항공의 안전에 대한 불법적 행위의 억제를 위한 협약을 보완하는 국제 항공에서의 불법적 폭력행위의 억제를 위한 의정서

마. 가소성 폭약의 탐지를 위한 식별조치에 관한 협약

바. 국제 민간항공 협약부속서 2, 6, 9, 10, 11, 13, 14, 17, 18

사. 국제 민간항공기구 "불법방해 행위로부터 민간항공 보호를 위한 ICAO 보안지침서"(Security Manual for Safeguarding Civil Aviation Against of Unlawful Interference)

02 금지물품 및 위험물

1. 개요

보안검색요원은 승객 휴대물품 속에 '위험물'로 분류되는 물품운송 제한요건뿐 아니라 금지품목 제한요건이 있다는 것을 알아야 한다. 위험물이란 항공기로 운송을 하는 경우 재산과 안전 및 건강에 중대한 위험을 초래할 수 있는 것을 말한다. 기온이나 기압의 급격한 변화는 항공기 내에 운송 중인 캔 또는 병이 새거나 발화되거나 유독물질이 유출될 수 있다.

항공기 승객은 총기와 경찰봉, 도끼, 침이 달린 지팡이 같은 끝이 뾰족하거나 뭉툭한 쇠붙이로 공격용 또는 방어용으로 제작된 물품과 얼음 칼, 끝이 금속으로 입힌 지팡이, 면도날, 끝이 길고 뾰족한 가위, 칼, 전문가 연장, 에어 졸처럼 공격용 또는 방어용으로 사용될 수 있는 모든 일반 물품 등의 모조품 기타 의심스러운 물품은 항공기 내에 소지할 수 없다.

ICAO '위험물안전 항공운송기술지침서'에 따르면 '특정한 물품과 물질을 위험물로 분류'하고 있으며 이러한 위험물품을 승객이 소지하거나 휴대물품 또는 위탁수하물에 넣어서 운송되지 못하도록 하여야 한다.

예로, 폭발물은 수류탄·폭죽·조명탄 등, 가스에는 프로판·부탄가스, 발화성 액체에는 가솔린·발화고체 및 반응물질에는 마그네슘·파이어 라이터, 산화제 및 유기과산화물은 표백제·자동차 차제 수리 공구, 유독물질 및 감염물질은 쥐약·감염된 혈액, 방사능 물질에는 의료용 또는 상업용의 방사능 동위원소, 부식물에는 수은·차량용 배터리, 기타 연료기름을 포함하는 차량용 연료 구성 요소 등으로 3,000개 이상의 위험물을 열거하고 있다.

2. 보안검색 완료지역 물품 반입규제 지침

(1) 제한물품

제한물품은 잠재적인 위험을 가진 물품 또는 물질을 말한다. 이러한 제한물품은 무기 또는 폭발물이 아닐지라도 항공기 객실에 탑재될 수 없다.

이러한 물품이 발견될 경우 즉시 보안검색 감독자에게 알려야 하고 승객에게 이러한 물품이 위탁수하물로 운송되도록 선택권을 줄 수 있다.

> 예 장난감 권총 또는 모형 권총, 무술장비, 큰 칼, 기병도, 사냥칼 등

(2) 위험물품

위험물품은 종종 위험물로 불리며 항공기 운송에 위험한 물질이다. 승객은 이러한 물품을 항공사의 허락 없이 위탁수하물로 항공기에 탑재시킬 수 없다.

> 예 발화성 용액, 대량의 성냥, 신체보호용 스프레이, 산화제, 프로판가스 용기, 표백제, 독약, 살충제 같은 독성 물질

(3) 반입금지 물품(위해물품)

무기 및 폭발물장치 등 반입금지 물품은 보안검색 완료구역으로 반입할 수 없으며 이러한 금지물품이 발견되면 검색대 감독자, 경찰, 항공사, 검색 용역회사(해당 사항일 경우)에 통보하여야 한다.

3. 기내 반입금지 휴대물품

구 분	품 목	기내 반입 여부
발화 및 인화성 물질	부탄가스 · 캠핑용 가스 · 라이터가스 · 라이터 기름, 딱성냥, 휘발유, 등유, 아마인유, 70도 이상 주류, 물과 접촉 시 가연성 가스 발생 물질, 기타 가연성이 있는 물질	반입 불가
	1회용 라이터, 성냥	어느 1개만 객실 반입 가능
	석유버너, 램프 등 캠핑장비	연료 없으면 객실 반입 가능
	페인트, 시너, 본드, 솔벤트	수성은 위탁수하물 처리, 이외는 반입 불가
고압 가스	화기용 물감	유성튜브형만 허용되며, 이외는 반입 불가
	가연성 물질 내포 캔	반입 불가
	산소통, 산소캔, 온도계	의료용만 허용, 기타는 반입 불가
	이산화탄소 실린더	라이프 재킷용 2개까지 객실 반입 가능, 이외는 위탁수하물 처리
	기타 불활성 가스류	40psi 이하 객실 반입 가능, 이외는 반입 불가
	액체질소, 산소	40psi 이하 객실 반입 가능, 이외는 반입 불가
	향수, 화장용품 헤어스프레이	0.5리터 이내 2개까지 객실 반입 가능, 이외는 위탁수하물 처리
무기 및 폭발물 류	총기류 및 위장무기, 스포츠용 총기 및 실탄, 탄피	승인된 경우 위탁수하물 처리
	장난감 총기, 도검류, 장난감 뇌관, 딱총알	위탁수하물 처리
	도검류, 가위류, 도끼, 5.5cm 이상의 날을 가진 뾰족한 물건, Letter Opener	위탁수하물 처리
	최루가스, 전기, 충격기류, 폭죽, 탄약 · 화약 · 폭약류	반입 불가
	자동 톱	반입 불가 물품으로 전원장치 제거 시 위탁수하물 처리

구 분	품 목	기내 반입 여부
기타 위험 품목	공구 및 연장류	위탁수하물 처리
	유사시 무기 사용 가능 물품	위탁수하물 처리
	골프채, 낚싯대, 야구배트, 스키세트, 하키스틱, 다트	위탁수하물 처리
	당구큐대, 우산, 소화기, 볼링공, 수예바늘	위탁수하물 처리
	독극물, 방사능, 부식성 · 자기성 물질, 유해 · 자극적 물질	반입 불가
	유황, 산화제, 표백제 등 화학물질	반입 불가
	수은온도계, 수은기압계	누설방지장치 후 위탁수하물 처리
	가스포함 Hair Curler	1인 1개 한도 객실 반입 가능, 이외는 위탁수하물 처리
	건전지, 건습식 배터리	전자기기 등에 내장된 건전지의 기타 건전지, 배터리는 위탁수하물 처리
	배터리구동 휠체어	배터리 제거 · 양극절연 시 객실반입 가능
	심장 박동기	의료용으로 착용 시 객실 반입 가능
	알림장치 · 리튬배터리, 불꽃생성물질	반입 불가
	Life Vest	개당 1개 카트리지 객실 반입 가능, 이외는 위탁수하물 처리
	고체이산화탄소, 드라이아이스	1인당 2kg 객실 반입 가능, 이외는 위탁수하물 처리
	예비용 타이어	압력제거 후 위탁수하물 처리
	수중토오치, 램프	연료제거 후 위탁수하물 처리
	산소발생기 휴대용 발전기, 가솔린엔진, 가스쇼바	연료제거 후 위탁수하물 처리
	Painball Guns, 잔디깎이	연료제거 후 위탁수하물 처리
	부동액, 염색제, 에테르, 질산암모늄비료	반입 불가
	Dry Shipper	유해물품 없으면 위탁수하물 처리

03 보안검색 운영

1. 기본원칙 및 지침

(1) 기본원칙

❶ 모든 승객 및 휴대물품은 항공기, 보안검색 완료지역 또는 출입제한구역으로 들어오기 전에 보안검색을 받아야 하고, 이런 절차는 모든 국제선 및 국내선 항공기 탑승에 적용된다.

이 원칙은 보안검색을 받는 승객과 항공기로 접근하는 보안제한구역으로 출입하는 항공 및 객실 승무원을 포함한 모든 인원들에게 적용되고 있다.

공항공사는 불법행위에 사용될 수 있는 위해물품 탐지를 위하여 출발승객, 휴대물품 및 위탁수하물 등이 보안검색 완료구역으로 진입하기 전에 금속 탐지기, X-ray, 폭발물 탐지기 등을 이용하여 보안검색을 실시하고 있다.

❷ 승객 및 휴대물품 보안검색은 금속탐지기, X-ray 장비 또는 다른 폭발물 탐지장비를 사용하거나 사람에 의해 운용되는 장비와 사람을 혼용해서 수행될 수 있다. 보안검색 간소화 및 수 검색 승객의 수를 줄이기 위해서 보안검색장비의 사용이 꼭 필요하다.

❸ 승객 및 수하물에 대한 최초 보안검색은 일반적으로 항공기 탑승에 앞서 승객이 탑승수속이나 항공권의 구매를 위해 항공사의 발권카운터에 도착될 때부터이다. 여기서부터 승객에 대한 감시가 시작되고 특별 검색할 사람이나 수하물을 확인하게 된다.

(2) 탑승거부 권한

공항공사 또는 항공사는 보안검색을 거부하거나 항공기 안전운항을 저해할 우려가 있는 자에 대하여는 항공기 탑승 및 보호구역 출입을 거부할 수 있다.

보안검색요원은 항공기 탑승 및 보호구역 출입이 거절된 자를 공항보안감독자에게 통보하고, 공항에 있는 모든 항공사들은 항공기 탑승이 거부된 승객이 다른 항공기로 여행을 하고자 여행계획을 변경할 상황에 대응하기 위하여 경계를 늦추지 않아야 한다.

(3) 경찰력 지원

각 보안검색대에서 경찰력의 지원은 매우 중요하다. 무기를 소지한 범죄행위에 신속하고 효과적으로 대응할 수 있도록 보안검색을 지원하는 경찰관은 무장을 하여야 한다.

상황을 감독할 수 있도록 경찰이 보안검색대에 배치될 필요가 있다. 보안검색대의 경찰지원에 필요 요건은 공항마다 다르며 항공보안 당국에 의해 결정되어야 할 문제이다.

(4) 보안검색 및 수색지침

❶ 승객과 휴대물품에 대한 보안검색 및 수색은 항공보안에서 중요한 부분

중의 하나이다. 이것은 전적으로 인원 보안검색을 위하여 손 검색 또는 문형 금속탐지기와 휴대용 금속탐지기를 사용하며 위탁수하물 보안검색용으로 X-ray를 주로 사용한다.

❷ 승객 및 수하물 보안검색을 위해 사용된 기술장비는 제한이 있다. 예를 들어, 문형 금속탐지기와 휴대용 금속탐지기는 비금속 폭발물 또는 폭발물을 탐지하지 못하며, 재래식 X-ray 장비는 폭발물을 찾는 데 어려움이 따른다. 이러한 제한 사항을 보완하기 위하여 승객 및 수하물에 대한 무작위 개봉, 촉수검사, 폭발물 탐지기 등은 최소한 10% 범위 내에서 실시하여야 하고, 위협이 증가함에 따라 무작위 검색 비율을 높이며, 세부 사항은 국가우발 계획에 따른다.

❸ X-ray 운영자의 수하물 선별은 기내 휴대물품이 처리되는 전 과정에서 일관되고 합리적인 원칙에 의거해 실시되어야 한다.

합리적인 원칙이란 금지된 물품을 숨기고 있을 것 같은 의심스러운 물품에 검색을 집중하며, X-ray 이미지에 의거해 선별하는 것을 말한다.

❹ 의무적인 조사대상자 이외에 과도한 긴장을 하거나, 거만하게 행동하거나, 보안검색을 회피하려 시도하거나 금지품목 같은 것을 소지 또는 은닉한 것처럼 보이는 자에 대하여는 반드시 검색을 실시하여야 한다.

2. 보안검색방식 및 환경

(1) 보안검색방식의 유형

❶ 중앙 집중 검색방식(Sterile Concourse)

현재까지 가장 적절한 대안으로 제시되는 방식으로, 한 지역에서 집중적으로 검색을 실시하므로 비용 절감 측면의 장점이 있다.

또 다른 장점은 검색대와 탑승구 간의 충분한 거리를 확보할 수 있다는 것이

다. 이는 직접적인 항공기로의 접근을 막을 수 있으며, 법집행관 및 항공사 요원이 비상시 또는 하이재킹 시 대응할 수 있도록 충분한 시간을 확보할 수 있다는 장점이 있다.

단점은 승객 검색을 위하여 탑승동 입구에 충분한 공간이 있어야 한다는 것과 보안검색 완료지역의 보안성을 유지하기 위하여 보안수색 및 수시 점검이 실시되어야 한다는 것이다.

❷ 목 지점 검색방식(Sterile Boarding Area)

중앙검색 방식 실시가 어려울 경우에 대한 대안이다. 탑승구 탑승지역 주위에 보안검색 완료지역을 지정하여 검색을 실시하는 것이다. 승객이 검색완료된 탑승지역에서 일반인과 접근이 통제되도록 중앙 또는 다른 터미널로부터 탑승라운지를 통제하는 검색방식이다.

❸ 탑승구 검색방식(Departure Gate Screening)

탑승구마다 검색하는 방식으로 많은 검색요원이 각 탑승구별로 배치되어야 한다. 승객 검색은 항공기가 승객 탑승을 위하여 도착하기 전까지는 승객 검색을 할 수 없다는 단점이 있다.

이 경우 항공기가 제 시간에 해당 탑승교에 접현 하지 않을 경우 대형 공항에서는 많은 지연을 초래하게 된다.

항공기가 준비되면 탑승 승객에 대하여 검색을 하도록 하는 방법이며 소형 공항의 경우 이러한 방식을 많이 이용한다.

(2) 보안검색대(Security Screening Stations) 운영

보안효과를 높이고 터미널의 혼잡을 예방하기 위해, 공항 당국은 여객 탑승 게이트에 이르는 지역 운영계획 수립 시, 보안검색대 설치와 관련된 사항을 고려하여야 한다.

ICAO 부속서17에 입각하여 무기, 폭발물 등의 위험물질이 항공기 내로 반입되는 것을 방지하기 위하여 탑승 전에 모든 승객이 검색을 받도록 해야 한다.

이러한 보안검색은 터미널 내의 보안검색대에서 실시되며 보안검색대의 형태와 수는 터미널, 특히 시설 운영에 큰 영향을 미친다.

(3) 보안검색대 설치 공간

보안검색 전담요원, 법집행관(필요시), 보안장비 검색테이블과 수 검색에 필요한 제한구역 등에 적절한 공간이 할당되어야 한다.

수 검색이 주로 사용되는 혼잡하지 않은 공항을 제외한 대부분의 공항에서는 최소한 문형 금속 탐지기 한 대와 X-ray 장치 한 대가 반드시 필요하다. 이러한 검색대는 최소 100에서 최대200평방피트의 공간을 필요로 한다.

짐 검색이 필요한 경우, 보안검색대를 통과하는 승객의 동선이 차단되므로, 보안검색대를 통과한 공간을 할당할 때, 짐 검색 공간까지도 고려해야 한다.

(4) 보안검색대 형태 및 위치

① 문형 금속탐지기

문형 금속탐지기는 검색대 전용 전원이 연결되는 경우를 제외하고는 어떠한 콘딧으로 부터 10피트 이상 근접하여 위치하여서는 아니 된다.

석고 벽 및 천장에 사용되는 금속 오리목, 천 금속 건축 기둥 등이 장애를 일으킬 수 있으며, 구조 금속에 적절히 묶이지 않은 금속 오리목, 금속 건축 기둥 등이 여러 자기장을 발생하여 이를 통해 진동이 발생되어 더 심각한 장애를 일으킨다. 만약, 난간이 철로 만들어졌다면 구조물에 접지되어야 한다. 불가능할 경우는 알루미늄이나 구리난간으로 교체하여야 한다.

② X-ray 검색장비

X-ray 검색장비는 금속탐지기 만큼 외부 장애에 민감하지는 않지만, 이 장비를 설치할 때에는 전기 소음이 전선을 통하여 전달되어 다른 전자장비 운영을 방해하거나 손상을 줄 수 있으므로 건물의 전기시스템 상태를 평가하여야 한다. 시스템 평가 항목은 변환기, 스위치 보드, 회로 분류패널, 지상네트워크, 이러한 모든 지점 사이로 연결되는 전선의 콘센트 등이다.

장비는 호환 가능한 다른 전원에 의하여도 작동하는지를 확인하여야 한다. 장비가 설치되는 곳에서 어떠한 종류의 장비가 회로 분류패널로부터 전원을 공급받을지도 결정하여야 한다.

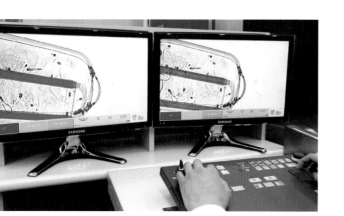

X-ray 장비는 주위 온도가 너무 높거나 낮으면 정상적으로 작동하지 않는다. 온도 및 습도 조절은 보안검색대 위치 선정 시 매우 중요한 고려 요소이다. X-ray 장비가 이러한 요건에 노출될 경우가 있으므로 사전에 적절한 보호 조치를 취하여야 한다.

❸ 기타 지원시설

보안검색대 운영자의 효율성을 높이며 업무의 육체적인 스트레스를 제거하기 위하여 장비 선택 및 설치 시 반영하여 운영자가 효율적으로 업무를 할 수 있도록 운영자 작업 공간을 확보하여야 한다.

(5) 보안검색대 설치

❶ 보안검색대는 승객 보안검색으로 인한 정체를 방지하고 보안검색에 필요한 공간을 확보하여 효율적으로 보안검색을 실시하여야 한다.
- 보안검색장 앞에는 항공기에 반입 제한 물품을 은닉하여 탑승하는 것은 범죄행위로 관련법에 따라서 보안검색대를 통과하는 사람이나 휴대물품은 보안검색을 받아야 한다는 안내문을 설치하여야 한다.
- 보안검색을 거부하는 경우에는 검색대를 통과할 수 없고 항공기 또한 탑승할 수 없다는 것과 승객의 요구가 있을 때에는 인명구조용 의료품, 생체장기, 살아있는 동물, 과학용, 의료용 필름 등은 X-ray 검색을 받지 않고 개봉 검색 또는 폭발물 탐지장비나 증명서류로 보안검색이 가능하다는 안내문을 설치하여야 한다.

❷ 검색대에는 반입금지 물품 목록과 업무절차서 등을 비치하고 수하물을 개봉검색할 수 있는 검색대를 설치하며, 비상사태 발생에 대비하여 경찰 등과 연락할 수 있는 비상벨, 전화기 또는 기타 통신수단을 설치하여야 한다.

❸ 보안검색대 또는 검색구역별로 보안검색 감독자가 배치되어 근무현황, 위해물품 적발상황, 정밀검색 실시내용 등을 기록 유지하여야 한다.

(6) 보안검색요원의 업무 및 배치

❶ 보안검색요원의 업무

보안검색대에는 보안검색요원을 배치하여 승객의 안내와 휴대물품을 X-ray 검색대를 통하도록 유도하고, 문형 금속탐지기와 휴대용 금속탐지기를 이용하여 신체를 검색하고 X-ray기로 수하물을 검색한다.

탐지기가 작동하고 의심이 가는 승객에 대해서는 수 검색 등 정밀검색을 실시하고 휴대물품은 개장검색을 하며 의심스러운 물품은 폭발물 탐지기를 이용한 정밀검색을 실시하며, 운영 중인 보안검색장비의 정상 작동 여부와 주변의 보안통제와 승객의 동태를 감시한다.

❷ 보안검색요원 배치

보안검색 임무를 수행할 수 있다는 인증을 받기 전에 보안검색요원들은 필수적인 자격뿐만 아니라 지식과 기술을 가질 수 있도록 신중하게 선발, 훈련, 시험을 받도록 해야 한다.

승객들이 동성의 보안검색요원들에 의해 보안검색을 받을 수 있도록 남·여 검색요원들을 동시에 배치해야 하며, 보안검색대에 배치되는 최소 인원은

일반적으로 보안검색 기능과 임무를 수행할 수 있는 아래의 인원으로 구분된다.

가. 신분증 및 항공권 검사요원 / 승객 위험 분석가

항공권과 여권 등 신분증을 소지한 자만이 검색지역으로 들어가도록 하는 임무를 수행하면서 위험한 승객을 분석하여 정밀 보안검색이 필요한 승객을 선별하여 정밀검색을 실시하도록 한다.

나. X-ray에 휴대물품을 올려주는 보안검색요원

X-ray 영상이 판독하기 좋도록 휴대물품을 컨베이어 벨트의 중앙에 수평으로 잘 놓도록 하여야 하며, 승객에게 컴퓨터나 휴대폰 같은 전자 또는 전기제품을 휴대 수하물에서 꺼내 별도의 바구니에 담도록 안내하는 역할을 한다.

다. 승객에 대한 보안검색요원

승객의 이동흐름에 따라 배치 인원이 결정된다. 남·여 모두 필요하고 문형 금속탐지기를 통과한 승객에 대해 추가적인 보안검색을 하는 업무를 수행하며 수 검색 또는 휴대용 금속탐지기 같은 장비를 이용하거나 또는 두 가지를 혼합하여 승객에게 보안검색을 실시한다.

라. X-ray 판독 보안검색요원

X-ray 장비의 이미지를 판독, 합리적인 판단으로 금지물품이 포함되어 있어 직접 개봉검색이나 폭발물탐지(ETD)장비에 의한 추가적인 검색이 필요한 가방 등을 선별하는 업무를 수행한다.

보안검색 시에 승객에게 안정감을 주기 위하여 전문적인 방식으로 보안검색을 실시하고 제조업자가 권고한 방법에 따라 X-ray 장비를 작동하며, 승객, 주위 근무자 또는 X-ray 장비의 작동과 관계없는 사람들로부터 방해를 받지 않도록 배려한다.

마. 휴대물품 개봉 / 폭발물 탐지(ETD) 장비운영 보안검색요원

추가적인 보안정밀검색을 위해 X-ray 운영요원이 선발한 물품에 대해 수 검색을 실시하는 업무를 수행한다.

바. 위탁수하물 보안검색요원

위탁수하물 X-ray 검색을 실시하는 요원으로 항공기내 화물로 반입이 금지되는 불법 무기, 폭발물, 발화성 물질 등 위험물품을 판독하고 위험물품 확인시 감독자에게 보고한다. 그리고 X-ray 검색 시 명확히 확인되지 않는 위탁수하물은 개봉검색을 실시한다.

사. 출구레인 감시요원

승객이 보안검색 완료구역에서 공항 일반지역으로 나올 경우 이를 감시하고 보안검색을 받지 않은 승객이 출구레인을 이용하여 보안검색 완료 구역으로 진입하는 것을 방지한다. 그리고 보안검색이 완료된 승객과 받지 않은 승객이 접촉하는 것을 방지한다.

아. 보안검색 감독자

보안검색대의 규칙과 효율성에 대한 전반적인 책임을 지고 안보 위해물품 발견 시 관계 기관에 전파하고 보안검색 중 발생한 주요한 상황에 대해 자체 보안감독자에게 보고하며, 승객의 위험분석이나 문제되는 보안사항에 대하여 직원에게 지침을 제공한다.

(3) 보안검색요원은 근무기간 중 규칙적으로 교대근무를 해야 한다.

승객의 수하물을 대상으로 20분 이상 계속 X-ray 이미지를 판독해서는 안 되고 40분이 지나기 전에 다시 판독업무를 수행해서는 아니 된다.

X-ray 판독요원은 승객 보안검색 및 휴대물품 개봉 검색요원 등과 순환근무가 이루어질 수 있도록 근무를 편성한다.

(4) 승객에 대한 보안검색 여건은 예상 승객의 흐름, 항공기 운항편, 항공기 종류와 승객 이외의 사람에 대한 보안검색 요건 등을 고려하여 탄력적으로 결정하여야 한다.

04 항공보안 요원의 자격 기준

1. 개요

국가항공보안계획에서 정하고 있는 보안검색요원의 선발기준과 경비업 법에서 정한 특수경비원의 자격요건에 부합하여야 하며 국가민간항공보안 교육훈련지침에 의거하여 교육훈련을 이수한 자만이 항공분야에서 보안업무를 수행할 수 있다. 이러한 자격요건 및 교육훈련 미 이수자가 근무할 경우에는 처벌을 받도록 규정하고 있다.

2. 특수경비원 자격 기준 및 교육훈련

(1) 자격 기준

특수경비업무라 함은 공항 또는 항공기 등 대통령령이 정하는 국가 중요 시설의 경비 및 도난·화재 그 밖의 위험 발생을 방지하는 업무로서 특수경비원의 자격요건은 경비업법 제10조 경비지도사 및 경비원의 결격사유 조항에 의거하여 연령이 만 18세 미만 또는 만 60세 이상인 자, 피성년후견인, 피한정후견인, 파산선고를 받고 복권되지 아니한 자, 금고 이상의 형의 선고유예를 받고 그 유예기간 중에 있는 자, 행정자치부령이 정하는 신체조건에 미달되는 자를 제외로 한정하고 있다.

(2) 교육 기준

특수경비원의 교육훈련 요건은 경비업법 제13조(경비원의 교육 등)에 의거하여 특수경비업자는 대통령령으로 정하는 바에 따라 정기적으로 특수경비원 교육을 받게 하고 특수경비원 교육을 받지 아니한 자를 특수경비업무에 종사하게 하여서는 아니 된다고 명시하고 있으며, 경비업법 시행령 제19조(특수경비원에 대한 교육)에 의거하여 특수경비업자는 특수경비원을 채용한 경우 법 제13조 제2항의 규정에 의하여 해당 특수 경비원에게 특수경비업자의 부담으로 경찰교육기관이나 행정자치부령이 정하는 기준에 적합한 기관 또는 단체 중 경찰청장이 지정하여 고시하는 기관 또는 단체에서 실시하는 특수경비원 신임교육을 받도록 하고 있다.

교육시간은 경비업법 시행규칙 제15조(특수경비원 교육과목 등)에 의거하여 88시간의 교육을 이수하여야 하며, 특수경비원 신임교육이 교육과목은 다음과 같다.

표 5-2 특수경비원 신임교육의 과목 및 시간

구 분 (교육시간)	과 목	시 간
이론교육 (15시간)	경비업법 및 관련 법(청원경찰법·경찰관직무집행법)	8
	헌법 및 형사법(인권, 경비 관련 범죄 및 현행범 체포 관련 규정)	4
	범죄예방론(신고 요령 포함)	3
실무교육 (69시간)	정신교육	2
	테러 대응교육	4
	폭발물 처리요령	6
	화재대처법	3
	응급처치법	3
	분사기 사용법	3
	출입통제 요령	3
	예절교육	2
	기계경비 실무	3
	정보보호 및 보안업무	6
	시설경비 요령(야간경비 포함)	4
	민방공(화생방 포함)	6
	총기조작	3
	총검술	5
	사격	8
	체포·호신술	5
	관찰·기록법	3
기타(4시간)	입교식·평가·수료식	4
계		88

※ 경비원 시행규칙 제16조에 의거(특수경비원의 직무교육의 시간 등)에 의거 매월 6시간씩 직무교육 실시

3. 항공경비요원 전문교육 훈련

　항공경비요원은 공항 또는 항공사의 중요시설, 항공기 등을 보호하고, 보호구역 내에 출입을 통제하는 업무와 승객 아닌 자의 물품 등에 대한 검색 또는 신원확인 업무를 수행하는 자로서 국토교통부장관이 지정한 보안전문교육기관에서 항공경비요원 초기교육과정(4일 30시간 이상)을 이수하여야 한다.

　항공경비요원 직무교육(OJT. 3일 24시간 이상)을 실시한 경우에 항공경비업무를 수행할 수 있다.

　또한, 항공경비요원 정기교육과정은 연1회(1일 8시간 이상) 이수하여야 하며, 다만, 경비업법에 의한 특수경비원 직무교육에 정기교육 내용을 포함하여 교육을 실시할 경우에는 교육을 이수한 것으로 갈음할 수 있다.

　경비원이 경비업무 수행 중에, 불시 점검을 받아서 불합격하거나 또는 경비를 소홀히 하여 사고가 발생될 경우에는, 보안검색 전문교육기관에서 항공경비요원 재교육 과정을 4시간 이상 이수하여야만 경비업무에 다시 종사할 수 있다.

4. 보안검색요원 전문교육훈련

　보안검색요원은 불법 방해 행위에 사용될 수 있는 무기 또는 폭발물 등 위험성이 있는 물건들을 탐지 및 수색하기 위한 보안검색 업무를 수행하는 자를 말하며, 국토교통부장관이 지정한 보안검색 전문교육기관에서 보안검색 운

영자 초기교육과정(5일 40시간) 이상 교육을 이수하고 보안검색 운영자 직무교육 80시간 이상 현장 적응훈련을 실시한 후에, 평가에서 합격 시 보안검색 업무수행 자격요건을 부여한다. 아울러 연 1회(8시간) 이상 보안 검색 운영자 정기교육을 받아야 한다.

05 승객 및 휴대물품 보안검색

1. 기준

테러범들이 사용할 수 있는 위해물품 탐지를 위하여 승객, 휴대물품이 보안검색 완료구역으로 진입하기 전에 금속탐지기, X-ray, 폭발물 탐지기 등을 이용하여 보안검색을 하여야 한다.

(1) 승객권리

모든 보안검색요원은 승객이 보안검색과 관련하여 특정권리를 가진다는 사실을 명심하여야 한다. 이러한 권리는 승객 및 휴대물품 보안검색을 거부하거나 특별한 위험이 발견되지 않을 경우 보안검색 허가를 거부할 권리를 가진다.

그러나 승객이 이러한 권리를 행사할 경우 승객 또는 휴대물품은 보안검색 완료구역을 통과할 수 없다.

(2) 승객흐름 및 보안검색

❶ 개요

공항에서 승객의 흐름은 공사, 항공사, 보안요원 및 정부기관 등과 같은 여러 기관의 행동에 의해 결정된다.

공항에 근무하는 항공사 및 정부기관이 협력하여 승객에게 최선의 서비스를 제공하기 위하여 노력하고 있지만 항공기 및 승객의 안전에 관하여는 처해진 위기 상황에 따라서 출발승객의 흐름에 나쁜 영향을 미칠 수 있다.

② 승객동선 개선을 위한 조치

승객 및 휴대물품의 철저한 보안검색을 위하여 잘 훈련된 보안검색요원과 정확한 보안검색 장비를 확보하고 보안검색을 위한 충분한 시간이 할당되어야 한다. 엄격한 보안수속으로 인한 항공기 탑승의 불편 사항 등은 승객에게 불편을 초래하여 부적절한 반응을 유발할 수 있다. 따라서 보안검색요원의 임무수행에 방해를 주지 않는 범위 내에서 승객에게 보안검색 절차를 공정하고 신속하게 진행하여야 한다.

③ 장비

출발승객에 대한 검색을 원활하게 처리하기 위하여 정확한 보안검색 장비를 설치하고, 문제 발생 시 신속히 대처하여야 한다.

④ 공간

보안검색 임무 수행을 위하여 적절한 공간이 확보되어야 한다. 검색장비의 설치 위치가 적절치 않은 경우 대체 장소를 확보하여 효율적으로 운영되어야 한다.

⑤ 대기열 관리

각 보안검색대별로 승객을 대기시키는 것보다 보안검색대 전체에 하나의 대기 공간을 설정하고 줄 맨 앞에 안내직원을 배치하여 검색이 끝난 검색대로 승객을 이동시키는 방법이다.

⑥ 정밀보안검색 승객

보안검색을 하는 과정에서 기내 반입금지 물품을 휴대하였거나 임산부 등 특별한 승객의 수 검색 등 보다 정밀하게 보안검색이 요구되는 승객은 대기줄에서 분리되어 개별적으로 검색을 실시하여야 한다.

2. 승객 및 휴대물품 보안검색

(1) 보안검색 시 유의사항

❶ 옷 등의 특수 위치에 물품을 은닉한 경우는 탑승금지 물품을 찾는 데 어려움을 겪을 수 있다. 또한 신문이나 책 등으로 물건을 은닉할 수 있다. 일반적으로 승객에 대한 보안검색은 밀폐된 공간이 아니라 일반지역에서 실시된다. 따라서 보안검색요원은 보안검색 과정에서 승객이 소지한 현금이나 귀중품 및 개인 문서들이 일반인들에게 노출이 안 되도록 해야 한다.

❷ 특수보안검색 요건으로 개봉검색, 수 검색, 폭발물 탐지기를 이용한 보안검색을 실시하여 수상한 승객이나 소지한 물품에서 위해물품, 수상한 물품이 발견된 경우로 폭발물 이외의 위해물품이 X-ray 화면에 발견되거나 휴대물품의 안전성에 의심 또는 식별이 되지 않는 경우이다.

❸ 개봉 및 수 검색은 물품 소지자 또는 해당 항공사 대리인 입회하에 실시하되, 승객과 휴대물품 수 검색에 대한 절차 및 책임에 대한 구체적인 사항은 공항공사나 항공사 시행계획에 포함한다.

❹ 개별 보안검색은 승객이 요청하거나, 의료보조 장치를 착용한 장애인, 임산부 또는 중환자나 일반적인 보안검색 절차로 검색을 할 수 없다고 보안검색요원이 판단할 경우 외에도, 승객이 금속탐지기 통과 중에 경보가 울렸지만 그 원인을 정확히 파악할 수 없을 때 실시한다.

보안검색요원이 개별 보안검색을 실시하는 경우에는 밀폐된 독립된 공간에서 실시하되 의료보조 장치를 착용한 장애인, 임산부 또는 중환자는 예외로 할 수 있다.

(2) 보안검색 방법

❶ 문형 금속탐지기 보안검색 절차

무기, 폭발물 장치 또는 기타 금지물품을 숨기기에 충분한 크기의 휴대물품은 X-ray 벨트 위에 올려놓도록 하거나, 수 검색을 요청한 후에 승객이 소지하고 있는 핀, 브로치, 팔찌 등 금속물질을 제거하여 검색대에 바구니(투명 비닐봉지)에 넣어 승객이 볼 수 있도록 하고 지폐는 지갑에서 제거하여 승객이 보관하도록 하며 승객이 정상적인 걸음으로 문형 금속탐지기를 통과하도록 안내한다.

❷ 휴대용 금속탐지기 사용 시기 및 보안검색 절차

보안검색요원이 휴대용 금속탐지기를 이용하여 정밀보안검색을 실시할 경우는 승객이 문형 금속탐지기를 통과할 때 경보음이 울리거나 보안검색요원이 필요하다고 판단될 때 또는 문형 금속탐지기가 작동하지 않거나 사용할 수 없을 경우이다.

머리에서부터 시작하여 승객의 신체둘레를 시계방향으로 몸 전체를 보안검색한 후에 보안검색 탐지부분을 승객의 신체와 평행하게 하여, 승객의 어깨에서부터 아래로 내리며 1~3인치(3~8cm) 너비로 다시 발에서 어깨로 반복하여 보안검색을 실시한다.

❸ 보안검색요원은 휴대용 금속탐지기가 경보를 울릴 때에는 울린 지점에 대하여 철저히 확인하되 승객에게 경보가 울린 부분의 모든 금속물질을 제거하도록 하고 제거된 물체가 반입금지 물품인지 확인한 후에 경보가 발생한 지점에서부터 다시 검색을 실시한다.

보안검색은 모든 경보 원인이 발견되고 사후 조치가 완료될 때까지 앞의 절차를 반복하여 수행하며 특별히 주의할 곳은 발과 발목 주위이다.

필요한 경우는 수 검사를 실시하고 신발을 벗기기도 한다. 승객이 대형 벨트를 착용하고 있는 경우는 승객 벨트 버클의 앞뒤 및 내부를 살펴보고 휴대용 금속탐지기를 사용하여 개별 검색을 해야 한다.

(3) 수 검색 절차

❶ 착안사항

수 검색에는 전체 신체 수 검색과 경보발생 지역에 대하여 실시하는 부분 수

검색으로 나눠진다. 이 방법은 보안검색요원이 손등 또는 손바닥을 이용하여 보안검색을 실시한다.

신체 수 검색은 승객과 동일한 성별의 보안검색요원에 의해 실시하되 시계 방향으로 승객의 신체 위에서 아래로 실시하며, 매 보안검색 시마다 빠지는 부분이 없도록 똑같은 방법으로 실시한다.

❷ 신체 수 검색

문형 금속탐지기 또는 휴대용 금속탐지기에 의하여 그 원인이 확인되지 않거나 승객이 금속탐지기에 의한 보안검색을 거부할 경우 몸 전체를 수 검색을 하되 매우 주의 깊게 실시되어야 한다.(휠체어 승객. 임신부. 의료 보조장비 착용 승객 등)

가. 신체 진체 수 검색

검색 대상 승객으로부터 수 검색에 대한 양해를 받고 승객과 같은 성(性)을 가진 보안검색원이 검색하도록 하여야 하며, 수 검색에 지장을 주는 오버코트, 재킷, 모자, 목도리 등 두꺼운 의류는 벗도록 요청한다.

그리고 주머니에 있는 소지품을 모두 꺼내 놓도록 요청한 후에 꺼내 놓은 물품을 확인하고, 만약 X-ray 검색이 필요할 경우 표준검색절차에 따라서 실시하여야 한다.

나. 신체 부위별 수 검색

첫째, 승객의 머리가 짧을 경우, 머리와 목은 육안으로 검색하고 승객의 머리가 길거나 또는 머리에 무기를 은닉할 수 있을 경우에는 머리 및 목 부분에 대하여 수 검색을 실시한다.

둘째, 어깨와 팔은 팔을 옆으로 들어 올리도록 요청하고, 승객이 짧은 소매의 옷을 입고 있는 경우에는 소매 끝 부분만 검색을 하고 승객이 긴 팔 옷을 입고 있는 경우에는 승객의 몸 가까운 곳부터 먼 쪽으로 손가락 및 손바닥을 이용하여 검색을 실시한다. 다른 팔도 같은 방법으로 실시한다.

셋째, 가슴, 겨드랑이, 등 부분은 승객에게 팔을 올린 상태에서 손등을 이용하여 어깨에서부터 시작하여 허리까지 전체적으로 검색한다.

넷째, 허리, 허벅지 및 다리는 엄지손가락을 넣어 승객의 벨트, 허리와 허리 주위를 검색하고 필요 시 무릎을 꿇고 손등을 이용하여 승객의 신체 아랫부분이 완전히 검색되도록 허리 부분부터 바지 끝단 또는 스커트 끝 단까지 검색한다.

(4) 특별관리가 필요한 승객에 대한 절차

❶ 특별관리가 필요한 승객에 대한 구체적인 지침을 준비하여 보안검색요원에게 교육시켜야 한다.

유모차에 있는 아기와 어린이의 검색은 부모의 동의가 필요하고 임신한 여성과 휠체어에 탄 승객 그리고 의학적인 치료 상태 있는 자, 종교적인 이유로 수 검색이나 가방 보안검색을 거부하는 승객 및 기타 해당 지역 특별 기준에 해당하는 승객은 보안검색지침에 의해 검색이 이뤄져야 한다.

❷ X-ray 보안검색 시 손상을 줄 우려가 있는 골수, 혈액 등 인명 구조용 의료품과 유골 및 이식용 장기 그 밖에 국토교통부장관의 허가를 받은 물품에 대하여는 개봉검색을 하거나 입증서류 확인 등의 방법으로 보안검색을 할 수 있다. 보안검색 감독자는 상기의 물품을 운송하는 자에 대하여 물품의 내용을 증명하는 서류 및 운송자의 신원을 확인한다.

06 위탁수하물 보안검색

1. 개요

❶ 항공보안법에 따라서 항공기 탑승수속을 마치고 보안 검색을 받지 않은 어떤 위탁수하물도 항공기에 탑재할 수 없다.

위탁수하물 대리인 또는 승인된 항공사 대리인은 정상적인 항공권을 소지한 승객의 수하물만 접수하여 처리하여야 한다.

❷ 모든 국제선 및 국내선 항공기의 위탁수하물에 대한 보안검색은 보안검색 장비를 사용하여 실시되어야 한다.

❸ 위탁수하물에 대한 보안검색은 일반 탑승수속 절차에 지장을 최소화하도록 실시되어야 한다. 보안검색은 탑승수속 전이나 탑승수속 중간 또는 수속 후에 실시될 수 있다. 개장 보안검색에는 화주가 입회하도록 하여야 한다.

❹ 실제로 항공기에 탑승한 승객의 위탁수하물만 탑재되어 필요한 보안통제를 받도록 하며, 탑승이 거부된 승객의 수하물은 반드시 하기되어야 한다.

❺ 수하물 처리 실수 또는 지연으로 인해 화주와 분리된 위탁수하물은 추가적인 보안통제 없이는 운송될 수 없다.

❻ 공항 외부의 수속시설에서 접수되어 항공기에 탑재되는 위탁수하물은 공항에서 실시되는 것과 동일하거나 더 높은 수준의 보안조치를 받아야 한다.

❼ 회사우편 또는 항공서류 등의 물품을 포함하여 항공기 화물칸에 적재되는 모든 물품 역시 적재하기 전에 보안검색이 실시되어야 한다.

2. 위탁수하물 보안검색 절차

(1) 위탁수하물 보안검색 원칙

❶ 보안검색요원은 위탁수하물이 기내에 탑재되기 전 x-ray 장비 등을 이용하여 보안검색을 실시하며 환승 및 통과 승객의 위탁수하물과 별송 위탁수하물에 대해서도 동일한 방법으로 보안검색을 실시하여야 한다.

❷ 환승공항 보안기관이 판단할 때, 출발공항의 위탁수하물 보안검색 기준이 환승공항의 보안검색 기준과 같거나 더 엄격하고, 운송 중인 위탁수하물에 적용한 보안통제의 수준이 외부 침입을 충분히 방지할 수 있다고 확신할 때에는 환승공항에서의 보안검색이 면제될 수도 있다.

(2) 보안검색 지점

구 분	장 점	단 점
여객터미널 진입 지점	• 승객 입회 수하물 검색 • 필요 시 즉시 승객 호출 가능	• 충분한 승객 소통 공간 확보 • 검색 종류 화물과 타 화물 감시 인력 소요
탑승수속 지역 진입 지점	• 승객 입회 수하물 검색 • 필요 시 즉시 승객 호출 가능	• 해당 항공편 승객만 출입 • 보안요원과 긴밀한 공조 유지
탑승수속 지점	• 승객 입회 수하물 검색 • 감시와 봉인 불필요	• 오랜 탑승수속 시간 소요 • 인력 · 장비 · 예산 과다
탑승수속 후 지점	• 신속한 승객 처리	• 개장 검색 필요 시 승객 호출 곤란 • 항공기 지연 또는 소유자와 다른 항공편으로 수하물 배송

(3) 보안검색 방법

❶ X-ray 검색방법

구 분	보안검색 결과 조치(영상 판단)
1단계	• 폭발물, 무기 등 위험성 없는 것으로 통과
2단계	• 위험성 있는 것으로 판단 개봉검사 실시
3단계	• 위험물 확신, 감독자 보고 • 관련 보안기관에 통보 및 화주 지속적 감시

❷ 개봉검색

구 분	내 용
검색시기	• 위해물품이나 수상한 물품이 발견되었을 때 • 보안검색 장비가 없거나 작동하지 않을 때 • 가방 내부의 물품이 식별되지 않을 때
검색방법	• 전면적인 개봉검색(X-ray 장비를 사용할 수 없거나 승객이 X-ray 검색을 원하지 않을 경우) • 제한적인 개봉검색(X-ray 판독자 위험성 크다고 판단 시)
전면 수하물 검색	• 시계방향으로 모든 수하물 검색하는 절차 준수 • 승객으로부터 개봉검색 허가
제한된 수하물 수색	• 포장된 수하물 등을 포함 휴대수하물은 개봉검색 • 의심스러운 부분 정밀 검색
요청하는 승객	• 승객이 컴퓨터, 전자장비, 오디오, 비디오의 X-ray 판독 시 위험하다고 판단한 경우
카메라, 필름 및 카메라 가방	• 승객이 카메라 가방 개방 검색 요청한 경우
전자제품	• 승객 요청 시 가방에 있는 전자제품을 꺼내 놓도록 한 후에 케이스를 X-ray에 통과 검색 • 전자제품 전원 켜고 작동
밀수품	• 통제약품, 마약, 대량 현금 등 적발 시 관심 • 감독자에게 통보 • 관계기관에 용모 등 인상 착의 통보

(4) 위탁수하물 접수 및 보안대책

구 분	절 차
접수방법	• 공항 내에 위치한 항공사 탑승수속대 • 도심항공터미널
보안대책	• 항공권, 여권 또는 승객 사진이 있는 신분증명서와 승객을 대조 • 위탁수하물에 잠금장치 • 위탁수하물 포장, 보관 등에 대한 보안 질문 • 이상 징후 발견 시 개봉검사 • 수하물이 탑승수속 지점으로부터 공항운송 차량에 실려서 공항까지 가는 동안 보안유지
처리방법	• 중환자 등 항공사에서 인정하는 경우는 대리 접수 • 항공사는 수하물이 도착지에서 승객에게 인도될 때까지 보안 강화 • 승객 및 수하물 일치 여부 확인

07 보안검색 장비

1. 보안검색 장비 개요

국제 항공테러에 체계적인 대응을 위하여 FAA는 1973년 최초로 국내선 승객에 대하여 보안검색을 실시하였으며, 그 후 공항에서 보안검색은 X-ray와 금속탐지기를 사용하여 권총과 같은 무기를 탐지하는데 초점이 맞춰져 있었다.

1990년 이후 전통적인 X-ray와 금속탐지기는 1990년대 중반 이후 새로운 기능이 추가된 검색장비가 개발되었다.

현재 FAA가 인증한 EDS 기술은 의학용 컴퓨터 단층촬영 스캔기술을 이용한 CTX까지 있으며, 향후 EDS를 능가하는 다른 형태의 장비가 개발될 것이다.

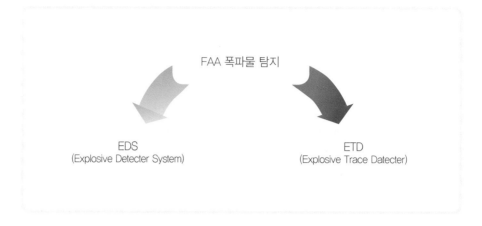

FAA 폭파물 탐지

EDS
(Explosive Detecter System)

ETD
(Explosive Trace Datecter)

화물 검색 첨단장비 ETD

2. 보안검색 장비 종류

(1) X-ray 검색장비

구 분	내 용
성능요건	• 장비 성능은 CTP(Combined Test Piece)를 이용하여 측정 • 민간항공보안국 및 관련기관 요구 기준 충족
탐지요건	• 금속 및 비금속 물체의 탐지에 적합 • 군용 및 상업용 폭발물 등
표시(Display)요건	• 탐지기의 위치(상단과 옆면이 보이도록 위치) • 흑백 이미지(민간항공보안국 및 관련기관 기준 미흡) • 색상 이미지(다양한 에너지파장의 X-ray 이미지) • 이미지 확대 • 유기물질 색상(단일 색상 표출 가능) • 운영자 확인(운영자의 식별 번호, 날짜 및 시간을 표시) • 자동탐지(자동폭발 물질을 탐지, X-ray 검색장비)
하드웨어와 소프트웨어	• 확장성(별도의 모듈 쉽게 추가될 수 있도록 설계) • 운영속도(탐지 및 선택이 1초 이내에 가능) • 소프트웨어(이미지 처리 및 제어 소프트웨어는 업데이트)

(2) 문형 금속탐지기

구 분	기 능
분류성	• 금속성분이 동일한 경우라도 두 가지로 분류 • 합법적인 품목(금속 침과 케이스로 된 아날로그 시계 등)
민감도	• 탐지 가능한 가장 작은 물체를 결정 • 사용자 문형 금속탐지기의 감도 조정 능력
통일성	• 모든 탐지문형에서 일정 • 발목높이와 허리높이 지점에서의 성능
문형 규격	• 높이 2m, 폭 0.76m
오경보율	• 합법적인 품목 통과 시 작동
인터페이스 체제	• 전력선 관내 또는 외부 전원에 의해 오경보 발생 안 됨
안정성	• 장시간 일정하게 유지

(3) 폭발물 검색장비

구 분	내 용	비 고
건강과 안전	• 검색절차에 따른 잠재적 건강문제 고려 • X-ray 기술 이용 검색요원	
인권침해 문제	• 승객과 소지품 검색 시 사생활 부분 고려 • X-ray 이미지는 승객 신체의 적나라한 이미지 표출	• 장비가격 (20,000$ → 1,000,000$) • 유지보수 비용 (장비구매비용 대비 연간 10%)
사용의 편리성	• 고도의 기술집약적인 장비 • 장비 구매 시 교육을 실시	
휴대용	• 상업용 소형 흔적 탐지장비는 휴대 간편성 고려 • 적절한 장비 선정 위해 장비 규격 고려	

(4) 폭발물탐지견

구 분	내 용	비 고
탐지물질	• 폭발물 등 다양한 물체 탐지훈련 • 훈련 후 탐지 못하는 폭발물은 없음	항공보안통제 관련 법집행조직에 사용
훈련 적합성	• 모든 테스트에서 5% 이상의 비생산적인 반응률 보이면 부적합	
훈련 프로그램	• 약 100일간의 훈련 후 초기인증 실시 • 테스트는 9가지 훈련 보조기구 사용	
장점과 단점	• 장점 : 이동성, 출처 확인 • 단점 : 24시간 활동 불가, 40분에서 60분 계속 탐지 가능, 어떤 폭발물을 탐지했는지 언어표현 불가	

(5) 시뮬레이션 챔버(Chamber)

구 분	내 용	비 고
챔버의 종류	• Decompression Chamber (감압장치) • Full-flight simulation chamber (완전비행 시뮬레이션)	비행환경 조성하여 수하물이나 폭발물 및 방화장치 활성시설
강압장치 사용지침	• 일정범위 기압변화 성능 • 일정기간 및 운항고도 항공기 객실 기압유지 장치 성능 • 일정량 폭발에 견딜 성능	
장점과 단점	• 장점 : 큰 수하물 및 컨테이너 검색이 가능 • 단점 : 다른 작동장치 탐지 불가	

memo

항공운송서비스개론 수행평가 퀴즈 QUIZ time!

제5장 보안 검색

공항실무에 관련된 용어의 친숙함을 도모하기 위함이므로 객관식과 주관식 문제를 혼용하여 교수님의 판단에 따라 Open book과 Close book으로 평가하여 주시기를 당부드립니다.

성명: 학번:

1. 보안검색의 목적은?

① 항공 여객의 긴장 조성

② 기내 반입 금지 물품 적발

③ 동반 여객 확인

④ 출입금지 승객 적발

2. 다음 중에서 기내 반입 금지 품목이 아닌 것은?

① 총기류

② 가스 분사기

③ 화학 물품

④ 어린이 간식

3. 항공기 탑승 거부 권한에 대하여 설명하세요.^(오픈 북 권장)

_____

_____

_____

_____

_____

_____

4. 보안검색 방식이 아닌 것은?

① 중앙 집중방식(Sterile Concourse)

② 목 지점 검색방식(Sterile Boarding Area)

③ 탑승구 검색방식(Departure Gate Screening)

④ 도착 장 검색방식(Arrival Gate Screening)

5. 보안검색요원 전문교육 훈련과정이 아닌 것은?

① 초기교육과정(5일 40시간)

② 보안검색운영자 직무교육(OJT, 80시간)

③ 연1회 정기교육(8시간)

④ 폭발물 해체훈련

Memo

INTRODUCTION TO AIR
TRANSPORTATION
SERVICE

항공객실
서비스

항공운송
서비스개론

↗

CHAPTER

06

항공객실
서비스

01 항공기와 객실구조

1. 항공기 구분

항공기는 크게 소형기(Narrow Body) 항공기와 대형기(Wide Body) 항공기로 구분된다. Narrow Body란 기내의 통로가 한 개인 소형 기종을 의미하며 Wide Body란 이동 가능한 통로가 두 개인 중 대형 기종을 총칭한다. Airbus사의 380과 Boeing사의 747-400, 777-200, 777-300 등이 대형 기종이며, Airbus사의 330-200, 330-300, 300-600시리즈(Boeing사의 767시리즈)가 중형기, Boeing사의 737이 소형 기종에 속한다. 대형 기종은 장거리 주력 기종이며, 중·소형 기종은 중거리 및 단거리용으로 운항된다.

일반 여객기의 분류

Wide Body			Narrow Body		
중 · 대형 기종 항공기			소형 기종 항공기		
대형 기종 항공기	Airbus	380	소형 기종 항공기	Boeing	737
	Boeing	747-400			
		777-200			
		777-300			
중형 기종 항공기	Airbus	330-200			
		330-300			
		300-600			

Airbus_A380 도해도

(1) 대형기

대형기는 Wide Body 항공기로 에어버스사의 A380, 보잉사의 B747-400, B777-200, B777-300 등이 대표적인 기종이며, 주로 10시간 이상의 장거리 구간을 운항한다.

객실의 구조는 항공기라는 특수성으로 인해 구역(Zone)으로 구분하며, 이 구역을 기준으로 하여 객실의 등급을 구분하여 승무원들의 업무를 할당하게 된다. 일반적으로 가장 앞쪽에서부터 A, B, C, D, E Zone으로 구분되며 A Zone은 일등석으로 운영된다. B Zone은 이등석, C, D, E는 일반석으로 운영되나, B747-400의 경우 이층에 객실(Upper Deck)이 있어 이등석으로 사용된다. 또한 조종실은 항공기의 앞부분에 위치하는 것이 일반적이나, 이 기종의 경우는 이층 객실(Upper Deck)에 있다.

Boeing_747-400 도해도

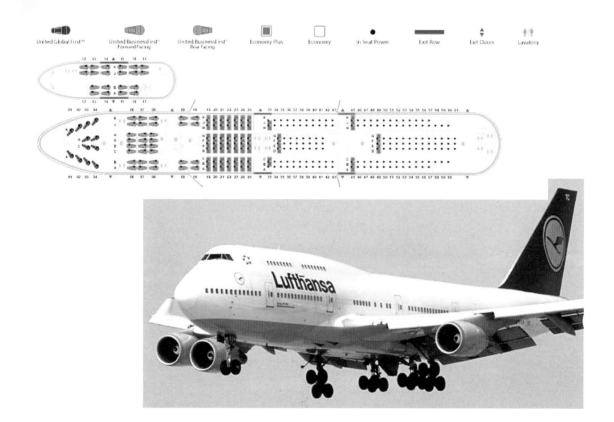

Boeing_777-200 도해도

(2) 중형기

대형기와 동일하게 Wide Body이며, A, B, C, D 네 개의 Zone으로 구분된다. 주로 10시간 미만의 노선에 취항하며, 총 250명 내외의 승객이 탑승 가능하다. 보잉사의 B767 또는 에어버스사의 A330기종 등이 현재 중형기로 각국 항공사에서 이용되고 있다. 대체로 일등석이 운영되지 않고 비즈니스석과 일반석 두 클래스만 사용하는 경우가 대부분이다.

Airbus_A330-200 도해도

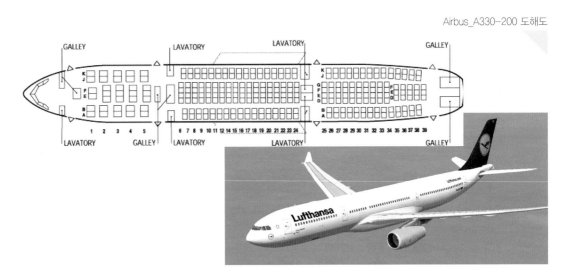

(3) 소형기

소형기(Narrow Body)는 상위 클래스인 A Zone과 일반석인 B Zone으로 구분된다. 주로 국내선 구간과 일본, 중국 노선과 동남아 등 단거리 노선을 운항한다.

보잉사의 B737과 에어버스사의 A320 기종이 대표적이며, 보잉사의 B737의 경우 세계에서 가장 많은 대수가 팔린 것으로 알려져 있다. 주로 5시간 미만의 단거리 노선에 많이 사용되며 150명 내외의 승객이 탑승 가능하다.

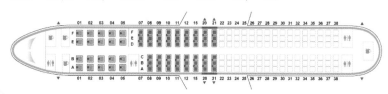

Boeing_737 도해도

2. 화물기

화물기는 여객운송은 하지 않으며 단순히 화물만을 운송하는 항공기이다. 대형 화물 전용기의 출현으로 종전에 불가능했던 대형 화물의 수송과 장거리 수송이 가능하게 되어, 항공화물을 이용하는 수요층이 점점 늘어나는 추세이다. 일반적인 여객기의 경우 화물은 주로 비행기의 화물칸에 탑재되나, 화물과 승객 혼합운행기의 경우에는 객실의 뒷부분에 화물을 탑재하도록 만들어져 있는데, 이런 항공기를 Combi 항공기라 하기도 한다.

3. 항공기의 객실서비스 등급

객실서비스 등급은 항공사에 따라 그 명칭이 약간씩 다르나 통상적으로 일등석(First Class), 비즈니스석(Business Class), 일반석(Economy Class)으로 구분된다. 객실

서비스 등급은 항공기의 구역 구분과 마찬가지로 객실승무원의 근무구역을 설
정하는 데 중요한 요소로 작용한다.

(1) 일등석(First Class)

일등석(First Class)은 주로 대형기에 운영되며
대개 20석 미만의 승객을 태울 수 있게 설계
되어 있다. 최신의 항공기에서는 180도 완전
수평 좌석인 침대형 좌석으로 가장 편안한 항
공여행을 제공한다. 좌석 간 독립적 공간이
보장되며 슬리퍼, 편의복, 고급 기내식과 개
인용 엔터테인먼트 시스템 등 최상의 편의가
제공된다. 일등석은 보통 객실 전방부에 위치하고 있다.

(2) 비즈니스석(Business Class)

비즈니스석(Business Class)은 총 30~40석이 운영되며 일반석에 비해 좌석 간의
간격에 여유가 있어 편안한 여행을 즐길 수 있다. 등받이 기울기(Seat Recline)는
일등석과 일반석 중간 정도의 조절이 가능하다. 최근 들어 각국 항공사 마케팅
전략의 초점이 되는 Class가 되어 항공사마다 특색있는 자사만의 비즈니스석
(Business Class) 명칭을 내걸고 승객에게 다양한 편의시설을 운용하고 있다.

(3) 일반석(Economy Class)

일반석(Economy Class)은 항공기에서 가장 많은 승객이 탑승하는 구역이다. 기종별로 차이는 있으나 소형기의 경우 약 120명, 중형기의 경우 약 200여명, 대형기의 경우 최대 300여 명까지 탑승할 수 있다.

근래에는 약 600명 이상의 일반석 승객이 탑승할 수 있는 A380기종이 개발되어 운행되고 있다. 최근 항공사별로 신형 기종에는 일반석도 좌석 사이의 간격을 보다 넓히고, 등받이 각도를 조절하여 넓히는 등 승객 편의를 위해 더욱 노력하고 있다.

4. 항공기의 객실구성

(1) 각 Class별 승객 좌석

승객의 좌석은 열의 형태로 배치되어 있으며, 이런 열은 번호로 지정되고 각 좌석은 영문 알파벳순으로 지정되어 있다.

좌석은 승객 좌석과 승무원의 좌석(Jump Seat)으로 구분할 수 있다. 좌석은 객실서비스 등급에서 기술한 바와 같이 일등석, 이등석, 일반석으로 나뉘며, 각 항공사별로 자사의 특성에 맞게 좌석을 배치하며 간격과 너비의 차이가 있다.

좌석의 구성요소는 Armrest, Footrest, Seatbelt, Tray Table, Seat Pocket, Seat Restraint Bar 및 모든 승객과 승무원 좌석 밑에는 비상착수 상황을 대비하여 사용할 수 있는 Life Vest(비상용 구명복)가 비치되어 있다.

　Armrest 이는 고정식과 유동식이 있으며 앉아 있을 때의 팔걸이로 좌석을 뒤로 기울이는 Recline Button과 종류에 따라 음악의 선곡 및 음량조절장치, 독서등, 승무원 호출장치 등이 있다.

- 🛪 Footrest 일등석과 이등석에는 설치되어 있으며, 일반석에도 전체적으로 장착되어 가는 추세이다. 상위 Class의 Footrest의 조절장치는 Armrest에 설치되어 있다.

- 🛪 Tray Table 일반석은 대부분 앞좌석 등받이에 있어 아래로 내려 사용하고 사용치 않을 때는 위로 올려 Twist Lock시켜 고정시킨다. 상위 Class와 Bulkhead Seat[1]의 Tray Table 은 Armrest 안에 장착되어 있다.

- 🛪 Seat Pocket 앞좌석 등받이 밑에 위치하며 Safety Instruction Card, 기내잡지, 기타의 인쇄물 등이 비치되어 있고, Bulkhead Seat 같은 경우에는 Side Wall이나 Bulkhead에 있다.

(2) 승무원 좌석(Jump Seat)

승무원의 좌석 주변을 Duty Station이라고 한다. 비상 시 승객의 탈출을 위해 비상구 옆에 전향 또는 후향으로 위치하며 1~2명이 앉을 수 있도록 설치되어 있고, 사용하지 않을 때에는 자동적으로 접히게 되어 있다. 모든 Jump Seat에는 좌석벨트와 Shoulder Harness Type Belt로 구성되어 있다. 또한 승무원의 좌석 주변에는 Attendant panel[2]이 있다. 뿐만 아니라 방송용 인터폰과 산소마스크 등의 각 비상장비가 장착되어 있다.

---

1) Bulkhead Seat : 객실을 나누는 칸막이로 Class나 Zone 사이에 설치되어 분리벽에 있는 좌석을 말한다.

2) Attendant panel : 승무원의 좌석 주변에 있으며, 객실 내의 조명조절장치, Communication System, Pre-Recorded Announcement나 Boarding Music을 조절하는 장치가 설치되어 있다.

(3) 선반(Overhead Bin)

승객의 휴대 수하물을 보관하는 곳으로, 위쪽으로 열리는 것과 아래로 열리는 것이 있으며, 뚜껑이 있는 것은 Stowage Bin이라 하고 없는 것은 Hatrack이라 한다. 바깥쪽에는 수용할 수 있는 최대 허용무게 표시가 붙어 있다.

항공기 내 Overhead Bin에서의 수하물 낙하 사고로 부상의 빈번도가 상당히 높은 것을 감안할 때 많은 주의를 요한다.

(4) 주방(Galley)

비행 중 승객에게 제공하여야 할 각종 기내식과 음료를 보관하고 준비하는 곳을 Galley라 한다.

그 위치는 항공기종에 따라 다소의 차이는 있으나, 항공기의 전방, 중앙, 후방에 있으며, Oven, Coffee Maker, Water Boiler, 냉장고, Micro Oven, Meal Cart, 음료 Cart, 각종 서비스 용품 등을 보관할 수 있는 Compartment가 있다.

모든 Galley의 전원은 Cockpit에서 공급, 차단하는 시스템으로 되어 있다.

❶ Oven

지상에서 탑재된 Meal, 빵, Towel 등을 Heating 하여 승객들에게 제공하기 위해, 객실 승무원이 Meal의 내용, 적정한 온도, 시간 등을 정확을 기하여야 한 다. Oven은 On-Off Switch, Timer, Chime 표시 등으로 구성되어 있다.

- High : 220℃
- Mid : 180℃
- Low : 140℃

② Coffee Maker

모든 Galley에는 Warning Pad, Securing Bar, Hot Water Faucet로 구성되어 있는 Coffee Maker가 설치되어 있으며, On-Off Switch에 의해 작동되고, 작동 중임을 알리는 Indicator Light로 Brew 중임을 Check 가능하다.

상단에는 Coffee Pack Holder가 있고 Sensor가 있어 Coffee Pot 내부까지만 내려오며 자동적으로 중단되는 시스템으로 되어 있다.

신기종에는 Espresso, Cappuccino, Caffe Latte를 제조하는 특별한 기능의 Coffee Maker도 장착되어 있다.

④ 냉장고

일부 Galley에는 냉동 · 냉장을 할 수 있는 냉장고가 설치되어 있다. 냉장실과 냉동실은 따로 구분되어 있지 않고, 버튼으로 냉장실과 냉동실을 선택할 수 있는 형태로 되어 있다.

④ Drain과 Water Faucet

항공기 외부로 오수를 배출시키는 역할을 한다. 따라서 지상에 있을 때에는 음료수나 뜨거운 물을 버려서는 안 되며, 특히 비행 중에 커피나 주스 등을 버려서도 안 된다. 우유와 와인은 서로 섞이면 고형화되어 Drain이 막히게 되니 각별히 주의해야 하며, Drain에는 순수한 물만 버리도록 되어 있다.

⑤ Compartment

모든 Galley에는 음료수나 모든 기용품을 보관하는 장소로 Compartment가 설치되어 있다. 또한 이동 가능한 Carrier Box를 이용하여 식사, 기용품 등을 사용 탑재한다.

⑥ 쓰레기통

모든 Galley에 설치되어 있으며, Cover는 항상 닫혀 있어야 한다. 이제는 유압압축을 이용한 Trash Compactor 사용으로 제한된 공간의 확보 차원에서 많이 사용하고 있다.

⑦ Cart

Cart의 용도로 식사, 음료, 기내 판매서비스 및 기용품 보관에도 사용된다. Cart의 종류로는 Meal Cart, Beverage Cart, Sales Cart, Serving Cart가 있다.

⑧ Circuit Breaker

Circuit Breaker는 Coffee Maker 나 Oven 등의 모든 전기 시설장비 가 Galley에 있으므로, 만일 전기 의 과부하 현상이 발생하면, Circuit Breaker가 튀어나와 전원 공급을 차단시키는 역할을 한다.

(5) 화장실(Lavatory)

항공기 내 화장실은 대부분 항공사 가 동일하였으나, 항공사의 고급화 및 차별화의 일환으로 고객 만족을 위해 크기, Lay-Out, 사용자의 선별 등으로 운영하고 있다.

대부분의 중·대형 항공기에서는 여성용 화장실을 운영하고 있다. 여성 용 화장실에는 Facial cleansing Tissue, Water Spray 등 여성용 화장용품들이 준비되어 있으며, 기저귀를 교환하기 위한 장치 또한 부착되어 있다.

항공기 화장실은 Water Flusing Type 과 Air Vacuum Suction Type이 있다. 또 한 기내 화재 방지를 위해 연기 감지용 Smoke Detector가 설치되어 있다.

연기 감지 시 고음의 경고음 동시에 Smoke Detector 내 Alarm Indicator Light 가 점등되며, 연기가 소멸될 때까지 지속적으로 점등된다.

(6) 옷장(Coat Room)

항공기 전·후방 및 벽면을 이용하여 별도의 공간으로 설치한 곳으로 고객

의 의류 및 휴대 수하물, 그리고 기타 서비스
물품을 보관하는 Compartment를 말한다.

(7) Passenger Service Unit(PSU)

비행 중에 승객이 좌석에 앉아서 이용할
수 있는 일부의 시설로 Reading Light, 승무
원 호출버튼, 좌석벨트 및 금연표시등, Air
Ventilation 장치, 내장되어 있는 산소마스크
등이 있으며, 좌석의 팔걸이나 머리 위 선반
속에 장착되어 있다.

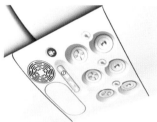

(8) Bunk

장거리 비행(보통 10시간 이상) 시 승
무원이 교대로 휴식할 수 있는 공
간으로서, 기종별로 B747-400인
경우 객실후방 2층에 위치하고
B777이나 A330인 경우 항공기 중
간 하단에 위치하고 있으며 6~8개
의 침대로 되어 있다.

02 항공객실서비스의 개요

1. 객실서비스의 개념

객실서비스는 비행 중 기내에서 행해지는 유형과 무형의 서비스를 총칭하
며, 항공운송서비스를 마무리하는 단계라는 점에서 항공사 서비스의 꽃이라고

할 수 있다. 최근 항공기 이용승객의 계층이 확대되고 승객들의 생활 수준이 향상됨에 따라 승객의 욕구가 더욱 증대되고 다양화되었으며, 객실서비스도 향상되도록 자극을 받고 있는 추세이다. 특히, 최근 들어 항공사들은 객실서비스의 수준을 높이기 위해 각 항공사별로 특징적인 독특한 객실서비스를 제공하고자 노력하고 있다.

2. 객실서비스의 특성

객실서비스의 특성은 다음의 4가지로 요약할 수 있다.

첫째, 항공기 객실서비스는 미용실, 이발소, 세탁소, 병원 등 한 개인에게 한정되어 행해지는 전형적인 소형 서비스와 달리 서비스 규모에 있어서 대형화된 형태의 서비스이다.

둘째, 철도, 미용실, 은행 등과 같이 주로 어떤 특정 시설물에서 제공되므로 고객에게 서비스 의무를 수행하려고 해도 이동이 불가능하고 고객이 찾아가야 하는 비이동적인 특성이 있다.

셋째, 항공기 객실의 공간이나 기내 시설, 서비스 용품 제공에 있어서 특정한 기준이 설정되어 있지 않다.

넷째, 서비스가 기내에서 고객에게 직접 전달되는 직접경로를 통한 마케팅의 형태이다. 현재 선박, 철도, 항공사 등의 서비스 분야에 마케팅 담당자를 두는 방향으로 변화되고 있으며, 이러한 전사적인 마케팅 노력이 항공사의 기내 서비스 관리에도 적극 채택되고 있다.

3. 객실서비스의 구성요소

객실서비스는 크게 물적 서비스와 인적 서비스로 이루어진다. 물적 서비스란 상품, 근무규정이나 방법, 제공되는 음식, 정보, 기술 등 눈에 보이는 일련의 가격, 양, 질, 시간 등으로 구성되어 있으며, 인적 서비스는 서비스 맨의 언행,

인사, 응답, 미소, 배려성, 신속성 등을 의미한다. 다양한 승객의 니즈에 따라 기내 물적 서비스 개선에 대한 관심이 점차 커지고 있으나, 항공사는 어느 한 분야에만 집중적으로 치중하기보다 지속적으로 향상되고 균형 있는 서비스로 승객의 편의를 도모하고 신뢰감을 조성하며 경쟁력을 확보해 나가야 한다.

성공적인 객실서비스는 물적 서비스와 인적 서비스가 조화를 이루어 하나의 종합적인 가치를 구현하게 되는 것이며, 이 두 가지 요소가 원활하게 제공되었을 때 승객들은 훌륭한 기내 서비스를 받았다고 느끼게 되는 것이다.

(1) 물적 서비스

물적 서비스는 승객이 여행 중 이용하거나 제공받게 되는 각종 시설물과 장비로서 항공기 좌석, 식음료, 독서물, 통신시설, 기내 영화, 음악 및 오락기구 등 기내에서 제공되는 상품과 온도, 습도, 소음 등에 관련된 운항 중의 환경과 서비스 전달 등으로 구분된다.

최근 항공사 간 경쟁이 심해지면서 새로운 아이디어로 물적 서비스의 차별화와 고급화 전략으로 고객을 유치하려는 움직임이 활발해지고 있다. 이에 따라 기내 환경 개선, 기내 특별 이벤트, 장애인을 위한 시설 등 한차원 높은 새로운 서비스의 개발 및 운용에 힘쓰고 있다.

대표적인 기내 물적 서비스 요소를 살펴보면 다음과 같다.

❶ 항공기의 인테리어

항공기의 외형은 항공사의 이미지와 결부되는 고유의 특색 있는 디자인으로 항공기 외장을 도장하여 사용하고 있으며, 항공기의 시각적인 외형 이미지와 내부 공간은 승객이 직접 느낄 수 있는 항공사의 기업 이미지 및 관심을 유발하는 중요한 마케팅 전략이다.

국내 항공사의 예를 들면, 대한항공은 창립 15주년을 기점으로 경영체제를 구축하고, 서비스 도약을 위한 이미지 쇄신을 위하여 항공사의 내부를 바꾸었다.

아시아나항공은 국내 장기적인 경영정책의 일환으로 한국의 전통미와 서정성을 강조한 한국적 이미지의 색동줄무늬를 이용하여 한국의 이미지를 표현하다가 2007년 외장을 변화하게 된다.

❷ 기내 식음료 서비스

기내의 식음료는 비행 중 승객에게 제공되는 음식과 음료로, 특히 상위 Class인 경우에는 고급화와 차별화의 관점에서 항공사 전체의 서비스 질을 좌우하는 경향이 있다. First Class와 Buisiness Class는 고급 호텔 레스토랑 수준의 정통 서양식의 코스별 식음료 서비스로 최상의 메뉴, 와인, 음료, 각종 식기류를 고급화와 차별화시켜 제공하고 있다.

③ Entertainment

항공기 내에서 이어폰을 통해 좌석에 부착된 채널을 선택하여 음악과 영화를 즐길 수 있으며, 통합된 Entertainment System으로 기종 및 좌석 등급에 따라 AVOD(Audio & Video On Demand) 서비스를 실시하고 있다. 대부분 영어, 자국어, 일본어, 취항국의 언어로 제공된다.

④ 통신장비

대부분의 모든 항공사들은 최신 설비인 기내 위성전화를 장착하여 통신 위성을 이용해 비행 중 언제라도 전세계 어느 곳이나 전화 통화가 가능하도록 하여 승객의 편의 제공을 하고 있다.

또한 일부 항공사에서는 팩스, 인터넷, 기내 문자메시지 서비스도 운영하고 있으며, 신규 도입 기종에서 일등석에는 별도의 충전기 없이 개인용 컴퓨터 사용이 가능하도록 좌석 내 전원이 설비되어 있다.

⑤ Air Show

승객의 편안하고 즐거운 여행을 위해 비행 중에 항공기 항로, 고도, 외부 온도, 출발지와 목적지의 현재 시각, 잔여 시간 등 운항에 관한 비행정보를 다양한 언어로 컴퓨터 그래픽 화면을 통해 기내 스크린과 개인 모니터로 볼 수 있게 안내한다.

❻ 어린이, 유아를 위한 Special^(SPCL) 서비스

탑승한 어린이나 유아를 위해 다양한 종류의 장난감 등이 선물로 제공된다. 유아를 위해서는 이유식, 젖병, 기저귀 등이 있으며, Bulk Seat를 이용한 유아용 요람이 제공된다. 또한 화장실 내에는 기저귀를 바꿀 수 있는 Baby Diaper Change Board가 장착, 운영되고 있다.

❼ In-Flight Sales : 기내 면세품 판매

국제선 항공편에서 승객의 편의를 위해 술, 담배, 향수, 화장품 및 각종 선물용품 등 세계 유명상품을 면세 가격으로 구입할 수 있도록 기내 면세품 판매를 실시하고 있다. 일부 항공사에서는 사전 주문제도를 이용하여 승객 편의를 도모하고 있으며, 신형 항공기인 A380기종은 면세품 판매를 위한 별도의 Booth를 마련하여 승객들은 더욱 편리하게 면세품을 이용할 수 있게 되었다.

❽ 기타

기내에서 제공할 수 있는 Item으로 볼펜, 엽서, 편지지 등과 우편물 발송 서비스를 제공하며, 고객제언서(Comment Letter)를 비치하여 승객의 불편 사항이나 서비스 향상을 위한 제안을 접수하여 새로운 서비스에 반영하고 있다. 또한 안대, 귀마개, Water Spray 등을 제공하고 있으며, 최근 들어 이러한 승객 편의용품을 파우치 안에 넣어 한꺼번에 제공하여 승객이 더욱 편안한 여행을 할 수 있도록 노력하고 있는 실정이다.

4. 안전 및 보안서비스

승객에게 출발지의 항공기 탑승부터 목적지 항공기 하기까지 안전하고 편안한 여행을 하도록 안전과 보안에 철저를 기하는 것이 가장 근본적이며 중요한 서비스이다.

일반장비, 화재장비, 보안장비, 의료장비의 점검 및 확인으로 그 품목은 다음과 같다.

- 일반장비 및 비상탈출 장비 : Demo 용구, Flash Light, Escapr Door Slide 및 구명보트, ELT(Emergency Locator Trasmitter), Public Address(P.A), Interphone 및 Megaphone

- 화재장비 : 소화기, Protective Breathing Equipment(PBE)[3], Circuit Breaker, 석면장갑, 손도끼, Smoke Detector, Smoke Goggle, Smoke Barrier 등

- 의료장비 : PO_2 Bottle, Medical Bag, First Aid Kit, Emergency Medical Kit, Resuscitator Bag, Universal Precaution Kit, Automated External Defibrillator(자동심실제세동기), Wheel Chair 등

- 보안장비 : 비상벨, 전기충격 총, 포승줄, 수갑, 방탄 조끼, 방폭 담요, 무기 인계 대장 등

(1) 객실 일반장비 및 비상탈출 장비

❶ Life Vest(구명복)

만약의 사태에 대비하여 비상 시 승객이 사용하게 될 비상구의 위치, 좌석벨트 사용법, 산소 마스크 사용 요령, 구명복에 대한 사용법을 객실승무원이 시범이나 Video를 통해 설명한다. 좌석벨트는 기류 변화 시 수시로 안내 방송을 실시한다.

3) Protective Breathing Equipment : 기내 화재 진압 시 연기 및 유독성 가스로부터 호흡 및 안면을 보호하고 시야를 확보하기 위한 목적으로 사용된다.

❷ Flash Light

비상사태 시 승객을 유도하고 신호를 보내며 야간에 시야 확보를 위한 용도로 사용되고 있다. 이는 Automatic Type과 Switch Type이 있다.

❸ Escape Door Slide 및 구명보트

비상착륙 시 신속히 탈출하기 위해 사용되는 탈출용 미끄럼대인 Escape Slide를 비롯하여 비상착수 시 50~60명 정도 탑승할 수 있는 구명보트 역할의 Life Raft가 있다. 모든 신 기종은 Slide/Raft 겸용으로 사용할 수 있게 제작되어 있다.

❹ Emergency Locator Transmitter(ELT)

구조 요청을 위한 전파를 발생하는 장비로서 조난의 위치를 알려준다. 발산되는 전파 신호는 비상 주파수로 민간용과 군용으로 발산되고 있다.

❺ Public Address(P.A)

승무원 상호 간의 의사전달 수단으로 Interphone과 방송을 각각 독립적으로 병행하여 사용할 수 있게 되어 있다.

전화기 상태로 조종석과 승무원의 좌석, Galley, Bunker 등에 모두 비치되어 있다.

통화 및 방송을 위해서는 고유의 호출번호로서 사용할 수 있다.

❻ Megaphone

비상탈출 시 또는 비상탈출 후에 탈출지휘를 하거나 정보 제공을 위해 사용된다.

(2) 객실 화재장비

비행 중 화재 발생이나 비상사태 시 화재에 대비하여 화재 상황에 맞는 각종 소화기가 항공기 내에 장착되어 있다.

❶ 소화기

비행 중이나 비상사태 시, 화재 발생에 대비하여 화재 상황에 맞도록 사용할 수 있는 각종 소화기가 비치되어 있다.

🧠 H2O 소화기

● 객실 내에는 의류, 종이 등의 일반화재에 맞는 Type의 소화기

🧠 Halon 소화기

● 기름, 전기, 전자장비의 모든 화재에 사용하는 Type의 소화기

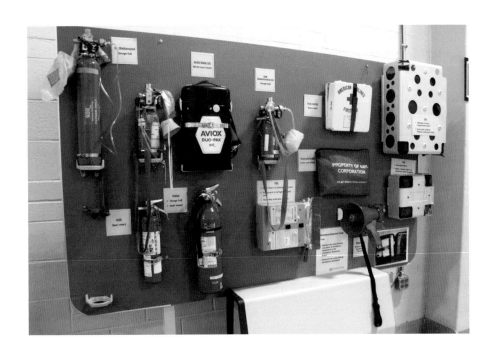

⁂ **열감지형 소화기**

● 화장실 휴지통 내부에 화재 시 자동 진화할 수 있는 소화기

❷ Protective Breathing Equipment(PBE)

기내 화재 진압 시 연기나 유독가스로부터 원활한 호흡과 안면을 보호하며 시야를 확보하기 위해 사용한다.

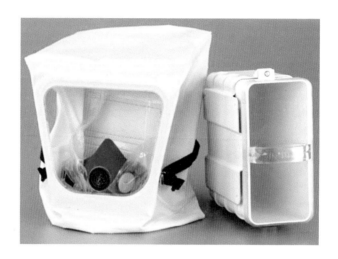

❸ 석면장갑

화재 진압 시 뜨거운 물체를 집어야 하는 경우 사용하게 되어 있으며, 조종실 내에 있다.

❹ 손도끼, Smoke Detector, Smoke Goggle, Smoke Barrier 등

각종 Panel 또는 접근이 불가능한 객실 구조물 내부에서 화재 발생 시 화재 진압에 방해가 되는 경우 장애물 제거용으로 사용한다. 손도끼는 조종실 내에 보관한다.

(3) 객실 의료장비

기내에서 갑작스러운 환자 발생에 대비하여 다음과 같은 의료장비가 탑재되어 있다.

❶ Potable Oxygen Bottle

항공기의 비상 감압 대비의 비상사태 시 승무원은 휴
대용 산소통을 휴대하고 승객의 안전 상태 확인 및 환자
의 응급 처치를 목적으로 승객에게 산소를 공급하기 위해
탑재되어 있다.

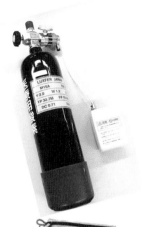

❷ Medical Bag

비행 중 사용 빈도가 높은 의약품으로, 필요 시 승객에
게 신속히 제공하기 위해 지정된 승무원이 항상 휴대하
여야 한다. 소화제, 두통약, 진통제, 지사제, 일회용 반창
고 등의 간단한 구급상비약이 들어 있다.

❸ First Aid Kit : 구급 의료함

이는 항공법에 의해 탑재토록 규정되어 있으며,
비행 중 응급 상황에 처한 승객의 사고 및 질병을
응급 처치하기 위해 의사 처방 없이 사용 가능하
다. 단, 일부 의약품은 제외한다. 또한 FAK의 Seal
이 뜯어져 있는 경우 Kit로 간주하지 않아, 비행 전
승무원의 점검이 필요하다. 미 연방항공국 규정
에 의해 승객의 수에 따라 탑재량이 정해져 있다.

❹ Emergency Medical Kit : 비상 의료함

비행 중 응급 환자 발생 시 전문적인 치료를
하기 위한 의료품과 의료기구를 보관한 Kit이다.
이것은 반드시 의사 면허를 소지한 자가 사용할
수 있으며, 이는 Cocpit 내에 보관하고, 출발편에
서의 사용에 대비하여 왕복 기준으로 2개가 탑
재되어 있다.

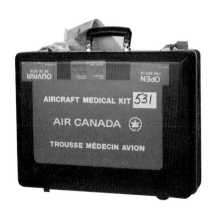

⑤ Automated External Defibrillator^(AED) : 자동심실제세동기

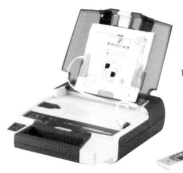

현재 1980년대부터 모든 항공사에서 심실제동으로 인하여 심장 박동이 정지된 환자 발생에 대비하여 즉각적인 대처를 위해 자동심실제세동기를 의무적으로 탑재하고 있다. 이는 반드시 교육을 이수한 자만이 사용이 가능하도록 규정되어 있다.

⑤ Universal Precaution Kit^(UPK)

- Resuscitator Bag
- 환자의 체액이나 혈액을 직접 접촉함으로써 발생할 수 있는 오염 가능성을 줄이기 위하여 사용된다.
- 환자의 체액이나 혈액에 의해서 오염된 장비 및 설비를 보관 후 안전하게 폐기하기 위하여 사용된다.
- 객실 내에 위험물이 발견되어 비상 처리 절차를 수행할 경우, 오염물 처리용 Bag, 외과 처치용 장갑 등을 이용해서 처리한다.
- 내용물로는 장갑, 오염물 처리 Bag, 알코올 스펀지, 보호가운, 마스크, 사용서 등이 있다.

❼ Resuscitator Bag

인공호흡 실시 시 사용하는 보조기구로서 환자의 호흡을 유도하고, 산소를 추가적으로 공급하기 위해 사용된다. 청진기, 탈지면, 얼음주머니, 혈압계, 압박붕대, 체온계 등이 있다.

❽ Wheel Chair

국내 항공사는 좁은 통로 (Aisle)에서 사용할 수 있는 접이식 Wheel Chair를 기내에 탑재하여, 승객의 활동성과 화장실 사용 등 기내에서의 이동을 원활하게 하여 좋은 호응을 받고 있다.

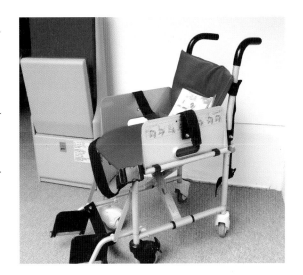

5. 객실 보안장비

항공기 안전 운항에 위해가 되는 기내 난동 승객 처리 및 항공기 Hijacking 에 대응하기 위해 기내에 탑재 운영하는데, 항공사별로 약간의 차이는 있으나 보안장비로는 전자충격 총, 방폭 담요, 방탄 조끼, 타이 랩, 포승줄 및 비상벨 등을 보유하고 있다.

또한 조종석 출입 절차 강화 차원에서 조종석 내부에서 외부 출입을 규제하기 위해 출입문 근처를 살필 수 있는 조망경 및 출입문에 코드화된 Pad Lock 잠금장치가 장착되어 있다. 이외에도 객실승무원은 조종석과 사전에 정해진 절차를 통한 후에야 출입문 개방이 규정화되어 있다.

03 객실승무원

1. 객실승무원의 정의와 역사

(1) 객실승무원의 정의

객실승무원이란 항공기에 탑승하여 비상시 승객의 탈출과 안전을 위한 업무를 수행하고, 운항 중 탑승객들의 편의를 위해 각종 서비스를 제공하는 업무를 수행하는 사람을 말한다. 영어로는 Flight Attendant, Cabin Attendant 또는 Cabin Crew라고 호칭한다. 승무원으로 구분할 때 여승무원은 Stewardess, 남승무원은 Steward로 호칭하기도 한다.

객실승무원들은 승객이 목적지에 도착할 때까지 안전하고 쾌적하게 객실을 유지하며, 승객들의 요구를 충족시켜 편안한 여행을 돕는 역할을 한다. 항공 객실승무원들은 크게 비상시 업무인 비상탈출, 안전을 위한 업무, 승객 지원업무, 기내 서비스 등의 4가지 역할을 수행한다.

(2) 객실승무원의 역사

객실승무원은 1928년 독일의 루프트한자 항공사에서 베를린-파리 구간에 남승무원을 객실 전문요원으로 투입한 것이 시초가 되었다.

여승무원은 그 후 2년 뒤인 1930년 유나이티드 항공(United Airline)의 전신인 보잉 에어 트랜스포트사(Boeing Air Transport Co.)에서 간호사를 채용하여 근무하도록 한 것이 시초가 되었다.

최초의 여승무원은 미국 아이오와주의 간호사 출신인 앨런처치이다. 앨런처치는 원래 보잉사의 조종사로 취업하기를 희망하였으나, 거절당하고 객실요원으로 1개월만 탑승할 것을 전제로 고용되었다.

그 후 샌프란시스코와 시카고에서 7명의 간호사를 채용하여 앨런처치와 함께 '오리지널8'이라 칭하여 본격적인 여승무원 제도를 도입하게 되었다.

대한민국에 객실승무원이 처음 근무한 것은 1948년 당시 국내에 취항하던 노스웨스트 항공사에서 한국 여성을 객실승무원으로 채용하면서부터이며, 현재 한국의 승무원의 수는 1만 명을 넘어서고 있다.

2. 객실승무원의 업무

(1) 안전업무

안전업무는 객실승무원의 기본업무로 항공기에 탑승하여 비상시 승객을 탈출시키는 등의 업무를 수행하는 역할이다. 승객의 안전한 여행을 위해 객실승무원은 일정 수준의 기본적인 안전업무에 대한 역량이 필요하다.

❶ 승객들의 휴대수하물을 휴대규정에 따라 보관 상태를 확인한다.
❷ 이·착륙 전 담당 서비스 ZONE별로 Galley 내 카트 고정이나 선반의 잠금 상태 등을 철저히 점검한다.
❸ 승객의 좌석벨트 착용 여부를 확인한다.
❹ 항공기 안전운항상 문제를 발생시킬 수 있는 전자기기의 사용은 규정에 따라 승객의 준수 여부를 확인한다.
❺ 기내 흡연에 대해 철저한 점검을 하고, 음주에 대해 적절한 통제를 한다.
❻ 승객 하기 후 객실승무원은 담당 ZONE의 이상 유무를 확인한다.

(2) 고객관리업무

객실승무원은 승객의 안전한 여행을 위한 안전업무와 함께 편안하고 즐거운 여행이 될 수 있도록 서비스를 제공하는 업무를 담당한다.

기내에서 승객의 어려운 일을 책임감 있고 적극적으로 해결해 주는 역할을 하며, 고객만족을 위해 서비스 용품과 같은 물적 서비스와 함께 인적 서비스가 포함된 서비스를 제공하는 역할을 한다.

❶ 담당 ZONE에서 승객의 요구에 즉각적으로 응대하고 가능한 한 빠르게 해결한다.

❷ 승객의 요구를 수용하고 항상 최선을 다해야 한다.

❸ 안전업무를 위해 객실 안전규정·지침에 반하지 않도록 고려하면서 서비스를 한다.

❹ 고객불만 발생 시 경청하고, 해결할 수 있도록 최선을 다한다.

❺ 불만 고객과 불법 행위를 하는 고객을 잘 구별하여 불법 행위를 하는 고객은 행위의 중단을 정중히 요청하고, 요청에 응하지 않는 경우 규정에 의거하여 조치한다.

(3) 승무원의 협조

객실서비스는 객실승무원 개인이 혼자 할 수 있는 것이 아니라, 동료 승무원 혹은 다양한 분야의 직원들과의 유기적인 관계를 통해 이루어진다. 항공기 내에서는 객실승무원과 운항승무원 간의 공조가 매우 중요하며, 정비사, 운송직원, 케이터링 및 기타 지상 직원들과의 협조가 중요하다.

객실승무원과 다른 분야의 직원들은 유기적인 관계를 위해 정확한 의사소통과 적극적인 상호 협조가 필수적이며, 상대 업무에 대한 이해를 바탕으로 예의를 갖추고 서로를 대해야 한다.

3. 객실승무원의 자격

(1) 객실승무원의 자질

항공사 객실승무원은 승객이 목적지까지 안전하고 편안하게 여행할 수 있도록 비행 중 발생하는 모든 일에 대해 필요 조치를 할 수 있는 자질과 능력을 갖추고 있어야 한다.

기내라는 특수한 공간에서 승객의 안전과 쾌적성을 도모할 수 있는 객실승무원의 자질은 다음과 같다.

- 확고한 직업의식
- 철저한 안전의식
- 승객을 배려하는 서비스 마인드
- 다양한 국가의 승객과의 의사소통을 위한 외국어 능력
- 글로벌 마인드와 매너
- 건강한 신체와 체력
- 자기개발과 자기관리

항공사의 객실승무원은 항공사의 이미지를 대표하는 인적 자원으로서 언제 어디에서나 승객들에게 긍정적인 이미지를 심어 줄 수 있도록 항상 자신의 언행과 태도를 잘 관리해야 한다. 또한 철저한 자기관리를 통해 객실승무원에게 필요한 다양한 자질을 향상시킬 수 있도록 항상 노력해야 한다.

(2) 객실승무원의 자격

「항공법 시행규칙」제218조에서는 다음과 같이 규정하고 있다. 항공운송업자는 제1항 제2호의 규정에 따라 항공기에 태우는 객실승무원에게 다음 각 호의 사항에 관한 교육훈련계획을 수립하여 매년 1회 이상의 교육훈련을 실시하여야 한다.

객실승무원의 자격요건 중 가장 중요한 것은 법정 자격이다. 객실승무원의 임무 중 가장 중요한 비상시 탈출업무 및 안전업무에 관한 훈련을 받고 이수하여야 하는 것이다.

신입승무원으로 처음 입사하게 되면 4주간의 법정 안전훈련을 받게 된다. 또한 승무원이 된 후에는 직급별·경력별로 객실서비스와 항공기의 안전운항을 위한 법정 교육을 이수하여야 한다. 정기 안전훈련은 매년 1회 실시하게 되며 이 역시 법정 과정으로 이수를 못할 시 비행자격을 상실하게 된다.

객실승무원은 항공기 탑승근무에 적합한 신체 조건을 유지해야 하며, 그 조건이 미비할 경우에는 객실승무원 자격을 일시 정지 또는 상실할 수 있다. 타인에게 혐오감을 줄 수 있는 신체의 손상이나 병리적 훼손, 신장을 기준으로

한 적정 체중을 유지하지 못했을 경우 회복 시까지 그 자격을 일시 정지한다. 국내 항공사의 신장을 기준으로 한 적정 체중의 판단 기준은 다음과 같다.

신장 : cm, 체중 : kg

여승무원				남승무원			
신장	적정체중	과체중	초과체중	신장	적정체중	과체중	초과체중
160	51.0 미만	54.5~55.5	55.5 초과	165	63.0 미만	66.5~68.5	68.5 초과
161	51.5	55.0~56.0	56.0	166	64.0	67.5~69.5	69.5
162	52.0	55.6~56.5	56.5	167	65.0	68.5~70.5	70.5
163	52.5	56.0~57.0	57.0	168	66.0	69.5~71.5	71.5
164	53.0	56.5~57.5	57.5	169	67.0	70.5~72.5	72.5
165	53.5	57.0~58.0	58.0	170	68.0	71.5~73.5	73.5
166	54.0	57.5~58.5	58.5	171	69.0	72.0~74.0	74.0
167	54.5	58.0~59.0	59.0	172	70.0	73.0~75.0	75.0
168	55.0	58.5~59.5	59.5	173	71.0	74.0~76.0	76.0
169	55.5	59.0~60.0	60.0	174	72.0	75.0~77.0	77.0
170	56.0	59.5~60.5	60.5	175	73.0	76.0~78.0	78.0
171	56.5	60.0~61.0	61.0	176	74.0	77.0~79.0	79.0
172	57.0	60.5~61.5	61.5	177	75.0	78.0~80.0	80.0
173	57.5	61.0~62.0	62.0	178	76.0	79.0~81.0	81.0
174	58.0	61.5~62.5	62.5	179	77.0	80.0~82.0	82.0
175	58.5	62.0~63.0	63.0	180	78.0	81.0~83.0	83.0

(3) 객실승무원의 교육훈련

항공 객실승무원들은 여러 가지 교육훈련 등을 받는다. 신입승무원으로 입사 시 12주가량(국제선 기준) 신입 전문훈련을 받는다.

인사법, 대화기법, 에티켓, 이미지 메이킹, 외국어, 기내 방송, 안전, 기내식 음료서비스, 체력훈련, 인공호흡법, 비행탈출, 비상착수, 면세품 관리 등에 관하여 집중적인 교육을 받는다. 전문훈련이 끝나면 수습사원으로서 수습비행 (On The Job Training, OJT) 근무를 하게 된다. 태도와 예절, 항공기 내 장비사용법 등에 관하여 현장에서 직접 배우게 된다.

신입 직무훈련이 끝난 이후에는 직급과 책임에 따라 매년 보수교육, 향상교육 등을 받으며 이를 통과해야만 비행자격이 유지된다. 승무원의 전문 교육과정 중에 가르치는 교육과목은 대부분의 항공사가 매우 유사하다. 다양한 프로그램을 통하여 객실승무원으로서 갖추어야 할 기본적인 실무능력 및 매너, 자신감을 양성한다.

❶ 항공사 신입사원 교육

❷ 신입승무원 교육 : 국내선 비행교육, 국제선 비행 교육

❸ 수습비행 훈련(OJT)

❹ 상위 Class 서비스 전문교육

- First Class 서비스 전문교육, Business Class 직무교육

❺ 직급별 보수교육

- Top Senior 교육 및 국내선 Purser 교육, 국제선 Purser 교육, 서비스 Leader교육, 방송 보수교육

❻ 안전교육

- 항공기 구조와 시스템, 비상탈
출 훈련, 심폐소생술 훈련 등

(4) 객실승무원의 직급체계와 직책

❶ 객실승무원의 직급체계

객실승무원의 직급체계는 항공사별로 약간씩의 차이는 있으나, 일반적으로 아래와 같이 구분하며, 공통적으로 여러 단계의 승격과정을 거치게 된다.

수습(인턴)승무원으로 입사하여 일정 기간 동안 비행근무를 한 후 자격심사를 거쳐 부사무장(Assistant Purser)으로 승격하며 영어 약어로 AP라 칭한다. 그리고 부사무장(Assistant Purser)이 되고 나서 일정 근무기간이 지나면 항공기 객실의 관리 자격인 사무장(Purser)으로 승격할 수 있는 자격이 주어진다.

사무장(Purser)에서 일정 기간 근무 후 선임사무장(Senior Purser)으로 승격할 수 있는 자격이 주어지며 그 후 일정 기간 근무하면 객실승무원 최고의 직급인 수석사무장(Chief Purser) 자격심사 대상이 된다.

각 직급에서의 승격은 각종 교육이수 및 외국어 능력시험 등의 엄격한 절차를 통하여 이루어진다.

구 분	승무원 직급	동일한 일반직 직급
SD(Steward), SS(Stewardess)	승무원	사원
AP(Assistant Purser)	부사무장	대리
PS(Purser)	사무장	과장
SP(Senior Purser)	선임사무장	차장
CP(Chief Purser)	수석사무장	부장

❷ 항공 객실승무원의 직급별 업무

객실팀장(Duty Purser)

항공편에서 탑승한 객실승무원 구성팀의 팀장 보임자로 객실 안전 및 서비스에 관련한 제반사항, 객실승무원의 관리 및 지도, 객실업무 관리, 평가 등의 책임을 맡는다.

- 객실브리핑 주관 및 업무배정(Duty Assignment)
- 항공기 내 설비 및 장비의 기능점검 및 확인
- 항공기 출입항 서류 및 제반서류 관리
- 전반적인 기내 서비스 진행관리 및 감독
- 기내 방송 실시 및 관리감독
- VIP, CIP, Special Handling 승객 등에 대한 처리 및 보고
- 비행 중 발생하는 Irregularity 상황의 해결 및 보고
- 안전비행을 위한 제반조치
- 운항승무원과의 의사소통
- 해외체재 시 팀 승무원 관리 및 해외 지사와의 업무연계체제 유지

객실 부팀장(Assistant Purser)

팀장 유고 시 그 임무를 대행하며, 객실서비스 전반에 걸친 총괄을 담당하며 다음의 업무를 수행한다.

- 객실팀장 업무 보좌
- 일반석 서비스 진행 및 관리
- 기내 서비스 용품 탑재 확인 및 처리
- 비행안전 업무 전반
- 수습승무원 훈련지도 및 평가
- 일반승무원으로서의 할당 업무
- 기타 팀장으로부터 위임받은 업무
- 팀장의 임무수행이 불가능한 경우 팀장 업무 대행

객실승무원(Steward, Stewardess)

업무배정에 따라 비행 중 각자에게 할당된 기내 서비스 업무를 담당한다.
항공기 객실에 구역별로 자신의 업무를 수행한다.

현지 여승무원(Regional Stewardess)

각 항공사의 경우 해당 언어권의 현지 승객을 위한 의사소통 및 기내 방송
을 위하여 현지 여승무원을 기내에 탑승시킨다. 현지 여승무원은 일반 객
실승무원의 임무 및 현지 승객의 의사소통, 기내 방송 등을 담당한다.

04 기내식 서비스의 이해

1. 기내 식음료 준비

기내 식음료 서비스는 승객이 항공사 서비스에 대해 갖는 이미지와 깊은 연
관이 있다. 수준 높고 세련된 기내식 서비스는 승객에 의해 평가되는 항공사의
전체적인 서비스의 질을 좌우하는 역할을 한다.

(1) 기내 식음료 제조 및 탑재

각 항공사마다 기내 식음료는 승객들의 다양한 기호에 맞는 식음료를 계획, 구입, 관리, 제조, 공급 등을 전담하는 기내식 제조회사에 의해 해당 비행기의 주방인 갤리(Galley)에 탑재된다. 기내식의 메뉴는 불특정 다수 승객들의 건강과 기호를 고려하고 식상함을 최소화시키기 위해 적정 Cycle(약 3~4개월 주기)마다 비행노선의 특성을 감안, 승객 취향에 맞도록 조정하여 변경된다.

(2) 기내 식음료 관리

기내 식음료가 탑재되어 보관, 관리되는 갤리(Galley)는 항상 청결하게 유지한다. 그리고 이러한 기내 식음료의 서비스를 전담하는 승무원들은 기내 식음료 서비스 시작 전에 손을 깨끗이 닦는 등 항상 위생에 대한 의식을 가지고 서비스에 임한다. 비행 중 신선도를 유지해야 하는 기내식음료는 항공기에 장착된 Chiller 장비를 이용한다. 갤리에는 오븐이나 커피메이커, 물을 가열할 수 있는 Water Boiler System 등 기본적인 주방시스템을 갖추고 있어 탑재된 기내 식음료를 뜨겁게 제공해야 하는 것은 뜨겁게 가열하거나 데우고, 차갑게 제공해야 하는 것은 차갑게 Chilling한다.

식음료를 제공할 때에도 각 클래스별로 정해진 기물, 기용품을 사용하여 준비하게 되며, 서비스 시작 전에 기물 및 기용품의 청결도 및 상태를 점검하여 사용한다. 사용 후, 다음 편수에 인수인계할 기물이나 기용품은 세척하여 정위치에 보관한다.

2. 기내식의 개요

(1) 기내식의 특성

기내식은 주로 서양식이 주종을 이루나 서양식 이외에도 항공사에 따라 운항노선의 특성에 맞게 기내식으로 개발한 한식, 일식 및 기타 현지 메뉴도 제공되며, 비행구간 및 시간, 객실 등급에 따라 서비스 내용과 종류가 다르다.

First Class의 경우는 코스별로, Business Class의 경우는 Semi코스 방식으로 기내식음료를 Presentation 서비스하며, 일반석에는 Pre-Set Tray(한상차림) 방식으로 제공한다.

각 클래스별로 Main Entree는 승객의 욕구를 만족시키기 위하여 상위 클래스는 3~4 Choice를 제공하고 Economy Class에서는 2 Choice를 제공한다.

3. 기내 식음료의 분류

(1) 비행시간에 따른 분류

비행시간에 따라 Hot Meal과 Cold Meal로 나누어진다. Hot Meal은 비행 소요시간이 2시간 이상인 경우 재가열하여 Heating한 상태에서 서비스되는 식사이며, Cold Meal은 비행 소요시간이 2시간 이내인 경우가 해당한다.

- 6시간 이하 Flight : 1회 제공
- 6시간 이상 Flight : 2회 제공
- 12시간 이상 Flight : 3회 제공

(2) 현지 서비스 시간에 따른 분류

※ Breakfast : 오전 5시에서 오전 9시 사이에 제공되는 식사로서 오믈렛, 토스트 등 간단한 식사가 제공된다.

※ Brunch : 오전 9시에서 오전 11시 사이에 제공되는 식사이며 Breakfast 와 달리 소고기, 생선, 가금류를 이용한 요리가 제공된다.

※ Lunch : 오전 11시에서 오후 2시 사이에 제공되는 식사이다.

※ Dinner : 오후 6시에서 오후 10시 사이에 제공되는 저녁 식사이며 코스별로 준비된다.

싱가폴 항공 아침식사

※ Supper : 오후 10시부터 오전 1시 사이에 제공되며, 저녁식사와 비슷하나 더 간단한 메뉴로 준비된다.

※ Snack : Snack은 비행 구간에 따라 영화상영, 승객휴식, 기내 판매 전후로 적정한 시점에 제공하며, 기존의 Meal 서비스와 간격을 두어 제공한다.

(3) 좌석 Class 에 따른 분류

❶ First Class 기내식

싱가포르 항공
일등석 식사

서양식부터 동양식까지 코스별로 서비스되며 최상위 기물, 음료, 메뉴를 제공받게 된다. 국적 항공사의 경우 비빔밥, 불갈비, 도가니탕, 매생이국 등 노선별 특성에 맞게 전통 한국음식을 제공하기도 하며, 도착지 특성에 맞는 음식을 제공하기도 한다. 또한 On-Demand 서비스를 실시하여, 승객에게 맞추는 다양한 음식을 제공하고 있다. 기내 음료 또한 타 Class보다 고급화된 Wine, Liquor를 제공한다. 일부 항공사의 경우 일급 요리사가 직접 탑승하여 서비스하는 경우도 있다.

❷ Buisiness Class 기내식

일등석과 일반석의 중간 코스인 Semi Course로 일부 코스는 Presentation 서비스를 실시하며 식사를 제공하고 있다. 다양한 종류의 한식과 서양식을 제공하며, 노선별 특성에 따라 일식이나 현지 특별식이 준비되기도 한다. 노선에 따라 각국의 다양한 와인을 제공한다.

Cathay pacific
비즈니스석 식사

❸ Economy Class 기내식

일반적인 식사를 말하며, 서양식을 기본으로 하고 있으나 국적 항공사와 일부 외국 항공사에서 한식 서비스를 제공하고 있다. 한식 기내식으로 비빔밥, 쌈밥, 미역국 등을 선보이고 있다. Meal Choice는 2~3가지이며, Tray에 모든 코스가 Setting되어 있다.

(4) 특별 기내식(Special Meal)

특별식은 건강, 종교, 기호, 연령 등의 이유로 정규 기내식을 섭취하지 못하는 승객을 위하여 사전예약 주문을 통해 서비스된다.

❶ 건강상의 이유로 인한 조절식

- 저지방식(Low Fat Meal : LFML) : 1일 지방 섭취량을 30g 이내로 제한한 식사

- 당뇨식(Diabetic Meal : DBML) : 열량, 단백질, 지방, 당질의 섭취량을 조절하는 동시에 식사량의 배분, 포화 지방산의 섭취 제한 등을 고려한 식사
- 저열량식(Low Calorie Meal : LCML) : 체중조절을 목적으로 열량을 제한한 식사
- 저단백식(Low Protein Meal : LPML) : 육류, 계란 및 유제품 등 단백질 식품을 제한하여, 1일 단백질 섭취량을 40g 이하로 제한한 식사
- 저염식(Low Salt Meal : LSML) : 1일 염분의 섭취량을 5g 이하로 제한한 식사

❷ 야채식

서양채식(Vegetarian Lacto-Ovo Meal: VLML) : 생선 및 가금류를 포함한 모든 육류와 동물성 지방, 젤라틴을 사용하지 않고 계란 및 유제품을 포함하는 서양식 채식메뉴

- 엄격한 서양채식(Vegetarian Vegan Meal : VGML) : 생선 및 가금류를 포함한 모든 육류와 동물성 지방, 젤라틴뿐만 아니라 계란 및 유제품을 사용하지 않는 엄격한 서양식 채식메뉴
- 인도채식(Vegetarian Hindu Meal) : 생선류, 가금류를 포함한 모든 육류와 계란을 사용하지 않고 유제품을 포함하는 모든 동물성 식품 및 양파, 마늘, 생강 등의 뿌리식품을 사용하지 않는 엄격한 인도식 채식메뉴
- 엄격한 인도채식(Vegetarian Jain Meal) : 생선류, 가금류를 포함한 모든 육류와 계란, 유제품을 포함하는 모든 동물성 식품 및 양파, 마늘, 생강 등의 뿌리식품을 사용하지 않는 엄격한 인도식 메뉴
- 동양채식(Vegetarian Oriental Meal: VOML) : 생선류, 가금류를 포함한 모든 육류와 계란 유제품은 사용 불가하나 양파, 마늘, 생강 등의 뿌리식품은 사용 가능한 동양식 채식메뉴

❸ 종교상의 이유로 인한 종교식

- Hindu Meal(HNML) : 소고기를 먹지 않는 힌두교인을 위한 식사

- Moslem Meal(MOL) : 회교 율법에 따라 돼지고기와 알코올을 사용하지 않는 식사
- Kosher Meal(KSML) : 유대교 율법에 따라 조리하여 기도를 올린 것으로 돼지고기를 사용하지 않는 식사
- Vegetarian Meal(VGML) : 종교상, 건강상, 문화상의 이유로 육류를 먹지 않는 채식주의자의 식사

④ 연령상의 이유로 인산 영유아식

- Infant Meal(IFML) : 12개월 미만의 유아식
- Baby Meal(BBML) : 12개월에서 24개월의 유아식
- Toddler Meal(TDML) : 2세에서 6세 정도의 아동을 위한 기내식
- Child Meal(CHML) : 6~12세의 어린이용 식사

⑤ 축하 케이크

- **Birthday Cake**(BDCK) : 생일 축하 케이크
- **Honeymoon Cake**(HMCK) : 결혼 축하 케이크

4. 기물 취급요령

(1) Cart

❶ 종류와 용도

종 류	용 도
Meal Cart	• Meal 서비스 및 회수 • Entree 탑재
음료 Cart	• 음료 탑재 및 서비스
Serving Cart	• 신문서비스 • Headphone 서비스 및 회수 • Cart를 이용하는 식음료 서비스

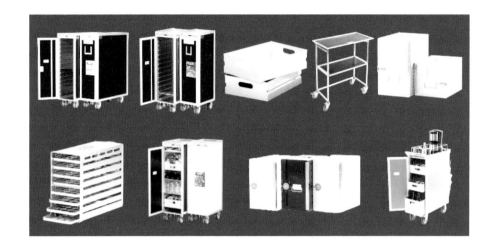

❷ 취급요령

🎖 Meal Cart

- Door를 여닫을 때에는 Locking 고리를 이용한다.
- Cart 정지 시 반드시 Pedal을 이용하여 고정시킨다.
- 이동 시 Cart 안의 내용물이 흐트러지지 않도록 조심스럽게 다룬다.
- Cart는 안정감 있게 두 손으로 잡고, Aisle를 지날 때에는 승객이 다치지 않도록 특히 주의한다.
- Cart를 이동할 때 체중을 싣지 않도록 유의한다.
- Cart에서 Meal Tray를 꺼내거나 넣을 때에는 무릎을 굽히고 자세를 낮추어 허리에 무리가 가지 않도록 주의한다.
- 사용 후에는 Aisle이나 Door 주변에 방치하지 않는다.

🎖 Serving Cart

- 상단에 Cart Mat를 깔고 사용한다.
- 상 · 중 · 하단을 펼쳐 Locking 고리로 고정한다.
- 원칙적으로 하단에는 서비스 용품을 놓지 않는다.
- Cart 중단에 있는 물품을 꺼낼 때에는 서비스하는 승객의 반대편 방향으로 몸을 이동한다.

● Cart를 이동할 때 체중을 싣지 않도록 유의한다.

● 사용 후에는 접어서 제자리에 보관하고 Aisle이나 Door 주변에 방치하지 않는다.

(2) Tray

❶ 종류와 용도

종류	용도
Large Tray	• Basic Meal Tray • 음료 서비스 및 회수 • 각종 서비스 및 회수
Small Tray	• Basic Meal Tray • 음료 등 Individual 서비스 및 회수 • Tea/Coffee 서비스
2/3 Tray	• Basic Meal Tray

❷ 취급 전 요령

● 사용 전 Tray Mat를 깔아 서비스 용품의 미끄러짐을 방지한다.

● 엄지손가락은 Tray의 장축을, 나머지 손가락은 아랫부분을 받쳐 잡는다.

● Tray를 잡을 때에는 긴 쪽이 통로와 평행이 되도록 하고 가슴과 수평이 되도록 하며, 그보다 낮거나 높게 들지 않는다.

● 서비스 시 승객에게 Tray 밑면이 보이지 않도록 하며, 옆구리에 끼거나 흔들고 다니지 않는다.

● 회수 시 Tray의 위치는 항상 통로 쪽에 위치하도록 한다.

● Cup 등 제공된 물품을 회수할 때에는 몸의 가까운 쪽부터 놓는다.

(3) Basket

❶ 종류와 용도

종 류	용 도
Bread Basket/Tongs	Bread, 땅콩 등 서비스
Towel Basket/Tongs	Towel 서비스 및 회수

❷ 취급요령

- 손바닥으로 Basket의 바닥을 받쳐 안정감 있게 잡는다.
- 서비스 중이 아닐 때 Tong은 Basket 아래에 두도록 한다.
- 바닥에 내려놓지 않도록 한다.

(4) Cup

❶ 종류와 용도

종 류	용 도
Plastic Cup(6oz)	주스, 칵테일 등 일반음료
Plastic Cup(4oz)	Wine
Paper Cup(6oz)	Coffee, Tea
Paper Cup(3oz)	Water Fountain용

❷ 취급요령

엄지, 둘째, 셋째 손가락으로 밑 부분을 잡고 넷째, 다섯째 손가락 은 Cup의 밑바닥을 받친다. 항공사 Logo가 있는 경우 승객의 정면에 오 도록 한다. 입이 닿는 Cup의 윗부분 은 만지지 않는다.

(5) Cutlery

종 류	취급요령
Knife Fork Spoon	• 목부분을 잡는다. • 개별 서비스 시 나이프는 칼날이 안쪽으로 향하도록 놓는다. • 테이블에 놓을 때는 포크는 왼쪽, 나이프는 오른쪽에 놓는다.

(6) Linen

❶ 종류와 용도

종 류	용 도
Small Linen	Bread Basket, Wine 서비스
Cart Mat	Serving Cart 상단

❷ 취급요령

- 청결한 상태로 구김이 가지 않도록 한다.

- 사용 후 제자리에 보관한다.

(7) 기물 사용 원칙

- 이륙 전 비행 준비 점검 때 탑재된 기물의 종류와 청결 상태를 확인한다.

- 사용하기 전 기물의 청결 상태를 다시 한번 확인한다.

- 기물은 서로 부딪치거나 소리가 나지 않도록 조심스럽게 다룬다.

- 음식이 닿는 부분, 입이 닿는 부분에 손이 닿지 않도록 주의한다.

- 사용 후 기물은 깨끗이 하여 제자리에 보관한다.

- 모든 기물은 경유지에서 하기하지 않는다.

5. 기내식 서비스의 기본 원칙

- 항상 밝은 표정과 명랑한 태도를 유지하며 올바른 서비스 매너를 갖추어 응대한다.

● 용모와 복장은 항상 청결하고 단정하게 한다. 특히, 장거리 비행 중에 수시로 용모를 점검하여, 항상 깔끔하고 단정한 모습을 유지하도록 한다.

● 서비스 시작 전후 반드시 손을 씻고 청결을 유지해야 한다.

● 음식을 직접 만지는 경우, 반드시 비닐장갑을 착용한다.

● 서비스 전 손에 로션을 바르지 않으며, 향수를 지나치게 많이 사용하지 않도록 한다.

● 모든 음료를 서비스할 때에는 Meal Tray 위에 서비스할 때를 제외하고, 반드시 Cocktail Napkin을 받쳐 서비스한다.

● Cart 서비스를 제외한 모든 음료서비스 시에는 반드시 Tray에 준비하여 서비스한다.

● 승객을 마주 보아 왼쪽 승객에게는 왼손으로, 오른쪽 승객에게는 오른손으로 서비스하되, 뜨겁거나 무거운 것을 서비스할 때에는 편한 손으로 서비스한다.

● 창 측 안쪽 승객부터 서비스하여, 남녀 승객이 같이 앉아 있는 경우라면 여자 승객에게, 어린이 동반 승객, 노인 승객에게 먼저 주문받고 서비스한다.

● 통로 측 승객부터 회수하되, 창 측 승객이 먼저 끝난 경우에는 통로 측 승객에게 양해를 구한 뒤 회수한다. 식음료를 서비스할 때와 회수할 때

에는 절대로 승객의 머리 위를 스쳐 지나가서는 안 된다.

- 음료 컵 회수 때에는 회수해도 좋은지 반드시 확인하며, 시간적 여유를 가지고 회수한다.
- 반드시 손님과 눈을 맞추고 바른 자세로 한마디라도 대화를 하며 서비스한다.
- 서비스 도중 머리를 쓰다듬거나 얼굴을 만지지 않는다.
- 승객과 대화할 때 승객의 팔걸이에 걸터앉거나 승객의 후방에서 이야기하지 않으며 좌석 등받이에 몸을 기대거나 손을 올려놓지 않는다
- 승객의 고유 영역을 침해하여 바짝 붙어서 소곤거리는 것을 삼가야 한다.
- 비행 중 승객 호출 버튼에 우선적으로 즉각 응대한다.

memo

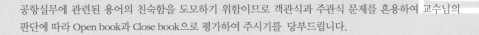
제6장 항공객실 서비스

공항실무에 관련된 용어의 친숙함을 도모하기 위함이므로 객관식과 주관식 문제를 혼용하여 교수님의 판단에 따라 Open book과 Close book으로 평가하여 주시기를 당부드립니다.

성명: 학번:

1. 다음 중 승무원 좌석에 대한 설명이 아닌 것은?

　① 승무원 좌석 주변을 Duty Station 이라고 한다.
　② 사용하지 않을 때는 좌석을 자동으로 접히게 한다.
　③ 모든 승무원 좌석에는 좌석벨트와 Shoulder Harness Type Belt로
　　 구성되어 있다.
　④ 승무원 좌석은 Spring Seat 이라고 한다.

2. 다음 중 객실 Galley에 장착되어 있는 장비가 아닌 것은?

　① Water boiler
　② Compartment
　③ Overhead bin
　④ Micro Oven

3. 다음중 화장실 휴지통 내부에서 화재 시 자동 진화 할 수 있는 소화기는?

① H_2O 소화기

② 열 감지형 소화기

③ Halon 소화기

4. 다음 중 비행중 응급환자 발생 시 전문적인 치료를 하기 위한 의료품과 의료 기구를 보관한 Kit으로, 반드시 의사 면허를 소지한 자가 사용할수 있는 장비는?

① Medical Bag

② Emergency Medical Kit

③ First Aid Kit

④ Universal Precaution Kit

5. 다음 영유아식 중 맞게 표시된 것을 고르시오.

① Infant Meal : 6개월 미만의 유아식

② Baby Meal : 12개월에서 20개월의 유아식

③ Toddler Meal :2세에서 6세 정도의 아동을 위한 식사

④ Child Meal: 4~13세의 어린이용 식사

memo

INTRODUCTION TO AIR
TRANSPORTATION
SERVICE

저비용 항공사 및 지상조업

**항공운송
서비스개론**

↗

CHAPTER 07

저비용 항공사 및 지상조업

01 저비용 항공사

1. 저비용 항공사의 개념 및 현황

(1) 저비용 항공사의 개념

저비용 항공사는 일반항공사(FSC : Full Service Carrier)에 비하여 부가서비스를 줄여서 비교적 저렴한 가격으로 운영되는 항공사를 말한다.

해외 문헌에서는 저비용 항공사를 LCC(Low Cost Carrier), Low Fare Airline, No Frills Airlins, Discount or Budget Carrier라고 부르며, 국내에서는 '저가 항공사' 또는 '저비용 항공사'라고 부르고 있다.

저비용 항공사는 1970년대 후반에 미국과 유럽의 항공자유화를 계기로 출현하게 되었다. 사우스웨스트 항공이 출범한 이후에 많은 항공사들이 설립되어서 국제 운송 시장에 큰 영향을 미치고 있으며, 최근에 증가하는 아시아 항공운송분야의 발달로 인하여 이 지역에서도 크게 활성화될 것으로 기대되고 있다.

국내에서는 2005년 현재 티웨이항공의 전신인 한성항공이 청주·제주 간 75인승 캐나다 봄바디스사의 항공기를 도입하여 운영한 것이 저가 항공의 효시다. 현재는 제주항공, 에어부산, 이스타항공, 진에어, 티웨이항공, 에어서울 등 총 6개 항공사가 운항하고 있다. 국내 저비용 항공사의 특징은 초기 지역기반으로 출발하여 성장하였으며, 국제선을 목표로 일정 기간 국내선 운항 후 중국, 일본, 동남아 노선을 개설하여 영업하고 있다.

저비용 항공사는 기존 대형 항공사에 비하여 기내 서비스를 줄이고, 또한 승무원의 법정 인원 유지, 기내식 유료화, 단일 기종 유지, 단일 좌석등급 정책을 추진하여, 높은 항공기 활용률을 통한 공급 원가 절감에 역점을 둔다. 또한 마케팅 측면에서는 항공권의 인터넷 판매 중심으로 운영함으로써 대리점 판매 수수료를 최소화하고 e-Ticket 시스템을 활성화하여 비용을 최소화하는 운임체계를 도입하여 항공기 이용객의 욕구에 부합되는 가격정책을 실시하고 있다.

(2) 국내 저비용 항공사 현황(출처 : 한국공항공사 2017.07.15)

구분	기종별	JJA	JNA	ABL	ESR	TWB	ASV	계	비고
여객기	A380-800								
	B747-8								
	B787-9								
	A350-900								
	B747-400								
	B777-300								
	B777-300ER								
	B777-200		4					4	
	A330-300								
	A330-200								
	B767-300								
	B737-800	29	19		14	19		81	
	B737-900								
	B737-900ER				1			1	
	B737-700				3			3	

구분	기종별	JJA	JNA	ABL	ESR	TWB	ASV	계	비고
여객기	A321-100								
	A321-200			14			4	18	
	A320-200			6				6	
자가용	737-700								
	BD-700								
	소계	29	23	20	18	19	4	113	
화물기	B747-8F								
	B747-400F								
	B777F								
	B767-300F								
	소계								
	총계	29	23	20	18	19	4	113	

(3) 해외 저비용 항공사 현황

구분	항공사	비고
미국	사우스웨스트 항공, 프론티어 항공, 에어트랜, 제트블루 항공	
일본	AirAsia Japan, Jetstar Japan, 스카이마크	
영국 · 아일랜드	Easy-Jet, Lion-Air	
오스트레일리아	Jet-Star, Virgin-Australia	
싱가포르	타이거항공, 제트스타 아시아	
태국	녹에어, 타이 에어아이사	
말레이시아	에어아시아	
독일	에어베를린	
베트남	제트스타 퍼시픽, 비엣제트 항공	
대만	부흥 항공, 유니 항공	

2. 국내 저비용 항공사 수송실적

(1) 국내선

- 국내선의 경우 아시아나항공㈜에서 출자한 에어서울이 '16년에 신규운항허가를 얻어 취항함에 따라 6개사가 본격적으로 경쟁하는 저비용 항공 시대를 열게 되었다.

- 기존 제주항공 등 5개사에서는 꾸준히 신규 항공기 도입을 추진하는 한편 제주, 부산, 대구, 광주, 청주 등 지방 주요도시를 근거로 대한항공, 아시아나항공이 독점하는 노선에 저렴한 운임전략을 앞세우면서 안정적인 시장안착에 성공하고 있다.

- 2016년 저비용 항공사의 국내선 운항 및 여객 점유율은 각각 53.11%와 56.80%를 기록하는 등 꾸준한 상승세를 보이고 있다.

🏛 국내선 저비용 항공사 수송실적 : 2016년, 한국공항공사 항공통계자료

항공사		운항(출+도착)		여객(출+도착)	
		편수(회)	점유율	인원(명)	점유율
LCC	에어부산	46,380	12.14%	7,448,888	11.86%
	에어서울	1,276	0.33%	197,498	0.31%
	이스타항공	32,414	8.48%	5,134,064	8.17%
	제주항공	52,354	13.70%	9,205,968	16.66%
	진에어	38,400	10.05%	7,991,690	12.72%
	티웨이항공	32,054	8.39%	5,691,494	9.06%
	계	202,878	53.11%	35,669,602	56.80%
FCC(KAL,AAR)		179,116	46.89%	27,120,342	43.20%
합계		381,994	100%	62,789,944	100%

인천공항 포함 전국공항 실적임

3. 저비용 항공사의 영업 전략

구분	저가 항공사(LCC)	대형 항공사(FSC)
브랜드	단일 : 낮은 운임	다양화 : 운임, 서비스
가격	단순한 구조	복잡한 구조
판매	인터넷, 직접 판매	인터넷, 직접 판매, 여행사
Check-In	Kiosk, e-티켓	Kiosk, e-티켓, 종이 항공권
Net Work	Point to Point	Hub & Spoke
좌석 등급	단일 클래스	다양한 클래스
기내 서비스	부가 서비스 없음	기내식, 음료, 도서
항공기 활용도	집약적	평균, 집약적
항공기 기종	단일 기종	다양한 기종
운항 빈도	30분, 활용도 극대화	복잡, 효율화
고객서비스	평균 이하	최대화(Full service)
공항	이차(Secondary) 공항	일차(Major) 공항
운영	여객 운송 핵심 사업 치중	여객 및 화물 운송
표적 고객	Leisure, 가격 민감 고객	비즈니스, Leisure
서비스	마일리지 적립, 공항 라운지 없음	마일리지 적립, 공항 라운지 제공

4. 저비용 항공사의 발전 방향

(1) 기종 단일화

대부분 저비용 항공사는 항공기 기종을 단일 기종으로 편성한다. 기단 단일화의 목적은 기재운영 측면에서 원가 절감을 이룰 수 있기 때문이다.

첫째, 조종사 및 기내 승무원에 대한 훈련비용 절감과 인력 유동성 확보가 가능하여 승무원 수도 절감할 수 있는 장점이 있다. 기종에 따라 조종사 및 승무원은 별도의 훈련과정을 이수해야 하므로 기단이 상이할 경우 훈련비용과 시간이 추가로 투입되어야하기 때문이다.

둘째, 항공기 예비 부품의 양이 혼합 기종을 운용할 때보다 적게 운용할 수 있고 불필요한 관리비용을 줄일 수 있어 항공기 유지보수 비용을 줄일 수 있는 장점이 있다.

(2) 기내 서비스 최소화

승객에게 음료, 기내식 등 기내 서비스를 제공하지 않거나 원하는 승객에게 유상으로 제공한다. 음료, 기내식에 소요되는 서비스 비용을 제거함으로써 항공요금을 낮추기 때문이다. 또한 기내 서비스 최소화 정책은 승무원 수를 최소화할 수 있는 장점이 있다.

(3) 좌석 밀집

1등석, 비즈니스석, 일반석 체계를 일반석(이코노미석)으로 단일화하고 나아가 좌석 간격을 최소화하여 탑승인원을 최대화한다. 탑승인원을 최대화함으로써 여객당 비용의 최소화가 가능하기 때문이다.

(4) 주변 보조공항 이용

저비용 항공사들은 혼잡한 대형 관문공항 대신 주변 공항, 제2공항(Secondary airports)을 이용한다. 주변 공항은 착륙료 등 공항시설 사용료가 저렴하고 혼잡하지 않아 항공기 도착 후 곧바로 출발이 가능(Turn-around)하여 항공기 운항횟수를 최대로 활용이 가능하다. 영국의 경우 런던의 대표 공항인 히드로공항은 중·장거리 대형 항공사가 주로 이용하고 주변의 Luton공항이나 개트윅공항 같은 경우 저비용 항공사가 주로 이용하고 있다. 국내의 경우에도 청주, 김해, 양양 등 지방 국제공항에 저비용 항공사의 취항이 늘어나고 있는 추세이다.

(5) 화물운송 제외

항공기 기재 활용률을 최대로 높이기 위해 시간이 많이 소요되는 화물운송 서비스는 하지 않는다. 화물운송으로 시간 지체가 발생하고 나아가 지상조업에 추가비용이 발생하기 때문이다.

(6) 지점 간 운송(Point-to-Point)

저비용 항공사 운항노선은 지점 간 운송(Point-to-Point)을 기본으로 한다. 다른 항공편과 연결서비스를 할 경우 항공편 지연 발생에 따른 항공기 활용률이 저하되기 때문에 대부분의 저비용 항공사는 다른 항공사와 연결협정을 맺지 않으며, 다른 항공편과의 연계 수송도 배제한다.

(7) 판매관리비용 절감

항공권 유통 및 판매비용 절감을 위해 인터넷을 활용한 전자판매가 활성화되고 있으며 공항 내에서는 무인 자동발급기를 이용하고 있다. 전자판매 활성화는 여행사와 대리점을 거치지 않음으로써 판매비용을 절감할 수 있고 자동발급기는 지상 인력을 최소화할 수 있기 때문이다. 또한 공항이용 시 탑승교 대신 자체 턴어라운드 할 수 있는 리모트 주기장을 이용한다. 소속 승무원 기내 업무외 발권, 지상조업 등 서비스를 병행하기도 한다.

5. 최근의 국내저비용항공사 동향

(1) 시장 과밀화

현재 국내 저비용 항공사는 2016년말 기준 6개사로 영업중이나 신규로 시장에 진입을 준비하는 항공사가 늘어 나고 있다.

강원도 양양국제공항을 기반으로하는 플라이양양, 충북 청주공항을 기반으로하는 에어로K 등이 취항을 가시화하여 빠르면 2017년초에는 운항이 예상된다. 이외에도 경남의 남부에어, 경북의 포항에어 등이 취항이 거론되어 지고 있다.

이에 따라 국내 항공시장은 기존 운항 항공사에 신규 출범 항공사 등이 가세하여 치열한 경쟁을 예고하고 있다.

(2) 중장거리 국제노선 사업 확장

저비용 항공사간의 치열한 경쟁에 따른 기존의 단거리 국제노선만으로는 수익성을 담보할 수 없고 오히려 악화되는 현상이 발생함에 따라 각 LCC사에서는 생존을 위해서는 신규 지역인 호주, 유럽, 미주 등 중장거리노선에 시각을 돌려 노선개설을 추진하고 있다.

예를 들어 대표적인 저비용 항공사인 티웨이항공은 2020년부터 중대형기를 도입해 유럽과 북미노선에 취항하겠다고 밝혔고, 현재 국내 LCC중 유일하게 B777 (400석 규모) 4대의 대형 항공기를 운영중인 진에어는 이미 2015년에 하와이 노선을 운항하고 있으며 작년에는 호주까지 노선을 확장하였다.

그 외 제주항공은 저비용 항공사 제휴체인 '밸류얼라이언스'에 가입해 필리핀 제휴사인 세부퍼시픽과 연합해 인천-필리핀-호주 노선을 운영하고 있다.

6. 저비용 항공사의 발전 방향

❶ 대형 항공사와 인적·물적 서비스 차별화로 고객접점에 성공하고 있는 저비용 항공사의 진출은 지역적인 특성에 의하여 출범되었으며, 정부의 항공운송 산업 발전에 큰 역할을 담당하고 있어서 향후에도 정부와 지자체의 지속적인 관심과 재정적 지원이 필요할 것으로 판단된다.

❷ 특정 지역을 기반으로 성장하고 있는 저비용 항공사는 지역 경제와 지역민의 욕구 충족을 위하여 다양한 마케팅 기법을 도입해야 할 것이다.

❸ 지역 항공의 사업 범주에서 벗어나서 해외 취항 및 운송에서도 성공하기 위해서는 항공기의 안전성, 정시성, 쾌적성, 공공성 등을 갖추고 일반 관리비의 절감 및 기내 서비스를 최소화하면서 아울러 고객의 기대에 부응하여야 한다.

02 지상조업

1. 공항 지상조업의 개념 및 현황

(1) 지상조업의 개념

대한민국 항공법 제137조에서 정의한 "항공기 취급업"은 항공기의 정비, 수리, 급유, 하역 등 기타 지상조업을 하는 사업을 말한다."라고 규정하고 있다.

또한 경제협력개발기구(OECD)의 항공운송 분야 발전 보고서에는 "지상조업은

공항에서 항공기의 도착과 출발을 위해 필요한 서비스를 말하며, 항공교통관제에서 제공되는 서비스는 제외한다."라고 정의한다. 공항에서 비행기와 관련해서 제공되는 일련의 지원업무이며, 여객청사를 통한 여객, 수하물 및 화물의 이동 그리고 주기장의 항공기 재출발작업 등을 말한다.

아울러 "지상조업은 터미널과 램프조업으로 구분되며 항공기 정비와 수리는 포함하지 않는다. 다만, 항공기가 출발 주기장에서 대기하는 동안에 실시하는 간단한 경정비(Line 정비)는 지상조업의 일부로 간주된다."라고 정의하고 있다.

또한 국제항공운송협회(IATA) 산하 지상조업위원회는 여객, 운항, 화물, 램프, 항공기 청소 등 8개 분야를 지상조업으로 규정하며, 지상조업의 개념을 "공항의 여객 및 여객수하물의 수속 및 이동지역의 화물의 탑재와 항공기 급유 및 내·외부 청소, 기내식 조리 및 탑재 지상조업장비의 유지·관리 등 공항에서 항공사, 여객, 화물의 처리에 제공되는 모든 서비스를 수행하는 것이다."라고 정의한다.

2. 지상조업의 종류

(1) 여객 서비스

항공기 이용승객에 대하여 여객터미널에서 제공되는 서비스로서 초기에는 주로 해당 항공사 직원들에 의하여 직접적으로 이루어졌으나, 최근 들어서는 협력사를 선정하여 협력사 직원들과 항공사 직원들이 공동으로 수행하는 추세이다.

주된 업무는 항공기 예약, 탑승수속 및 발권, 탑승구(Boarding-Gate) 안내, 환승승객 안내 및 수속, 항공기 입·출항, 운항계획과 승무원에 대한 운항 브리핑 등을 실시하며, 환자 또는 특별관리 승객 및 애완동물 관리와 같이 고객접점의 핵심적인 업무를 담당하고 있다.

탑승객과 밀접하게 접촉하면서 고객서비스 만족 정도를 결정하는 주요 업무를 담당하는 직원들에게 해당 항공사 및 조업사는 지속적으로 서비스 교육을

실시하는 한편, 이들 내부 고객의 신분 보장 및 성과관리를 실시하고 해당 항공사의 인지도 향상을 위한 노력을 실시하고 있다.

표 7-1 승객 서비스 체계도

구 분	탑승 절차	항공기 탑승	항공기 출발	항공기 도착	비 고
담당 업무	• 항공권 및 여권 확인 • 수하물 위탁 • UM, 환자, VIP 수속 • 통과여객 수속	• 항공기 탑승 • 항공기 출발 보고 • 항공기 Load-control • 항공기 운항정보	• 전문 발송	• 항공기 도착 보고 • 수하물 서비스	

(2) 이동지역(Ramp) 서비스

항공기가 활주로에 착륙하여 터미널에 진입하여 주기하거나, 이륙하기 위하여 유도로를 거쳐서 활주로에 진입할 때까지 항공기에 제공되는 일련의 지상 조업 과정을 지칭한다.

표 7-2 지상조업 서비스 체계도

구 분	탑승 절차	항공기 탑승	항공기 출발	항공기 도착	비 고
담당 업무	• 항공기 유도/주기 • 조종실 통신장비 점검 • 지상동력 장비 점검	• 수하물/화물 처리 • 항공기 내·외부 세척 • 기내식/용품 처리 • 이동지역장비 운용	• 항공기 견인 • 항공기 제빙	• 항공기 도착 보고 • 수하물 서비스	• 제빙 : 동절기에 항공기 외부의 결빙 부분을 제거하는 작업

- 항공기 유도(Marshalling) : 항공기가 착륙 후 청사에 진입할 시, 유도사가 수신호로 인도하는 것
- 토잉, Push back : 보통 항공기는 후진을 못하므로 장비를 이용하여 이동시킴

- 화물, 수하물 상 · 하역 : 항공기에 화물 또는 수하물을 적재, 적하하는 업무
- BSA : 수하물 분류지역으로 행선지, 편명별로 수하물을 분류하여 항공기로 운반
- Ramp bus 운전 : 승객, 승무원 수송 버스 운전
- 전원공급 : GPU라는 장비를 항공기에 연결하여 전원을 공급해 줌
- 용수공급, Lavatory^(화장실) 서비스
- Cabin cleaning ^(기내 객실청소)

(3) 항공기 급유 서비스

정유사로부터 운송된 항공유(JET A-1)를 정해진 시간 동안 저장탱크에서 침전시킨 후, 품질에 이상이 없는 항공유를 선정하여 하이드란트(Hydrant)와 급유장비를 이용하여 항공기에 급유하는 절차를 말한다.

- 항공유 판매(Aviation fuel selling)
- 항공기 급・배유(Refueling & defueling)
- 하이드란트 시설 관리(Hydrant system maintenance)
- 항공유 품질 관리(Aviation fuel quality control)

(4) 기내 제공 서비스

항공기 탑승객에게 제공되는 기내식의 메뉴 개발, 조리, 위생관리와 항공기 운항 일정에 따라서 기내식 및 기내 용품을 탑재한다.

- 기내식 조리(Cook in flight meal)
- 기내식 탑재 및 하기(Loading & Unloading for In flight meal)
- 기내 용품 생산・보관・보수(Production for articles for flight・Storage・Repair)

(5) 항공기 정비

항공기가 승객을 탑승하고 출발 전에 간이 점검을 실시하고 필요 시 정비 관련 부서 및 담당자가 협의하여 정비를 실시하고 그 결과를 일지에 기록 유지한다.

- 항공기의 약식 점검 및 수리
- 항공기 부품 보관 및 제공
- 항공기 정비 일지 작성

(6) 운항 관리 서비스

운항 승무원들의 항공기 비행에 필요한 비행계획서(Flight plan)를 작성하고 운항브리핑 등을 실시한다.

- 비행계획서의 작성 · 브리핑
- 운항구간의 기상정보 수집 · 분석 · 브리핑
- 항공기 경로에 발효 중인 항공 고시보(Notice to Airman) 제공

(7) 부대 서비스

- 지상조업 장비의 제작, 관리유지
- 기용품의 관리 유지

3. 지상조업 계약

지상조업은 항공사와 전문조업체가 직접 실시하는 부분과 외부에 아웃소싱을 하는 분야가 있다. 조업계약은 항공사 간에 상호주의를 채택하는데, 이는 국제선 항공사와 국내 항공사 간에 취항하는 국가에서 실시하는 지상조업 사례를 준용하는 것이다. 지상조업계약서의 형식은 IATA에서 제시한 표준계약서를 사용하며, 계약기간은 2년으로 하고 1년에 1차례씩 국제항공운

송협회 지상조업총회(IATA Ground Handling Council)의 정기총회를 개최하여 필요사
항을 논의한다.

📖 계약서 기재사항

구 분	형 식	기 간	업 무	해지 시	비 고
지상 조업	ICAO 표준	2년	• 여객 지원 • 화물 지원 • 기내식 분야 • 항공기 정비 • 급유	3개월 전에 사전 통보	본 계약서(Main Agreement)와 부속서 (Annex A.B) 구분

📖 표 7-3 표준 지상조업 용역 계약서

본 계약서	부속서 A	부속서 B
서비스 제공	설명회, 서류, 실사	용역 및 비용
품평회	여객 서비스	추가 서비스 및 비용
용역 하도급 계약	이동지역 서비스	지불
항공사 대행	로드 컨트롤, 통신, 운항 관리	책임의 한계
작업 기준	화물 & 우편 서비스	책임 구역
보수(Remuneration)	서비스 제공	서비스 전달
회계 & 정산	보안	정산
책임 & 보상	항공기 정비	관리 & 행정
중재(Arbitration)		통보
날인, 책임, 등록		법률 준수
유지, 수정, 정리		

자료 : IATA 공항조업 매뉴얼(2004년 개정)

4. 국내 · 외 주요 지상조업사 현황

업체명	주요 사업	해당 공항
한국공항(KAS)	급유업, 하역업, 지상조업	전국 공항
아시아나에어포트(AAP)	급유업, 하역업, 지상조업	전국 공항
샤프에비에이션케이(SHARP)	급유업, 하역업, 지상조업	김포, 제주, 청주, 대구, 광주
동보공항서비스	하역업, 지상조업	김포, 대구
에어코리아	지상조업(발권서비스)	전국 공항
스위스포트코리아(Swissport)	하역업, 지상조업	인천
SATS(Singpore Airport Terminal Service)	-	싱가포르(창이공항) 등

memo

제7장 저비용항공사 및 지상조업

공항실무에 관련된 용어의 친숙함을 도모하기 위함이므로 객관식과 주관식 문제를 혼용하여 교수님의 판단에 따라 Open book과 Close book으로 평가하여 주시기를 당부드립니다.

성명: 학번:

1. 저비용항공사(Low Cost Carrier)에 대하여 설명하세요.

2. 저비용항공사의 특성이 아닌 것을 고르세요.

① 높은 항공 요금

② 단순한 구조

③ 집약적

④ 단일 좌석 등급

3. 저비용 항공사의 영업 전략이 아닌 것을 고르세요.

① 기종 단일화

② 기내 서비스 최소화

③ 주변 보조 공항 이요

④ 기내식 및 음료 무상 제공

4. 지상조업(Ground Handling)의 종류가 아닌 것은??

① 여객 서비스(Passenger Service)

② 이동지역(Ramp)서비스

③ 항공기 정비(Maintenance)

④ 주차 대행(Ballet Service)

memo

INTRODUCTION TO AIR
TRANSPORTATION
SERVICE

국제항공운송 협약 및 국제기구

항공운송
서비스개론

CHAPTER 08

국제항공운송 협약 및 국제기구

01 국제항공운송협약

　국가 간에 체결된 항공협정을 바탕으로 상대국의 영공에서 유상으로 여객과 화물 및 우편물을 운송할 목적으로 항공사가 실시하는 항공운송에 관한 계약이다.

　제2차 세계대전이 끝나고 전투기의 기능을 마친 항공기의 활용 연구에 따라 국가 간의 교역이 증가하고 또한 각종 이해와 갈등이 발생하여 국제항공질서의 확립이 필요하게 됨에 따라서, 이해 당사국들이 파리에서 회합을 갖고 그 결과 세계 최초로 영공주권주의를 인정하게 되었다.

　파리조약은 1919년 10월 13일 체결되어 1922년 7월에 발효된 항공에 대한 최초의 국제공법으로서, 1944년 성립된 국제민간항공의 모델이 된 조약이며, 제2차 세계대전 이후 국가 간에 영공주권주의 개념이 대두됨에 따라 타국의 영공을 비행하거나 영역에 착륙할 수 없게 되었다. 이에 따라 상업항공기에 대한 포괄적인 허가를 얻어 안정적인 운항을 위해서 제정된 조약이다.

조약내용에는 영공주권의 확립과 항공기의 국적 및 등록, 항공안전에 대한 중요 원칙이 규정되어 있다.

국제항공운송에 대한 규제는 크게 항공노선이 개설되는 해당 국가 정부 사이에 체결되는 양국 간 규제와 국제항공기구에 참여하고 있는 여러 국가 간에 공통으로 적용되는 국제항공협약과 같은 다국 간 규제로 나누어진다.

이와 같이 국제항공운송협약은 항공운송시장에 대한 질서를 확립하고 규제하며, 이해 당사국 간에 발생할 수 있는 문제를 사전에 방지하고 관련 국가 간의 의무와 책임 한계를 명확하게 규정하는 기능을 수행한다.

먼저 양자 간 규제(Bilateral regulation)란, 항공운송노선이 개설되는 양국 사이에 항공협정을 맺어서 양국 사이를 운항하게 될 항공기의 기종, 공급좌석 수, 운항 횟수 및 영업적 이해관계를 협의하고 결정함으로써 양국 간의 권리와 의무를 확정하는 것이다. 최초의 양자 간 항공협정은 1946년에 미국과 영국 사이에 체결된 "버뮤다 협정"이다. 협약 당국 간에 항공운송에 따른 이해관계를 절충하고 조정하는 유용한 방법으로 이용되고 있으며, 이를 기반으로 지금까지 양국 간에 체결되는 상무협정의 표준모델이 되고 있다.

또한 다자 간 규제(Multilateral regulation)는 3개국 이상의 관련 당사국 또는 항공사 간에 체결된 규제로서 국제민간항공기구(ICAO)나 국제항공운송협회(IATA) 또는 지역별 항공기구와 같은 항공 관련 국제기구가 회원으로 가입한 국가 및 항공사 간에 체결한 상무협정이나 협약형태로 체결된 상호 규제를 뜻한다. 다자 간 국제협약은 최초로 1919년 프랑스 파리에서 전 세계 38개국 대표가 모여서 각국의 영공권을 인정하고 국제항공운송의 규율을 제정하였다.

또한 1926년의 마드리드 조약, 1928년 항공운항을 규제한 하바나 조약과 1944년 시카고 국제민간항공회의에서 결정된 국제민간항공협약 등이 다자 간 협약의 대표적 사례이다.

02 항공사의 전략적 제휴

1. 항공사 간 전략적 제휴의 개념

항공사의 전략적 제휴란 개별 항공사가 자신들이 보유하고 있는 자산의 활용능력을 극대화시키기 위한 정책으로서 자신들이 취항하는 운항지역을 제휴를 통하여 확대시킴으로써 제휴 항공사의 경쟁력을 향상시키는 것이다.

항공사 간의 상업적 제휴인 마케팅 제휴는 각각의 항공사가 자산을 독립적으로 운용하고 독립적인 경영활동으로 자신들의 기업 목표를 추구하면서 타 항공사와 마케팅 관련 제휴를 체결하는 것이다.

항공기의 공동운항 및 항공기 좌석 공동 판매와 이윤 배분, 공동지상조업과 코드 쉐어링 등이다. 또한 제휴 항공사 간에 공동의 기업 목표를 설정하고 이를 달성하기 위하여 자사 인력이나 운송 권한 등 인적·물적 자산을 통합하여 공동으로 운영하는 제휴형태이다.

2. 제휴의 이점 및 효과

항공사 간의 제휴의 목적은 국제운송시장에서 영향력을 행사하는 대형 항공사들이 기존의 영향력을 유지하기 위한 수단으로 활용되고 있다.

미국의 주도로 항공운송 분야의 각종 규제가 없어지면서 수많은 신규 항공사들이 태동되었으나, 항공사 간의 치열한 경쟁으로 신규 항공사들은 기존의 대형 항공사들에 의하여 통·폐합되게 되었다.

또한 통합되지 않고 생존하고 있는 항공사 간의 제휴는 항공운송시장에서 강화된 경쟁력으로 마케팅 측면에서 우월적 지위를 차지할 수 있고, 특정 항공노선을 여러 항공사가 분할하여 수송하던 수요를 제휴 항공사가 통합하여 운송 할 수 있다.

그 결과, 항공기 탑승률을 향상시키며 공항의 사무실, 라운지, 항공사 출국 수속 카운터와 각종 시설 등, 즉 인적·물적 자산의 공동 사용으로 비용 절감 및 위험 감소로 국제항공 운송시장에서 과도한 경쟁을 피할 수 있고, 해당 정부나 국제항공기구로부터 각종 규제나 제약을 벗어날 수 있다.

3. 항공사 전략적 제휴의 추세

1) 항공산업의 세계적 추세

세계항공 운송업계는 거대한 제휴 그룹을 중심으로 시장구조가 재편되는 것처럼 보이고 있다.

항공운송업계 최초의 제휴 그룹인 스타 얼라이언스(Star Alliance)의 등장 이후에, 국제항공운송시장의 영향력을 유지하였던 개별 항공사 간 또는 지역적인 파트너 관계에서 벗어나 서로가 상생할 수 있도록 글로벌 제휴를 추진하고 있다.

즉, 제휴 항공사 간에는 CRS의 공동사용, 항공권 공동발권, 위탁수하물의 자동 연계, 운항편명 공동 사용(코드 쉐어링) 등을 통하여 고객서비스를 향상시키고 비용을 절감하고 있다.

특히, 비용절감의 일환으로 종업원 감축과 수익성이 없는 노선으로부터의 철수 및 잉여 항공기의 처분과 항공기 신규구매 계획 등이 연기되고 있으며, 조직 개편 등이 급속하게 이루어지고 있다. 또한, 세계적인 노선망 구축을 통한 항공사의 세계화는 항공사들의 그룹화 및 항공사들 간의 제휴 또한 가속화시키고 있다.

한편, 이상의 추세와는 다소 상반되게 지역주의(Regionalism)가 확산되고 있는데, 이미 유럽지역의 EU가 거대 경제블록으로 등장하여 세계경제의 중요한 요소이며, 북미지역의 NAFTA와 아시아·태평양지역 국가의 이익을 대표하는 APEC의 결성은 그 대표적인 추세라고 할 수 있을 것이다.

2) 항공사 간 글로벌 제휴의 배경

글로벌 제휴의 배경으로는 미국이 주도하고 있는 영공개방정책(Open Sky)과 1979년 미국 항공업계의 규제완화에 따라 미국의 몇 개 거대 항공사의 항공운송시장 독점 및 급속한 시장 점유를 막기 위한 노력이다.

이는 미국의 오픈 스카이 정책과 미국의 초대형 항공사들을 상대로 소규모의 항공사들이 스스로 수익성 있는 국제노선을 개발하고 새로운 항공서비스를 제공하는 것에 한계를 갖게 되어서, 각 대륙이나 지역을 대표하는 항공사들이 모여서 네트워크와 고객관리 프로그램을 개발하고 공유하는 방안을 추구하는 데서 비롯된 것이다.

이와 같이 항공사들 간의 제휴가 활발한 것은 제휴를 통하여 네트워크 범위를 확장시키고, 운송시장에서 자사의 경쟁력을 강화시켜서 항공노선을 증가시키려는 목적이다. 아울러 제휴사 간에 시설 및 인력 등과 같은 자원의 공유를 통하여 비용절감을 실현하는 것이다.

아메리칸 항공사(AA) 등과 같은 미국의 대형 항공사들은 자국 내의 강력한 시장 경쟁력을 바탕으로 항공노선의 '허브 앤 스포크(Hub & Spoke)'를 추진하는 최저 원가요금 전략으로 거대한 국제항공운송노선을 장악하고 있다. 대형 항공사들은 CRS(컴퓨터 예약시스템) 등을 공유하여 고객관리 또한 우위를 차지하고 있다.

영국 정부는 미국 항공사들의 저원가 전략에 대응하고, EU시장 방어를 목적으로 영국항공(BA)의 제2민항인 브리티시 칼레도니언(BC)을 통·폐합하며, 국영기업인 영국항공을 과감하게 민영화시켜서 경쟁력을 강화하였다.

프랑스의 제1민항인 에어프랑스(AF)는 미국의 거센 공략에 대응하고 유럽시장의 우위 확보를 위하여 제2민항인 U.T.A, 제3민항인 에어인턴(AI)을 흡수·통합해 규모를 확대시켰으며, 독일의 루프트한자와 상호 지분참여를 통한 동맹을 강화하였다.

3) 항공사 간 전략적 제휴 환경

(1) 환경의 변화

1970년 말부터 미국의 주도로 시작된 규제완화는 항공사에게 폭넓은 항공운송에 관한 자율권을 보장해주는 계기로 전환되었으며, 캐나다·EU 등의 국가들도 항공운송과 관련된 규제를 철폐하고, 국내 시장에서의 항공자유화를 전격적으로 실시했다. 규제완화 및 자유화에 있어서 가장 큰 특징은 자국 내의 항공시장 이외에도 지역 내 영공자유화 블록이 형성되었다는 것이다.

❶ 규제완화의 특징

규제완화와 시장자유화로 나타난 가장 큰 특징은 신규 항공사들의 항공운송시장 진입이다. 유럽의 경우, Virgin Express, Easy-jet, Debonair, Lyanair, Air One 등의 저가 항공사들이 새로 합류하였고, 일본에서도 규제를 대폭 완화하는 항공법을 개정하여 항공운임의 탄력적 적용으로 신생 항공사들이 설립되었다. 유럽은 지역 내 자유화가 이루어지면서 항공사 간의 시장 배분도 적절하게 이루어졌다.

❷ 유럽 항공시장의 개방

1997년 4월 1일, 유럽 항공시장이 개방됨에 따라 EU 항공사들은 역내 운송권(Cabotage)을 얻게 되었다. EU 항공사들 간의 전략적 제휴로 상용고객 우대 프로그램, 코드 쉐어링 등이 이루어지고 있다. 그 결과 EU의 항공시장은 미국에 대응할 수 있는 거대 단일시장으로 탄생되었고, 제3국의 항공사와도 경쟁할 수 있는 요금체계를 갖추게 되었다.

(2) 전략적 제휴의 효과

항공사 간 전략적 제휴의 효과는 항공사들이 비용절감과 신규 노선 개척 부담을 없애기 위하여 타 항공사와의 제휴를 통하여 기존의 노선망에 자사의 운

송권을 확대하는 효과를 갖게 된다. 경쟁 지역에서도 타 항공사들의 자사 노선
망 진입을 막기 위한 수단으로도 활용된다. 자본투자 제휴의 목적 및 효과는
해당 항공사 간의 인원 및 시설의 공동 사용으로 일반 관리 비용을 줄이고, 상
호 간의 지분교환을 통해 자금과 경영면에서 상호 신뢰를 강화할 수 있게 되는
것이다.

(3) 전략적 제휴의 유형

❶ 수평적 제휴

스케줄링과 마케팅에 대해 공동으로 풀(Full) 계약을 체결하는 형태이다. 풀 계
약이 과거에는 대부분 동일 노선을 운항하는 항공사 간에 이루어졌으나, 현대
는 상이한 노선까지도 포함하고 있다. 항공사 간 전략적 제휴의 가장 중요한
목적은 고객에게 다양한 운송서비스의 제공과 새로운 항공운송시장의 개척이
다. 관련 기구의 규제완화 이전에도 대형 항공사들은 기업연합 방식으로 협정
을 체결하였으며, 상대 항공사의 특별한 항공노선 운영에서 얻는 수입을 해당
항공사 간에 특정한 방법에 따라 분배하였다. 특별한 경우는 각 항공사의 실적
비율에 따라 수입이 배분되었다.

최근에는 항공사들이 경쟁 항공사와 경쟁을 벌이는 것보다 자신들의 보완적
인 항공노선망을 가진 항공사와 전략적 제휴를 체결하여 본인들의 경쟁력을
강화하는 추세로 전환하고 있다.

❷ 수직적 제휴

수직적 제휴는 항공사 업무와 유관한 산업체, 즉 호텔·렌터카·여행사·면
세점 등 고객친화기업과 제휴를 말한다.

대부분의 항공사들은 세계 각국의 주요 호텔, 렌터카업체와 제휴를 체결하고
있으며, 적립되는 마일리지의 사용 범위가 항공사의 무료 항공권 제공 이외에
제휴호텔 숙박할인 및 무료 이용권으로 사용되고 있으며, 대한항공과 아시아나
등 우리나라 대형 항공사들도 외국 주요 호텔 체인 등과 제휴를 체결하고 있다.

③ 외부적 제휴

다른 유형의 산업체와 제휴로서 항공사가 신용카드사, 은행, 보험사, 증권사 등의 금융기관 및 통신사, 백화점, 정유사 등과 제휴를 맺는 것을 의미한다.

이들 제휴사의 상품을 구매하면 회원에게 마일리지가 제공되고, 적립된 마일리지를 제휴사 간에 사용할 수 있는 형태이다. 고객이 적립한 마일리지는 항공사의 경영환경을 악화시키기도 한다. 항공기 이용객들이 자사 또는 제휴사를 이용하여 적립된 마일리지는 일종의 부채 형태로 계속 누적되고 있어서, 대부분의 항공사들에게 커다란 부담이 되고 있다.

4) 제휴의 형태

구 분	제휴의 형태
단순 노선 제휴 (Route by route specific alliance)	• 좌석할당 : 운항편명 공동 사용의 일종으로 항공사가 협력항공사의 여객 좌석 일부를 구매하여 자사의 항공코드로 운항하는 방식 • 공동 운항 : 항공사 간에 한정하여 해당 노선의 운항원가를 계산하여 그 노선에서 발생한 수익금의 배분 방식을 결정하는 방식 • 수익 풀링 : 항공좌석의 과잉 공급을 방지하기 위하여 사전에 항공사 간에 운항계획을 합의한 후에 체결 항공사가 자사의 항공기를 운항하고, 판매수익을 공동관리한 후에 배분하는 방식 • 상용고객 우대 : 제휴 항공사 간의 승객마일리지 공동 사용으로 좌석 승급 및 무료항공권 제공, 라운지 사용 등 포괄적 서비스 제공 • 기타 : 탑승수속 카운터 사용 및 각종 운항 관련 정보 교환 등으로 상호 간에 시너지 효과 도모
코드 쉐어링 (Code Sharing)	가장 보편화된 제휴 형태로서, 컴퓨터 예약 제도를 활용한 새로운 마케팅 기법으로서 운항편명 공동 제도를 사용하고 있음
자원 공유 제휴 (Resource Sharing alliance)	제휴 항공사 간의 공항 라운지, 정비 등 공항시설의 공동 사용으로 비용절감 목표 달성

구분	제휴의 형태
포괄적 마케팅 제휴 (Broad based marketing alliance)	협력사 상호 간에 지분교환이나 자본참가는 배제된 형태의 제휴로 마케팅과 관련된 공동판매 활동 및 CRS 공동이용 등 광범위한 제휴 형태
전략적 제휴 (Stragetic alliance)	제휴 항공사들이 공동의 목적을 달성하기 위하여 각각의 자산을 통합하여 운영하는 형태이다. 공동으로 이용하는 자산으로는 공항의 정비시설이나 운송 관련 직원 및 시설 등
지분 소유 제휴	가장 강력한 제휴 형태로, 일정 한도 내에서 지분 투자 및 상호 출자 형태
합병 및 인수 (Merger & Acquisition)	외국 항공사와 제휴를 하는 것은 항공사의 세계화 전략의 일환으로서 잠재적 경쟁 항공사끼리 통합하여 시장경쟁력을 강화하는 전략

4. 항공사 전략적 제휴의 분야

(1) 공동 지상조업

제휴 항공사들은 상호 지상조업 계약을 체결함으로써 효율성을 추구하고 있다. 에어 캐나다와 에어 프랑스는 토론토와 파리에서 각각의 지상조업을 서로 가까운 곳으로 이동시켜, 지상조업에 관련한 상호 협력을 편리하게 하였다.

아시아나항공과 전일본공수(ANA)는 인천과 나리타공항에서 화물 및 승객지원, 항공기 입·출항 시, 램프 서비스, 기내식 및 급유를 포함한 광범위한 범위에서 상호 지상조업을 제공하고 있다.

(2) 시설의 공동이용

제휴 항공사들은 공항 라운지, 탑승수속 카운터 등의 시설을 공동으로 사용함으로써 비용을 절감할 수 있다.

홍콩공항에서 아시아나항공이 드래곤항공의 공항 라운지를 사용하고, 나리타공항에서 아시아나항공과 전 일본 공수가 출국수속 카운터와 라운지를 공동으로 사용하고 있다.

(3) 코드공유 협정

코드공유란 운항편명을 공동으로 사용하는 것으로서 항공사가 자사의 항공기를 직접 운영하지 않고도 좌석수요가 많은 구간에 대하여 이미 그 구간을 운항하고 있는 다른 항공사와 제휴를 맺은 후, 그 항공사의 좌석 중 일부를 구입하고 자사의 항공편명을 사용하여 승객을 운송하는 것을 의미한다.

항공사는 자사 승객이 타 항공편을 이용하여 계속 여행 시에, 항공편 연결의 편의성을 제공한다는 측면에서 가능한 한 자사 운항편을 이용하도록 권유하는데, 코드공유로 운항지역 확대는 항공권 판매 시, 승객의 의사 결정에 중요한 요인으로 작용한다. 즉, 제휴 항공사는 상호 항공사 간에 노선을 공동 사용함으로써 연계수송을 효율화시키는 효과를 누릴 수 있다. 코드공유는 노선판매를 할 수 있다는 측면에서 포괄적 마케팅 제휴의 범주에 속하지만, 특정 노선의 확대라는 측면에서 노선관리 제휴에 속한다.

국제항공 여행은 단일 노선에서 여행이 종료되는 경우보다는 타 항공사 구간예약을 통한 복합노선을 갖는 경우가 많다. 따라서, 대부분의 항공사는 온라인 예약에서 승객들에게 다양한 연계 항공편을 제공하기 위해서 노력하고 있다. 코드공유는 항공협정 상대국뿐 아니라, 제3국 시장 확장에도 용이하기 때문에 항공사 간 전략적 제휴에서 가장 많은 비중을 차지하고 있다.

(4) 좌석임대 협정

좌석임대 협정은 운항 항공사가 제휴 항공사에게 자사 항공기 좌석의 일부를 임대해 주는 것을 의미한다. 두 개의 항공사가 동일한 노선을 운항하는 경우 항공기 이용객들은 양사의 노선 가치를 동일한 것으로 간주하여 서로 좌석을 교환하게 된다. 실제로 아시아나항공과 중국 남방항공은 서울/광저우 노선에서 동일한 규모의 좌석을 교환하고 있다.

그러나 최근 대부분의 항공사들은 좌석임대 방식보다는 해당 항공편에 예약 등급별로 좌석 여유가 있을 때에 한하여 판매하는 자유판매 방식(Free Sale) 형태의 코드공유로 전환하고 있는 추세에 있다.

(5) 운항 스케줄 조정

운항 스케줄 조정은 노선망 연결효과를 높이기 위해서 시행되는 중요한 사항이다. 항공사들은 스케줄 조정을 통하여 제휴 항공사의 노선망과 연결한다.

노선망 확대 효과를 갖게 되며, 환승공항에서 도착시간과 출발시간을 맞춤으로써 이용객의 환승 대기시간을 감소시킬 수 있어서 고객 만족을 창출하고 있다.

(6) 수입금 풀 협정

수입금 풀 협정은 운항노선, 운항횟수, 투입 기자재, 비용을 항공사 간에 공유하는 내용을 포함한다. 수입금 분배는 풀 협정에서 선호되는 방식이다.

수입금 풀 협정은 경쟁력이 약하거나 규모가 작은 제휴 항공사가 시장에서 지배력이 강한 경쟁사로부터 적정 수입을 보장받는 방법이다. 제휴 항공사 간의 경쟁력이 비슷할 경우 항공기 회전율을 적정하게 설정하여 탑승률을 높이는 방법이 된다. 이러한 제도가 없다면 항공사들은 항공수요가 집중되는 시간대에 항공기를 배치하여 상대적으로 탑승률 저조현상을 초래하게 될 것이다.

아울러 수입금의 공유는 항공사 측면에서 비선호 시간대의 운항도 꺼리지 않게 하므로 해당 노선의 항공기 출발시간을 적절하게 배분하여 항공기 운항의 효율성을 기할 수 있다.

5. 제휴의 효과

(1) 노선망 확장

항공사는 제휴를 통하여 상대 항공사가 기존에 확보하고 있는 운송노선을 제휴를 통하여 자사의 항공노선과 연계시킴으로써 기존 시장에서 더욱 강화되고 새로운 지역으로 노선망을 확대하고 운항빈도를 증대시킴으로써 경쟁력을 더욱 증대하는 것이다.

(2) 운항편 수 증가

제휴 항공사들은 실질적으로 자사의 증편 없이 제휴사가 이미 취항하고 있는 항공노선의 운항실적을 공유할 수 있고, 이로 인한 인지도 상승효과를 누릴 수 있다.

(3) 비용절감 효과

항공사가 홍보를 위하여 공동 판촉 활동 및 라운지 등의 공항시설을 공동으로 사용하면 관리 비용의 절감 효과를 달성할 수 있다. 비용절감을 통한 수익개선, 수요증대를 통한 수입개선과 기자재 등 시설 공동 활용으로 효율적인 경영관리에 기여하게 된다.

(4) 컴퓨터 예약시스템 공유

CRS 공유로 타 항공사에 비하여 경쟁력을 확보할 수 있으며, 승객들이 제휴 항공사의 공동 운항구간 탑승 시 마일리지 적립과 공항 라운지 이용 등의 편의를 위하여 제휴 항공사를 선택하고 있다.

(5) 선진 운영기법 습득

전략적 제휴를 통하여 상대 항공사의 공항운영 기법, 항공기 정비, 마케팅 전략 및 체계화된 운송능력을 공유 또는 전수받을 수 있는 이점이 있다.

6. 제휴 현황

구 분	Star Alliance	One World	Sky Team
설립 일자	1997. 5.	1998. 9.	2000. 6.
참여 항공사	• Air Canada • Air China • Air New Zealand • All Nippon Airways • Asiana Airlines • Austrian Airlines • British Midland International • Brussels Airlines • LOT Polish Airlines • Lufthansa • Scandinavian Airlines system • Shanghai Airlines • Singapore Airlines • Spain Air • TAP Portugal • Thai Airways • U.S. Airways • South african Airways • Swiss Air etc.	• American Airlines • British Airways • Cathay Pacific • Dragon Air • Finnair • Iberia • Japan Airlines • Quantas • LAN etc.	• Aeroflot • Aero Mexico Air • Air France • Alitalia • China southern • Czech Airlines • Continental Airlines • Delta Airlines • Korean Air • KLM • Air Europa etc.
회원사	27개사	12개사	16개사

7. 항공사 간 전략적 제휴의 문제점

(1) 담합에 의한 항공운임 인상

항공운임은 시장수요에 따른 유동성이 강한 특성이 있다. 특정 구간의 경쟁력은 항공사가 가격을 결정하는 중요한 지표로 활용된다. 항공사가 전략적 제휴로 특정 시장에 대한 지배력이 강화되면, 협력사 간의 담합으로 고객들의 정서를 무시하는 운임의 인상을 시도할 수 있게 된다.

한 가지 예로, 홍콩과 런던구간을 운행하는 캐세이퍼시픽과 영국항공은 One World Alliance를 통하여 제휴된 항공사로서, 두 항공사의 시장점유율은 홍콩 등 이들 항공사가 취항하였던 항공노선을 거의 장악할 수 있어서 언제든지 운임에 관한 담합 가능성이 발생할 수 있다.

이에 대한 국제기구의 규제장치가 있지만 환경이 계속 바뀌고 있어서, 이를 규제하기에는 한계가 있다.

(2) 서비스 개선 의지 감소

제휴의 결과로, 초기에는 다양한 운송서비스를 제공하기 위하여 노력하지만, 경쟁이 사라진 이후 특정 시장에서 일정한 수준의 개선 효과를 달성하면 더 이상의 비용지출은 하지 않고 오히려 답보하는 현상이 초래될 수 있다.

(3) 기타 항공사의 경영악화

제휴에서 제외된 항공사들은 특정 지역에서의 포괄적 마케팅에 대한 경쟁력은 줄어들게 되며, 소형 항공사들의 경영악화는 운송시장의 경쟁이 완화되거나 제휴 항공사들의 독점으로 변질될 수 있다.

따라서 소비자의 항공기 서비스 선택권 권리는 제한되고 비용은 증가될 수 있다.

03 항공협정과 상무협정

1. 항공협정의 의의

영공주권주의를 인정한 파리조약 이후에 국제항공운송을 위하여 해당국 사이에 맺어지는 사업용 항공권 또는 하늘의 자유에 대한 포괄적 협정을 뜻한다.

1947년 발효된 시카고 조약에서는 국제운송의 질서와 관련하여 하늘의 자유

에 대한 5개 원칙을 규정한 국제항공협정과 항공기의 영공통과(제1자유)와 기술착륙(제2자유)을 특약한 국제항공 두 가지 자유를 합의하였다.

그 이후 자국의 영공권주의가 확립됨에 따라서 특정 국가의 영공을 비행 또는 착륙하기 위해서는 당사국의 승인이 절대적으로 필요하게 되었다. 승인의 범위와 내용은 다섯 가지 자유로서 오늘날 상무협상의 기본 자료로 활용되고 있다.

2. 하늘의 자유

구 분	운항 형태			운항 내용
제1자유 (Fly over right)	①	②	③	영공통과의 자유로서 ①번 국가의 항공기가 ②번 국가의 영공을 통과하여 ③번 국가로 착륙할 수 있는 자유를 말하며, 협정에 의하여 ②번 국가에 영공통과료를 지불
제2자유 (Technical landing right)	①	②	③	①번 국가 항공기가 여객이나 화물의 운송 목적 이외에, 단순하게 급유 또는 정비와 같은 목적으로 ②, ③번 국가에 착륙
제3자유 (Set down right)	①		②	①번 국가에서 탑재한 승객이나 화물 등을 ②번 국가에 적하하는 것을 ②번 국가로부터 승인받음
제4자유 (Bring back right)	①		②	②번 국가에 착륙하여 승객과 화물 등을 적재하고 ①번 국가로 운항할 수 있는 자유
제5자유 (Beyond right)	①	②	③	①번 국가의 항공기가 운송목적으로 ②번 국가를 출발하여 제3국인 ③번 국가로 출발하거나 또 다른 제3국으로부터 운송 목적으로 ②번 국가에 착륙하는 권리를 취득
제6자유 (Behind right)	①	②	③	②번 국가에서 ③번 국가로 가는 도중에 ①번 국가에 착륙하여 항공기를 교체한 후, ③번 국가에 착륙하는 자유

구 분	운항 형태			운항 내용
제7자유	①	②	③	②번과 ③번 국가 간의 운송 자유로, 자국의 영토 밖에서 항공사가 영업할 수 있는 자유
제8자유 (Cabotage)		②	②	②번 국가 내에서 외국 항공사가 영업할 수 있는 권리

3. 항공협정의 기본 유형

구 분	시카고 유형	버뮤다 유형
체결 방식	다국 간 협정 (Multilateral Agreement)	양국 간 협정 (Bilateral Agreement)
최초 회원국	캐나다/아일랜드(1947)	미국/영국(1946)
핵심 사항	• 3개국 이상의 항공협정으로 의제는 항공분야 기초 사항 • 국제협약의 기본 유형으로 논의되고 있지만, 이용 실적 미흡	• 다자 간 협정의 실패로, 최근 국제항공협정에서 대표적으로 활용 • 당사국 간의 협의에 따라 협의 내용 세부적으로 논의

4. 항공협정의 주요 내용

항공협정의 기본 모델로는 버뮤다 협정이 활용되고 있으며, 세부사항은 당사국 간에 다양하게 협의하여 실시하고 있다.

시카고 조약은 다자 간 협정으로서 부정기 항공기의 영공 통과, 여객과 화물의 운송을 위한 착륙을 허용하고, 정기 항공편의 운송권은 체약 당사국의 협약으로 한정하고 있다.

다자 간 협약에서는 정기 항공편의 여객 및 화물의 착륙권은 체결하지 못하였고, 이를 보완하기 위해서는 당사국 간에 협정을 체결하고 있다. 모든 양자 간 또는 다자 간 항공운송협정은 아래 4가지 사항을 포함하고 있다.

표 8-1 **항공서비스 4대 논의 사항**

항공시장 접근 (Market access)	협정 체결로 얻게 될 제3, 4 자유와 협정 관련 국가 간 서비스
지정 항공사 (Airline destination)	협정에 포함된 각 국가의 도시에서 서비스를 제공할 권리
수송능력(Capacity)	협정 도시에서 권리를 얻게 되는 운항 횟수와 공급 좌석 수
운임(Air fares)	여객 및 화물운임 요율 결정과 정부의 승인 방법

5. 상무협정

항공사 간에 체결되는 모든 협약, 협정 및 계약을 말한다. 이해대립(노선·공급·기종)을 민간 차원에서 조절하고 타개하기 위한 제도로서 항공협정의 보완적 성격을 가진다.

통상 항공협정의 내용에 의거하여 양국 항공사 간에 체결하게 되며, 특수한 경우에는 항공협정의 체결 이전에도 성립된다. 상무협정의 종류로는 수익/비용 공동관리(Revenue/cost pooling), 공동운항협정(Joint operation), 편명공유(Code sharing), 좌석 할당협정(Block space agreement), 보상금 지불협정(Compensation)이 대표적 사례이다.

표 8-2 **상무협정의 기능**

구분	내용
대체 기능	양국 간의 특수한 환경으로 항공협정을 체결하는 것이 불가능할 경우 해당 항공사 간에 운송협정을 체결하여 항공노선을 개설할 수 있으며, 이 협정은 양국 간의 항공협정에 가늠한다.
전제 기능	자국 항공사가 취항하고 있는 국가나 도시에 외국 항공사가 운항노선을 개설하고자 할 때는, 자국 항공사를 보호하기 위하여 해당국과 항공협정 체결을 전제로 항공사 간에 상무협정을 체결한다.
보완 기능	협정 당사국 간에 항공노선 개설에 대한 대전제는 합의하고, 세부사항은 항공사 간에 협의한 후에 해당 정부의 승인을 받도록 한다.

04 항공사의 책임에 관한 국제조약

항공사는 법률의 규제를 받는 기업으로서, 항공사와 승객 간에 운송약관을 기준으로 유상으로 체결한 운송활동조건을 단서로 그 행위가 이루어진다.

항공사는 계약을 이행하는 과정에 이용자인 승객과 화물에 대해서만 책임을 지는 것이 아니며, 관련 국제항공기구의 부속서 등의 규정을 준수하여야 한다. 항공기 사고가 발생할 경우, 항공사의 책임과 피해자의 보상문제는 항공사의 국제항공운송약관에 명시된 규정에 따른다.

또한 관련 국제조약으로서는 1929년에 제정한 바르샤바 조약, 이를 개정한 1955년의 헤이그 의정서 및 바르샤바 조약과 헤이그 의정서의 특약인 1966년 몬트리올 협정이 적용된다.

이러한 조약·의정서·협정에 의해서 규제되는 항공사의 책임 제도를 일반적으로 바르샤바 체제라고 한다. 바르샤바 협약체제의 주요 내용은 〈표 8-4〉와 같으며, 세계 주요국의 항공사는 이 협약의 내용을 근거로 하여 운송약관을 정하고 있다.

표 8-3 국제조약의 내용

구 분	내 용
바르샤바 조약 (1929)	• 항공사의 민사책임에 관한 국제적인 통일법이다. • 항공사의 책임제한으로 국제항공운송업의 발전을 도모한다.
헤이그 의정서 (1955)	• 항공사의 배상책임 한도를 인상(USD 10,000 → USD 20,000) • Warsaw 체제 개정
몬트리올 협약 (1966)	• 헤이그 의정서에 규정된 여객책임 한도액 USD 20,000에 대한 미국의 불만을 수용하여 세계 각국은 여객 배상책임 한도액을 USD 75,000으로 조정할 것을 협의하였다.

세계 주요 항공사의 국제·국내 운송의 배상책임은 바르샤바 조약체제를 기준으로 하지만, 여객의 사망과 부상 또는 신체장애 시 배상책임 한도액을 특별인출권 SDR 100,000 (소송비 및 제경비 포함)으로 인상하여 적용하고 있다.

SDR은 국제통화기금의 특별인출권(Special Drawing Right)의 약자로서 SDR의 가치는 주요 무역국의 통화를 풀링(pooling)하여 그 평균치를 채택한 것이고, 그 변동은 크지 않아서 세계적으로 가장 안정된 각국 통화의 환산기준으로 이용되고 있다.

표 8-4 ✈ **바르샤바 협약체제의 주요 내용**

대 상		책임발생 사유
운송인의 책임발생 사유	여객	• 1인당 USD 20,000(헤이그 협약). 단, 특약으로 보다 고액의 책임한도액의 설정이 가능하다.
	위탁수하물 및 화물	• 손해(파괴 및 과실, 손괴)의 원인이 된 사고가 항공운송 중 발생한 경우
	연착	• 여객·수하물·화물의 연착의 경우
운송인의 책임한도액 (유한책임)	여객손해	• 사고(사망, 부상, 기타 신체장애)가 항공기상 또는 승강을 위한 작업 중 발생한 경우
	위탁수하물 손해	• 1kg당 최대 USD 20
	휴대수하물	• 1인당 최대 USD 400

05 IATA(International Air Transport Association, 국제항공운송협회)

1. 설립배경

국제항공운송협회(IATA)는 1945년 4월 쿠바의 하바나(Havana)에서 세계 31개국의 61개 항공사에 의해 최초로 설립되었다.

그 취지는 제2차 세계대전 후에 항공운송 산업의 비약적인 발전에 따라 항공기와 승객의 안전과 신뢰 및 항공사 간의 협력과 경제적 이익을 도모하고 국제협력을 강화할 목적으로 민간 차원의 국제협력기구를 출범시켰다.

국제항공운송협회(IATA)는 캐나다 몬트리올과 제네바에 본부를 두고 있다. 2008년에 회원은 총 국제선 정기여객교통의 93.5%를 차지하는 140개국, 약 230개 항공사이다. 주된 업무는 운임의 결정, 운송규칙의 제정 등이며 공공기구로서의 성격을 가지고 있다. 설립 목적은 첫째, 안전하고 경제적인 국제운송 협력과 분쟁 해결이며, 둘째는 민간항공사 간의 교류를 통하여 상호 협력을 도모한다.

셋째는 국제민간항공기구(ICAO) 등 국제기구와 협력을 도모한다. 이러한 목적에 부합하기 위하여 국제민간항공 표준약관, 항공권, 화물운송장, 판매대리점 계약 등을 제정한다.

2. IATA의 특성

순수 민간기구로 1945년에 창설된 국제민간항공기구(ICAO)와 상호 협조관계를 유지한다. IATA는 비정치적이고 민주적인 조직이며, 자국 정부에 의해 인가된 정기편 항공사만이 ICAO 회원국의 항공사로 가입할 수 있다.

자격은 정기 국제선 항공사는 정회원(Active member)으로, 정기 국내선 항공사는 준회원(Associate member)으로 가입된다. 2004년 10월 현재 277개 회원사가 가입(170개국)하였다.

3. IATA의 임무

회원국 항공사들의 안전하고 체계적인 항공운송을 도모하기 위하여, 상호이해가 충돌되는 국제항공운임의 결정, 운송규칙 등을 제정하고 회원사들 간의 협조를 강화하며 국제항공운송에 관련되는 국제기구들과 협력관계를 유지한다.

4. IATA의 기능

단일 항공사로서는 해결할 수 없는 분쟁에 대한 해결방안을 모색하며, IATA 회원 항공사의 협의체기능을 수행한다. 항공운송업무 표준화, 항공운임에 대하여 회원국들의 결정을 위한 기초자료 및 여행 간소화를 위한 서비스 매뉴얼을 제정하는 역할을 하며, 운송절차, 대리점에 관한 규정 제정 등에 강제력을 가지고 있다. 또한 IATA에 가입되어 있지 않은 항공사들도 이 모든 규정 및 절차를 준용하고 있다.

IATA의 주요 기능

① 국제항공운임 및 서비스조건, 운송절차
② 항공운송대리점에 관한 규정, 관리절차
③ 항공전자 및 통신, 환경, 공항설비, 운항기술, 항공의무 등 연구 · 개발
④ 항공운송대리점 정산제도의 개발 및 보급
⑤ 항공법, 항공재무, 국제항공운송에 대한 연구

1946년에 미 · 영 양국 간에 체결된 버뮤다 협정은 "항공운임은 IATA의 결정을 원칙으로 하고, 양국 정부는 이를 승인한다."라고 명시하고 있다. 그러나 1979년 이후 항공운송 서비스에 있어서의 자유화를 강력히 지향하는 미국 · 호주 등은 IATA 운임에 관한 협정들이 '반경쟁적'이라는 부정적인 입장을 취하고 있다.

5. IATA의 조직

IATA 조직은 집행기관인 이사회와 연례총회, 기술 · 재정 · 법무 · 운송 등 4개의 상설 위원회 및 여객운임과 화물운임률 등을 결정하는 운송회의와 정산소, 사무국으로 편성되어 있다.

주요 기능은, 이사회의 임원은 회원 항공사의 경영자 중에서 선임되며, 항공

운송에 대한 정책을 개발하고 결정한다.

연례총회에서는 연 1회 이상 회원국인 항공사의 사장 및 임원에게 각 위원회의 업무를 보고하고 필요 예산의 승인 및 차기 임원을 임명한다. 특별위원회는 항공운송산업에 중요 정책사항을 권고하며, 각 위원회는 해당 사항에 대하여 회원 항공사의 실무에 대하여 조언한다.

150개 회원국을 관할하는 101개의 현지사무소(local office)가 있고, 한국을 관장하는 IATA Korea는 1930년에 설립되어 운영되고 있으며, 세계적으로 8군데에 지역사무소를 두고 있다. 유럽에는 제네바(Geneva)에 출장소 역할을 맡고 있는 Executive Office가 있고, 브뤼셀(Brussel)과 스톡홀름(Stockholm)에 지역사무소가 있다.

- Africa : Johannesburg(지역본부), Nairobi(동아프리카), Dakar(중앙 및 서부지역)
- Middle East and North Africa(MENA) : Amman
- Europe : Geneva(Executive Office), Brussel
- Russia & CIS Countries : Moscow
- China and North Asia : Beijing
- Asia Pacific : Singapore
- Latin America & The Caribbean : Miami
- North America : Montreal(본부)

6. IATA의 주요 업무

(1) 운임정산소(IATA Clearing House : ICH)

IATA에 의해 설립된 조직으로 IATA 가맹항공사 및 가맹항공사로부터 추천을 받은 비회원국 항공사 및 관련 회사, 여행대리점 간의 항공요금 정산업무를 맡고 있는 일종의 국제어음교환소와 같은 역할을 하고 있다.

여객, 화물뿐만 아니라 기타 서비스에 이르기까지 항공과 관련한 모든 채권 및 채무관계를 일정한 원칙에 따라서 정산하고 있다.

현재 252개의 IATA 가맹항공사와 비가맹항공사를 포함, 300개 이상의 항공사들이 이 제도를 이용하고 있다.

항공요금 정산절차는 여객이 복수항공사를 이용하여 여행하는 경우에 최초 탑승하는 항공사가 전 일정의 항공권을 발권하고, 해당 구간의 요금 정산은 ICH를 통해 IATA에서 정한 규정 및 항공사 간에 체결한 협약에 따라서 배분하게 된다.

해당 구간의 요금배분 방식을 'Proration'이라 하며 항공사 간의 정산을 '인터라인 정산'이라고 한다.

예를 들어, 서울/NYC/디트로이트 여정으로 판매된 항공권에 있어서 A항공사가 전체 구간 항공요금을 징수한 후에, 서울/NYC 구간과 NYC/디트로이트 구간을 B항공사가 운송하는 경우에 NYC/디트로이트 구간요금을 B항공사에 지급하는 방식이다.

(2) IATA 공인대리점 인가업무(Agency Accreditation Service : AAS)

국제선항공권 판매를 희망하는 여행대리점에 대해 IATA가 규정한 조건에 부합하는 여행사에 대해 공인대리점을 인가 및 관리하는 것이다.

승인조건은 재무상태, 근무인원, 발권능력·자질 등 다양하며, 한국은 2004년 말 기준으로 한국관광협회중앙회에 등록된 총 8,994 여행사 중에서 IATA가 공인대리점으로 승인한 곳은 900개에 불과하고 지속적인 감소추세를 보이고 있다.

(3) 국제선여객항공권 판매대금정산제도(Billing & Settlement Plans : BSP)

국제항공권 판매대리점(여행사)이 판매한 항공권대금을 항공사와 직접 결제하지 않고 정산은행(한국 : 외환은행)을 통해 관리하는 제도로 우리나라에는 1990년 4월 2일 도입되었다.

다수의 항공사와 다수의 여행사 간에 국제선항공권 판매와 관련되는 항공권 공급, 매표보고서, 판매대금 정산업무를 간소화하기 위해 항공사와 여행사 간의 업무의 효율성을 위하여 해당 은행(BSP : 한국은행)과 계약을 체결하여 관련 업무를 대행토록 하는 제도이다.

여행사가 판매용 국제선항공권을 확보하기 위해서는 BSP에 담보금을 설정하고, 항공권(이를 IATA 항공권이라 한다)을 공급받아 여행객들에게 판매하고 그 판매대금을 사후에 정산하는 제도이다.

(4) 국제선 화물 운임 정산제도(CASS : Cargo Accounts Settlement System)

BSP가 항공요금 정산제도라면, CASS는 한 지역 내에서 화물운임을 정산하기 위한 시스템으로 1993년 1월 도입되었다. 그동안 각 항공사가 화물을 선적한 해당 대리점별로 운송대금을 개별적으로 정산하던 방식을 항공권과 마찬가지로 정산은행(외환은행)을 선정하여 운영하는 제도이다.

현재 우리나라에서는 대한항공과 아시아나항공을 비롯하여 일본항공·루프트한자·에어프랑스·싱가포르항공 등 27개 항공사와 287개 화물대리점에 CASS에 참여하고 있다.

표 8-5 ICAO와 IATA

구 분	ICAO (International Civil Aviation Organization)	IATA (International Air Transport Association)
정식 명칭	국제민간항공기구	국제항공운송협회
조직의 주체	각국 정부(항공 관련 부처)	전 세계의 국제선 정기운항 항공사
조직의 성격	정부 간 협력기구	항공사 간 국제협력기구, 이익단체
주요 업무	• 공항시설 및 운영 • 항로 및 항법 결정 • 항공의 안전성 확보 • 항공기 및 운항 관련 규칙	• 국제항공운임 책정 • 항공운임 정산 • 대리점 관리절차 • 운송약관
가입수	188개국	140개국 252개사
본부 소재지	캐나다 몬트리올	캐나다 몬트리올
한국의 창구	항공안전본부(CASA)	IATA 한국지부

06 ICAO(International Civil Aviation Organization, 국제민간항공기구)

1. 설립배경

1944년 11월 1일 시카고에서 세계 52개국이 모여서 국제항공질서 확립을 위한 회의를 개최하였다. 그 결과 국제민간항공협약(Convention on International Civil Aviation)을 제정하고, 국제민간항공기구(ICAO) 설치와 하늘의 자유라고 불리는 영공개방문제 등을 협의했다.

미국은 막강한 국력과 항공 운송력을 기반으로 항공개방(Open sky)을 강력하게 주장하였지만, 영국 등의 반대로 부분적인 개방만 이끌어냈다. 국제민간항공운송의 기본질서를 설정한 시카고 협약에서 ICAO의 설립을 정함에 따라 1945년 6월 PICAO(Provisional International Civil Aviation Organization)가 설립되었다.

26개국이 시카고 협약을 비준하여 1947년 4월 4일 발족된 ICAO는 세계 민간항공의 평화적이고 건전한 발전을 도모하기 위하여 1947년 UN 경제·사회이사회 산하전문기구로 편입되었다.

본부는 캐나다 몬트리올에 있고, 지역사무소는 방콕·카이로·다카·로마·멕시코시티·파리에 위치하고 있으며, 현재 189개국이 가입되어 있다.

본부에는 상설이사회·항공항행위원회와 3년마다 개최되는 총회와 수시로 열리는 위원회, 패널 등을 위한 회의시설을 갖추고 있으며, 사무국과 36개국으로 구성된 각 이사국들의 정부사무소가 들어가 있고, 상임이사국인 우리나라 정부의 대표부도 주재하고 있다.

북한과 타이완은 아직 가입하지 않고 있으며, 2005년 9월 3일 티모르 민주공화국(동티모르, Timor-Leste)이 가입함에 따라 가맹국은 189개로 늘어났다. 한국은 1952년에 가입하였고, 2001년 10월 캐나다 몬트리올에서 개최된 제33차 총회에서 상임이사국에 진출했다.

2. ICAO의 목적

ICAO의 목적은 다음 사항을 위해서 국제항공운송의 원칙과 기술을 발전시키고 국제항공운송의 계획과 발전을 도모하기 위한 것이다.

첫째, 전 세계적으로 안전하고 질서 있는 국제항공운송의 성장 도모

둘째, 항공기 설계기술과 평화적 목적의 운항기술 발전

셋째, 국제민간항공을 위한 항로 · 공항 · 운항시설 등의 발전

넷째, 전 세계인이 안전하고 규칙적이며 편리하고 경제적인 항공운송의 필요를 충족하고, 불합리한 경쟁으로 인한 경제적 낭비를 방지하며, 체약국의 권리가 충분히 존중되고, 모든 체약국이 국제항공을 운영할 수 있는 공정한 기회 확립

다섯째, 체약국 간의 차별 제거

여섯째, 국제항공운송에서 비행의 안전을 증진하고 국제민간항공 모든 부문의 일반적 발전 촉진

- 국제항공의 안전 확보와 보안대책 강화 및 환경보전법 대책 외에 사고 시 여객이나 관련 피해자에 대한 배상책임 등 법적 문제, 국제항공운송과 관계되는 경제적 측면에 관한 가이드라인 제정
- 각 가맹국의 민간항공 안전감시체제에 대한 감사업무 · 기술협력 등
- 구체적인 활동사항으로는 공항시설 및 운영, 항공기, 승무원, 통신, 항로 및 항법, 기술, 안전, 환경 등 모든 분야 국제표준화
- 공항 및 항공과 관련한 각종 기준이나 지침 · 권고 및 업무 매뉴얼은 전 세계에 걸쳐 기준 제시

3. ICAO의 역할 및 업무

- ICAO는 국제민간항공조약이 잘 이행되어 국제항공운송질서가 안전하게 확립될 수 있도록 감시하고, 항공기에 관한 기술적인 기준을 확립(항공기 · 항공종사자 · 항공로 · 비행장 · 항공교통관제 등)

- 하늘의 영공이라 할 수 있는 비행정보구역(FIR)을 설정하여 그 운영을 해당국에 위임하고, 새로운 국제항로 설정 과정 참여
- ICAO는 서울과 평양의 상공을 동시에 통과하는 일중 직선항로를 1991년 10월에 개설했고, 1994년에는 북한영공 개방
- ICAO의 권고로, 1997년 10월 방콕에서 남·북한이 '대구항로관제소와 평양항로관제소 간의 관제협정'을 체결했다.

4. ICAO의 기능

- 항공운송의 안전성·정시성·효율성·경제성·기회균등에 관한 국제표준 및 권고안을 채택하여 시카고 협약의 주제로 지정하며 ICAO 주관 국제항공법회에서 국제항공법 초안을 준비하고 채택된 입법(안)은 ICAO의 의결을 거쳐서 각 회원국의 비준절차를 거침
- 행정적 기능으로는 공항시설 설치와 공항운영, 기타 항공운송시설에 대한 기술적·재정적 지원을 하고, 준사법적·사법적 기능으로서는 관련 당사국의 요청에 따라서 체약국의 권리·의무에 대한 시카고 협약 검토, 시카고 협약 위반 사례 보고, 시카고 협약 해석 및 관련 규정으로 인한 체약국 간의 분쟁중재 역할

5. ICAO의 주요 조직

ICAO는 1947년 10월 국제연합의 경제·사회이사회(Economic and Social Council) 산하 전문기구로 편입되었으며, 민간항공 부문에서 가장 중요한 국제기구로 발전했다.

주요 기관으로는 사무국, 지역사무소, 총회, 이사회(상설), 이사회의 보조기관으로서 상설 항공항행위원회(Air Navigation Commission)가 있고, 이사회의 하부기관

으로 법률위원회(Legal Commission), 항공위원회(Air Transport Committee), 공동유지위원회(Committee on Joint Support of Air Navigation), 재정위원회(Finance Committee), 민간항공불법방해위원회(Committee on Unlawful Interference Against Civil Aviation) 등 5개의 위원회가 있다.

또한 항공회의 · 지역항공회의도 개최하고 있다.

- 사무국은 항공항행국(Air Navigation Bureau), 항공운송국(Air Transport Bureau), 기술지원국(Technical Cooperation Bureau), 행정업무국(Bureau of Administration and Services), 법률국(Legal Bureau) 등 5개 국

- 현재 상임이사국은 Algeria, Argentina, Australia, Brazil, Cameroon, Canada, Chile, China, Costa Rica, Cuba, Czech Republic, Egypt, Ethiopia, France, Germany, India, Ireland, Italy, Japan, Lebanon, Mauritius, Mexico, Nigeria, Pakistan, Paraguay, Republic of Korea, Russia Federation, Saudi Arabia, Senegal, Singapore, Spain, South Africa, Sweden, United Kingdom, United States, Vene Zuela 등 36개 국가

- 지역사무소로는 아시아 · 태평양지역이 태국 방콕(Bangkok)에 있고, 중동지역은 카이로(Cairo) 서부 및 중앙아프리카지역은 다카(Dakar), 남미지역은 리마(Lima), 북미 · 중미 · 카리브지역은 멕시코시티(Mexico City), 동부 및 남부아프리카지역은 나이로비(Nairobi), 유럽지역사무소는 파리(Paris)

- 총회는 통상 3년마다 그해 9~10월에 걸쳐 2주일 정도

6. ICAO의 부속서

ICAO의 모든 보고서 및 서류 등은 EN(영어), FR(불어), ES(스페인어), RU(러시아어), AR(아랍어), CH(중국어) 등 6개국 언어로 기록

❶ 항공종사자 면허(Personnel licensing)

❷ 항공규칙(Rules of the air)

❸ 국제항공항행용 기상업무(Meteorological service for international air navigation)

❹ 항공도(Aeronautical charts)

❺ 공중 및 지상업무에 상용하기 위한 측정단위(Unit of measurement to be used in air and ground operation)

❻ 항공기 운항(Operation of aircraft)

❼ 항공기 국적 및 등록기호(Aircraft nationality & registration marks)

❽ 항공기의 감항성(Airworthiness of aircraft)

❾ 출입국 간소화(Facilitation)

❿ 항공통신(Aeronautical telecommunication)

⓫ 항공교통업무(Air traffic service)

⓬ 수색 및 구조(Search and rescue)

⓭ 항공기 사고조사(Aircraft accident and incident investigation)

⓮ 비행장(Aerodromes)

⓯ 항공정보업무(Aeronautical information services)

● 환경보호(Environmental protection)

● 항공보안(Security)

● 위험품 항공안전수송(The safe transport of dangerous goods by air)

세계 항공시장에서 미국이 차지하는 여객·화물 비중이 세계 항공 운송물량의 50% 이상인 점을 감안하여 미국연방항공국(FAA)은 '미국 또는 미국보호령 영토를 출발·도착 또는 경유하는 모든 항공기'에 대해 ICAO의 규정을 엄격히 적용함으로써 국제항공운송의 질서 및 안전에 중대한 역할을 담당하고 있다.

우리나라 국내법인 항공법에 규정된 공항 및 항로, 항행시설, 안전과 관련한 다양한 규격·규제 제한이나 표지판, 장비 및 용어 등도 ICAO의 표준권고(안)로 작성되었다.

제8장 국제항공운송 협약 및 국제기구

공항실무에 관련된 용어의 친숙함을 도모하기 위함이므로 객관식과 주관식 문제를 혼용하여 교수님의 판단에 따라 Open book과 Close book으로 평가하여 주시기를 당부드립니다.

성명:	학번:

1. 국제항공운송협약에 대하여 설명하세요.

_____

_____

_____

_____

_____

2. 항공사간 전략적 제휴의 이점 및 효과가 아닌 것은?

① 국제운송시장에서 영향력 행사

② 비제휴항공사의 우월적 지위 유지

③ 회원사간의 사무실 및 장비 공동 이용

④ 항공기 탑승 율 상승

3. 항공사간 전략적 제휴의 추세가 아닌 것은?

① 컴퓨터 예약 시스템(CRS)의 공동사용

② 위탁 수하물 자동연계

③ 운항편명 공동 사용(Code Share)

④ 독립항공사 자신만의 운영기법 고수

4. 항공사간 전략적 제휴의 문제점이 아닌 것은?

① 담합에 의한 항공요금 인상

② 고객 서비스 향상

③ 비 가입 항공사의 경영상태 악화

④ 서비스 개선의지 감소

5. 항공사간에 체결되는 상무협정의 기능이 아닌 것은?

① 대체 기능

② 전제 기능

③ 총괄 기능

④ 보완 기능

memo

INTRODUCTION TO AIR
TRANSPORTATION
SERVICE

국외여행 안내

항공운송
서비스개론

↗

국외여행
안내

01 국외여행 안내업무

1. 국외여행 안내업무의 의의

국외여행 인솔업무란 해외를 여행하는 단체에 동행하여 고객의 모든 일정을 기획 · 조정하여 여행자들의 여행 일정을 편리하게 관리하는 것이다. 해외여행 인솔업무는 여행과정을 실행하는 것으로 숙박시설 · 교통기관과 마찬가지로 여행상품의 부분이며, 여행 전체를 관리 · 통제하는 면에서 여행상품 그 본질이라고 할 수 있다. 그러므로 해외여행 인솔자는 여행상품의 품질을 관리하여 고객감동을 유발하고 판매를 촉진시키는 중요한 역할을 담당한다고 할 수 있다. 한편 해외여행 인솔업무는 여행 일정을 관리하는 것으로서 외국을 수시로 여행할 수 있고, 수입은 출장비와 팁 및 현지 판매수수료 등으로 다양하게 보장되는 직종으로 최근, 매력적인 직종으로 부각되고 있다.

2. 국외여행 인솔자

(1) 국외여행 안내자의 정의

우리나라에서 흔히 말하는 TC(Tour Conductor)라 함은 크게 3가지로 구분할 수 있다. 먼저, 국내여행을 안내하는 가이드와 자국인들이 외국을 여행할 때에 이루어지는 가이드, 그리고 외국의 관광지에서 안내를 책임지는 가이드이다. 여기서 말하는 TC는 내국인들을 외국 여행 시에 동행하면서 안내하는 가이드를 통상적으로 지칭한다고 할 수 있다. 국외여행 인솔자는 해외여행의 출발부터 끝날 때까지 여행자들과 동행하며 모든 일정을 완벽하고 편리하게 진행하는 사람을 말한다. 관광진흥법 제13조에 여행업자가 해외여행을 실시할 경우, "여행자의 안전과 여행에 필요한 편의를 제공할 목적으로 인솔자를 두는 경우에는 문화체육관광부령에 준하는 적합한 자를 두어야 한다."고 규정함으로써 내국인의 해외여행 인솔을 담당하는 자를 해외여행 인솔자라고 명했다.

❶ 법적인 요건

법적인 요건이란 자격증 보유 여부로 판단한다. 관광진흥법 시행규칙 제22조 국외여행 인솔자의 자격요건을 살펴보면, 관광진흥법 제13조에 따라 해외여행을 인솔하는 자는 다음의 내용에 해당하는 자격요건을 갖추어야 한다고 규정하고 있다.

- 관광통역안내사 자격을 취득할 것
- 여행업체에서 6개월 이상 근무하고, 국외여행 경험이 있는 자로서 문화체육관광부장관이 정하는 소양교육을 이수할 것
- 문화체육관광부장관이 지정하는 교육기관에서 국외여행 인솔에 필요한 양성교육을 이수할 것

② 실제적인 요건

🏵 지식과 경험

숙련된 해외여행업무를 수행하기 위해서 6개월 이상 해외여행업무에 종사하며, 실무능력을 향상시킨 후에 TC자격증을 취득하여야 한다. 법적으로 요구하는 자격증의 기준도 근무기간을 6개월 이상으로 규정하고 있다. 공항에서의 출입국 업무·호텔투숙·관광 진행·항공업무·고객관리 등에 대한 지식이 있어야 해외여행 인솔자로서의 업무를 진행할 수 있다.

🏵 외국어능력

영어 등 외국어의 구사능력이 매우 중요하다. 세계 공용어인 영어소통능력은 국가 간의 이동, 즉 출·입국절차 시에 원활한 역할을 할 수 있다.

또한 현지 호텔·식당·관광지 등에서도 외국어 구사능력은 고객서비스에 중요한 기능을 담당한다. 제2외국어를 구사하면 더욱 유리하다. 유럽과 아프리카 그리고 남미지역에서는 프랑스어·독일어·스페인어·이탈리아·포르투갈어 등이 사용되며, 아시아권에서는 중국어·일본어를 구사할 수 있으면 고객들에게 더욱 신뢰를 쌓을 수 있다.

🏵 체력

국외여행 인솔자에게 체력은 매우 중요한 요건이다. 건강 상태가 좋지 않으면 그 업무를 수행할 수 없다. 특히 유럽, 아프리카 및 미주지역은 오랜 비행시간과 시차 적응에 많은 어려움이 따른다. 항상 선도적으로 모든 일정을 관리하고 또한 현지 가이드와 업무 협의 등 처리해야 할 많은 일들이 강한 체력을 요구하고 있다.

🏵 인성적인 요건

해외여행자는 경제적·사회적으로 여유를 가지고 있어서 매우 다양한 성향을 가지고 있다. 따라서 이러한 고객들과 원만한 관계를 유지하기 위해서는 해외여행 인솔자는 긍정적인 성격의 소유자여야 한다. 밝고 활달하다면 적합하지만 내성적이고 배타적이라면 업무수행 과정에서 많은 어려움이 따르게 되며, 고객과 의견 충돌로 인한 갈등이 발생할 가능성이 높아진다. 따라서 고객들의 의견을 경청하고 존중하는 성격이 바람직하다. 관광일정 진행문제로 불가피하게 고객을 적극적으로 이해시켜야 되는 상황을 제외하고는 친화적으로 대인관계를 유지하는 것이 바람직한 TC의 자질이라고 판단된다.

3. 국외여행 안내자의 역할

해외여행 인솔자의 가장 중요한 역할은 원활한 일정 진행과 고객의 안정성 확보에 있다. 여행 중에 고객관심은 안전하고 편안하며 친절하게 여행을 다닐 수 있는 것이다. 이러한 고객들의 요구에 대응하기 위해서 해외여행 인솔자는 다양한 역할을 수행할 수 있어야 한다.

(1) 회사의 대표자

고객 만족 여행상품의 개발 및 품질 관리를 위해서는 여행사 내 모든 임·직원이 하나가 되어서 아이디어를 모아야 되지만, 그 중에서도 고객을 안내하고 여행 일정을 관리하는 TC의 역할이야말로 더욱 중요한 위치로 인식되고 있다. 인솔자는 회사를 대표하는 사원으로서 뿐만 아니라, 고객의 안전과 여행 일정을 책임지는 담당자로서 그 직무를 성실하게 수행해야 된다.

(2) 여행 일정 관리자

해외여행 인솔업무는 프로그램으로서 숙박시설·교통수단과 같이 여행상품의 일부분이라고 할 수 있으며, 또한 여행 전체를 관리·통제하는 기능으로서 여행상품 그 자체이기도 한다. 여정관리는 판매에 대한 최종 마무리단계이다. 고객의 기대에 부응하는 서비스를 제공하고 고객 만족이 되었을 때 완전한

계약 이행이 된다. 또한 현지 가이드가 고객 기대에 부응하는 서비스를 수행할 수 있도록 적극적으로 협조하고 지원하여야 한다.

(3) 여행자의 보호자

단체 여행은 처음 만나는 참가자들이 다수 참가하여 일행을 이루는 관계로 처음부터 상대를 이해하고 어울리기는 쉽지 않다. 그렇지만 인솔자는 여행객 모두의 보호자이자 일정 책임자로서 여행자 전체가 조속히 융화될 수 있도록 분위기를 유도하고 조성하여 일행 모두가 만족하는 행복한 일정을 마칠 수 있도록 배려하여야 한다.

(4) 재구매 욕구 창출

서비스 상품 이용자가 그 상품을 사용하고 만족하였을 때는 자연스럽게 재구매 욕구가 창출된다. 서비스 이론에 따르면 신규 고객 창출 비용은 기존 고객 관리 비용의 5배가 된다는 연구 결과를 발표하고 있다. 아울러 단체여행 상품 이용자의 구전 효과(Word of mouth)는 요즘처럼 SNS가 큰 영향력을 미치고 있는 환경에서는 시장 확장에 커다란 요소가 된다. 따라서 전 여정을 동행하는 TC는 고객의 재구매에 중요한 역할을 담당하게 된다.

(5) 여행의 연출자

여행상품의 만족도는 여행인솔자의 태도에 따라서 많은 영향을 받게 된다. 국민 소득의 증대와 세계 각국이 일일생활권으로 진입한 지금, 많은 여행사들이 다양한 여행상품을 출시하여 고객을 유치하고 있다. 따라서 대부분의 상품이 커다란 변별력이 없이, 다만 가격 등으로 차별화를 실시하고 있다. 그 결과 고객 만족은 그 일정을 인솔한 가이드의 태도에 따라서 많은 영향을 받게 된다.

(6) 여행경비 관리자

여행상품의 기획 · 홍보 · 판매 · 수배 · 여정관리는 첫 단계에서 마지막까지 관계자 전원이 노력하여 얻은 결과물이다. 모든 비용은 지불계획에 입각하여 처리하며, 무계획한 지출을 줄이고 수익보전을 위해 최대한 노력하는 자세를 가져야 한다.

(7) 여행정보 제공자

급격한 환경 변화와 난개발로 인하여 해외의 유명 여행지가 많은 변화를 하고 있다. 따라서 여행지의 작은 변화도 소중하게 처리하여 새로운 상품 개발이나 운영에 반영하여야 하며, 해당 국가에 출장 중인 인솔자에게 신속히 전파·공유하여 일정관리에 차질이 없도록 하여야 한다.

02 출발 전 업무

1. 해외여행 안내 행사 계획서 확정

(1) 행사 확정서

행사 확정서는 여행상품의 모든 내용을 확정하여 더 이상 변동이 없는 상태를 말한다. 이는 여행일정과 관련된 제휴 업체(랜드, 에어, 현지 진행 등)들과 확정된 계약사항을 담고 있는 서류이다. 여행사가 해외여행 인솔자에게 여행 일정의 총괄 내용을 지시하는 업무지침서로서 행사 지시서라고도 한다. 여행사는 항공, 육상수단, 그리고 여행 일정과 관련된 내용을 확정하여 정확한 출발일과 귀국일, 항공편의 출발·도착시간 및 편명, 체류할 호텔의 이름과 연락처, 현지 여행의 모든 일정과 내용이 확정되었을 때 행사 확정서를 작성한다. 행사 확정서는 이용하는 항공편명, 현지 호텔명과 연락처, 행사를 담당하는 해외여행 인솔자, 현지 가이드, 현지 차량 및 연락처 등을 기재한다.

🏛 계림/이강유람/양삭 6일 확정 일정표

행사 인원	최문규님 외 17명(총18명)	행사기간	2015년 4월 6일(월) ~ 4월 11일 (토) (4박 6일)
현지 가이드	이찬우 188-7632-0996 / 계림공항에서 [에덴월드투어] 팻말을 들고 있습니다.		
객 실	2인실 9개 사용	이용항공사	중국동방항공

일자	지역	교통편	시간	여행 일정	식사
제1일	인천 계림	MU2016	19:00 21:40 00:10	인천공항 3층 출국장 G-24번 카운터 앞 집결 인천 국제공항 출발 계림 국제공항 도착 후 가이드 미팅 후 호텔투숙 및 휴식 HTL : 서산상무호텔 (준4성급) T.0773-289-7888	
제2일	계림	전용 버스	전일	호텔조식 후 ▶ 관암으로 이동, 관암동굴(모노레일) 관광 ▶ 이강유람(관암-양재) 1시간 코스 관광 ▶ 석식 후 몽환이강쇼 관람 HTL: 서산상무호텔(준4성급) T.0773-289-7888	조식 : 호텔식 중식 : 현지식 석식 : 현지식
제3일	계림 백사 양삭 계림	전용 버스	전일	호텔조식 후 ▶ 백사로 이동(1시간), 세외도원 나룻배 관광 　양삭으로 이동(30분) ▶ 월량산, 대용수, 우룡하뗏목, 서가재래시장 관광 ▶ 석식 후 인상유삼재 관람 HTL : 양삭 군호호텔(준4성급) T.0773-3370-888	조식 : 호텔식 중식 : 쌀국수 석식 : 현지식
제4일	계림 용승	전용 버스	전일	호텔조식 후 ▶ 은자암동굴 관광 후 계림으로 이동 ▶ 중식 후 용승으로 이동 ▶ 용척재전, 요족마을 관광 후 온천욕 체험(수영복 준비) HTL : 용승 중심호텔(정4성급) T.0773-748-2888	조식 : 호텔식 중식 : 현지식 석식 : 현지식
제5일	용승 계림	전용 버스	전일	호텔조식 후 계림으로 이동(2시간 30분) ▶ 요산(리프트 왕복)에 등정하여 계림 조망 ▶ 첩채산, 칠성공원 관광 후 전신마사지 2시간 체험 ▶ 석식 후 양강사호 유람선 탑승(1시간) 관광 후 공항이동	조식 : 호텔식 중식 : 삼겹살 석식 : 현지식
제6일	계림 인천	MU2015	00:40 05:55	계림 국제공항 출발 인천 국제공항 도착	
포함 사항				● 왕복항공료, 유류할증료/텍스, 여행자보험, 중국단체비자비용, 호텔(2인 1실), 차량(37인승), 관광지입장료, 기본식사, 가이드/기사팁, 여행자보험, 전신마사지 2시간, 생수 1병씩 매일 제공	
불포함 사항				● 개인적으로 드는 비용(주류/음료/에티켓 팁 등)	
비고 사항				● 쇼핑센터 5군데 방문합니다.(차, 라텍스, 죽섬유, 히노끼, 진주, 잡화 중 5곳) ● 현지 사무실 연락처 : 계림 항중 국제 여행사 0775-583-1943 / 593-1914 　윤태희 부장 HP.130-1773-4372 / 임은진 실장 HP.137-8753-4372	

(2) 기타 행사 운영을 위한 서류

여행사에 따라서는 별도의 행사 확정서를 작성하지 않거나 행사 확정서의 내용이 잘못 작성되는 경우도 있으므로 반드시 행사 확정서 작성에 자료가 되는 근거 계약 내용을 보여주는 최종 여행 일정표, 전자항공권(e-ticket), 수배 확정서, 고객 명단 등을 함께 확인하여야 한다.

❶ 최종 여행 일정표

최종 여행 일정표는 최종 확정된 여정(tour itinerary)과 시간대별 일정을 나타낸 표로서 고객과 여행사와의 계약 세부 내용을 기록하고 있다. 여행 일정표는 여행사가 고객과 여행상품 계약을 체결할 때에 반드시 증빙 서류로 제공해야 하고, 고객의 확인과 서명을 받아야 한다. 여행 일정표는 유형적 여행상품이고 또한 여행에 참여하는 고객들에게 여행의 흥미를 촉진할 수 있도록 현지에 대한 여행정보를 포함하고 있어야 한다.

❷ 전자항공권(e-ticket)과 예약기록(PNR)

단체 여행객인 경우 단체 발권을 할 수도 있고, 개별 발권을 할 수도 있다. 어떤 경우라도 해외여행 인솔자는 고객 항공권의 영문 성명이 고객의 여권에 기재된 영문 성명과 일치하는지 반드시 확인해야 한다. 전자항공권에는 이용하는 항공사, 편명, 출발·도착 시간이 기록되어 있다. 항공사에 전화로 문의하거나 항공사의 홈페이지에서 확인하면 해당 항공편의 기내 서비스와 좌석 현황 및 기종 등을 확인할 수 있다. 전자항공권의 항공편명과 출발·도착 시간이 행사 확정서 및 최종 일정표의 내용과 일치하는지 확인해야 한다.

PNR은 항공 예약 기록으로 예약과 발권의 내역 및 탑승객의 개인정보가

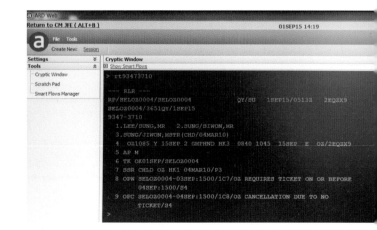

기록되어 있다. 항공권과는 달리 항공 여행에 관한 좀 더 자세한 사항으로 출발·도착 터미널, 서비스 내용, 비행 소요 시간 등이 기록되어 있다.

❸ 수배 확정서

수배 확정서는 호텔, 식당, 관광지, 현지 차량, 기타 현지 여행에 필요한 협력 업체와 계약 서류이다. 여행사의 수배 부서에서 각 해당 업체들과 개별적으로 계약을 체결하여 개별 약정을 맺었다면, 호텔과 식당 및 차량 확정서 등 확정서의 내용을 별도로 확인하여야 한다.

그러나 수배업자를 통해 수배를 하였다면 현지 행사를 담당하는 수배업자의 수배 확정서만 확인하면 된다.

이런 경우의 수배 확정서는 행사를 진행하는 여행사와 현지 행사를 담당하는 수배업자와의 계약 내용이 중심이 된다.

❹ 고객 명단

고객 명단(passenger list)은 여행사마다 양식은 다를 수 있지만, 중요한 사항은 고객 인적 사항 기록란이다. 행사에 참여하는 고객의 최종 명단은 여행사에서 결정하여 확정된다. 고객 명단에는 고객의 한글 및 영문 성명, 성별 구분, 여권 번호, 주민등록 번호, 여권 만기일, 연락처, 담당자 및 특이 사항 등을 기록한다.

2. 여행상품명 표시와 단체명

여행상품명은 여행사가 여행상품을 출시하기 전에 붙인 이름으로 여행상품의 기획단계에서 만들어진다. 여행상품명으로 판매와 상담이 이루어지고 고객과 운영되는 모든 여행행사에서 고객에게 알리는 이름이다.

동일한 여행상품명에 여러 단체가 여러 계약을 체결하더라도 각각의 단체명으로 표기될 수 있다. 단체명을 부여하는 목적은 고객의 이해를 돕기 위한 것이 아니라 여행을 하는 단체를 다른 단체와 구분하여 단체명을 부여한 후에, 특정 단체의 여행 상품에 대하여 해당 여행상품 공급업자와 계약을 한 것이다.

인솔자는 고객에게는 여행상품명으로 설명하는 것이 좋다. 여행상품명이 표시된 서류는 여행행사 확정서와 최종 일정표이다. 수배 확정서의 경우에는 단체명(tour name)으로 표기하기 때문이다.

여행상품명을 작성할 때는 여행지의 관광명소와 볼거리, 먹거리, 살거리 등의 특징을 표기함으로써 고객들이 미지의 여행상품에 대한 호기심 등을 자극하여 본 상품이 원활하게 판매될 수 있도록 노력하여야 하며 아울러 여행 기간, 항공편 등도 포함하여야 한다.

3. 여행상품명 표기방법

여행사마다 여행상품을 작명하는 데는 각각의 특징을 가진다. 일반적으로 질적인 등급을 표시하는 명칭으로는 고급, 실속, 저가로 나누는데 H투어의 경우는 'H Pack 클래식, H Pack 캐주얼 등으로 명명한다. 이와 유사하게 고가의 상품에는 '명품, 품격, 정통' 등의 명칭을 사용하고, 중·저가의 상품에는 '실속, 최저가 보장, 특가, 긴급' 등의 명칭을 사용하여 표기한다.

4. 여행상품명의 구분

(1) 기획 여행 상품명

기획 여행은 다수를 대상으로 패키지 여행 상품을 광고를 통하여 판매하는 방식으로 「관광 진흥법」상의 명칭이다. 흔히 패키지 여행이라고 하는데 여러 가지 여행상품의 특징을 혼합하여 구성한 여행상품을 말한다.

주 고객은 단체가 구성되어 운영되기 때문에 단체 할인율을 적용하여 저렴한 가격으로 좋은 품질의 여행을 할 수 있다.

(2) 자유 여행 상품명

기획 여행과는 달리 항공이나 숙소 또는 현지 승차권 등만을 판매하고, 현지에서의 일정을 고객이 스스로 진행할 수 있도록 판매된 상품이다. 자유로운 여행이지만, 단체 여행의 이점을 누리기 위하여 완전한 자유나 개별이 아니라 상품으로 구성하는 것이다. 즉, 자유 여행과 자유 여행 상품의 차이점은 자유 여행은 여행하는 사람이 스스로 항공권, 숙박, 관광지 등을 모두 선택하여 개별적으로 구매한다.

(3) 휴양형 여행 상품명

휴양을 주된 목적으로 하는 상품으로 여러 장소를 관광하는 것보다 일정한 장소에 머물면서 시간을 많이 보낼 수 있도록 구성된 여행상품이다. 리조트 여행과 유람선 여행 등이 이에 속한다. 휴양형 상품은 단체보다는 개별로 이용하는 경우가 더 많다.

(4) 맞춤형과 특별 여행 상품명

고객의 원하는 바를 적용하여 구성하는 여행상품을 맞춤형 상품이라 한다. 개인이 이용할 수도 있고 단체고객이 이용할 수도 있지만 대개 여행사가 출시하는 경우보다는 가격이 비싸다. 맞춤형으로 브랜드 상품을 부각시키는 경우에는 고품격, 명품, 맞춤 등의 명칭을 사용한다.

특별 여행 상품은 골프 상품, 성지 순례, 허니문 등과 같이 특별한 목적을 위한 상품이기 때문에 여행상품명에 이런 특징이 나타나도록 용어를 포함하여 사용한다.

(5) 방문 도시로 전체 일정 확인하기

일정을 확인하는 첫 번째 방법은 행사 확정서를 활용하여 날짜별로 방문 도시를 확인하는 것이다. 이때는 관광하는 국가뿐만 아니라 항공편으로 경유하는 도시가 있을 경우에는 경유지에 대한 정보도 확인해야 한다.

두 번째 방법은 항공편의 출발·도착 시간과 시차를 확인해야 한다. 항공편의 출발·도착 시간의 표기는 모두 현지 시간으로 되어 있다.

즉, 인천 국제공항에서 출발하는 항공편의 출발 시간은 서울 기준(GMT +9), 현지 도착 시간은 해당 국가의 현지 시간으로 표기되어 있기 때문에 정확한 비행 소요 시간을 산정하기 위해서는 시차가 얼마인지를 파악해야 한다. 시차 확인은 고객에게 무리한 부담을 주는지를 판단하는 데 도움이 된다.

항공편의 출발과 도착이 너무 늦거나 너무 이른 경우는 행사에 불편함이 생길 수 있기 때문이다.

또 장거리를 여행할 경우에는 시차 적용도 고려하여 항공기 내에서 수면에 참고하도록 한다.

세 번째 방법은 방문 도시의 숙박 여부와 숙박 일수를 확인한다. 방문 도시이지만 전혀 관광을 하지 않고 숙박만 하고 다음 도시로 이동하는 경우도 있고, 온종일 관광을 하지만 숙박하지 않고 이동하는 경우도 있기 때문이다. 숙박하지 않고 이동하는 도시는 다음 도시로 이동하여 숙박하는 경우에 너무 늦게 도착하지 않도록 관광 시간의 배정에도 주의를 기울여야 한다. 그 밖에 방문 도시의 기상과 관광지 등의 특징을 미리 파악하여야 한다.

(6) 고객 특별 요청 사항 확인

❶ 기념일 이벤트 요청 사항

고객 명단에는 고객의 개인정보가 기록되어 있어서 이를 확인하면 고객의 생일을 확인할 수 있다. 해외여행 중에 생일을 맞는 여행객이 있는 경우에는 함께 여행하는 일행이 축하해 주면 축하받은 사람에게는 잊을 수 없는 추억이 될 수 있다.

또 고객이 특별한 기념행사를 축하하기 위하여 이벤트를 요청하기도 하는데, 이런 경우에는 호텔에 요청하여 깜짝 이벤트를 준비해 주기도 한다. 기념일 행사는 고객이 먼저 요청할 수도 있고, 해외여행 인솔자가 전화로 인사를 나눌 때 여행에 참가하게 된 동기를 물어서 확인할 수도 있다. 이때 축하의 말과 더불어 일행이 함께 즐길 수 있도록 현지에서 시간을 마련하면 큰 효과를 얻을 수 있다.

❷ 식사 및 객실 관련 요청 사항

고객이 특별히 요청한 사항은 고객 명단의 비고란에 기재되어 있다. 해외여행 인솔자는 고객 명단의 비고란에 기재된 내용을 꼼꼼하게 확인하여 행사 운영에 반영하여야 한다.

고객의 식사 성향을 파악하여 종교 또는 특이 체질로 인하여 현지에서 식사 문제로 전체 일정 운영에 영향을 미치지 않도록 하여야 한다. 단체 여행상품에서 개인 고객을 위한 특별한 음식을 준비하는 것은 현실적으로 어렵다. 그러나 고객이 건강과 관련된 음식을 식당에 가지고 들어가도록 허락을 받는 데에는 협조할 수 있다.

❸ 기타 개별 요청 사항

기타 요청 사항으로는 항공기 좌석의 등급을 요청하여 수락된 경우나, 드물지만 먼저 출발해서 현지에서 가족을 방문하는 경우, 자유 시간을 가진 후에 현지에서 여행에 합류하여 단체와 함께 귀국하는 경우, 반대로 단체와 함께 출발하지만 현지 일정을 모두 마친 후에 현지에 남아서 친지 방문 등의 개인적인 일정을 마치고 개별로 귀국하는 경우 등도 있다.

또는 일정 중 일부를 개별로 행동한 후 다시 합류하여 함께 귀국하는 등 여러 변수가 생기기도 한다. 여행사의 입장에서는 이러한 고객의 요청을 잘 수용하지 않지만 어떤 경우는 수락하기도 한다.

이상과 같이 여행 출발 전에 여행사와 고객 사이에 합의가 이루어진 특별 요청 사항에 대해서 해외여행 인솔자는 철저하게 확인하고 이행 여부를 여행사와 충분히 협의하여 재량권과 책임의 범위를 정해야 한다.

❹ 현지 교통 특이 사항 확인하기

🌐 현지 국내 교통편 확인

여행지에 도착하여 도착 공항에서 전용 버스를 이용하여 행사를 진행하고 행사를 마친 후에 공항에서 출발하는 것이 가장 기본적인 여행일정이다. 여정 중에 크루즈, 기차, 국내선 항공기를 연결하여 이동하는 경우에는 인솔자의 업무가 좀 더 복잡해진다. 현지 교통수단의 비용과 예약 확인, 출발·도착 시간과 소요 시간 등 교통수단에 대한 정보를 확인하여야 한다.

🌐 국제선 연결편 확인

여정 중에 국제선 항공기 등의 교통을 이용해야 하는 경우 국내·국제선 상품을 연계하는 경우와 같기 때문에 해외여행 인솔자의 업무는 더 다양하게 진행된다.

국제선을 이용하여 국가 간에 이동을 하면, 여행을 마친 국가를 출국하고 다음 여행 국가에 입국 비자가 필요하게 되므로 사전에 이를 잘 확인하여야 한다. 본국에서 미리 비자를 발급받은 것은 수월하지만, 현지에서 도착 비자를 받아야 하는 경우에는 비자비용과 여행객의 사진 소지 여부도 확인하여야 한다. 도착 공항에서 순조롭게 도착 비자를 받기 위해서는 발급에 따른 절차 등을 사전에 확인하여야 한다.

5. 해외여행 안내 사전 정보 확인

(1) 여행 전 관광 국가에 대한 자료수집

최근 들어 빈번하게 해외여행을 하는 고객들의 여행지 정보에 관한 지식은 여행전문가 수준에 이르고 있다. 따라서 이러한 고객들의 눈높이에 부합되는 국외여행 인솔자 역할을 위해서는 해외여행지에 대한 정치·경제·종교·역사 등 다양하고 풍부한 자료수집과 전문 지식을 갖추어야 한다. 이를 위해서 기존의 안내책자 등도 참고할 수 있지만 현지 여행국가의 최신판 신문과 잡지, 뉴스 등을 통해 여행정보를 수집하는 것이 좋다.

❶ 현지 공항의 정보

원활한 입국 절차를 위해서는 현지 공항의 입국수속 관련 규정들을 면밀히 검토하고 준비해야 한다.

국가별로 법무부 · 세관 · 검역소 · 항공사 탑승 수속 · 음식물 반입 기준 등이 다양하게 적용되기 때문에 사전에 철저한 준비를 하여야 한다.

❷ 여행지의 계절 및 기상

현지의 기후조건은 여행자의 복장과 휴대품목 등을 준비하는 데 기본 정보로서 여행자를 대상으로 설명회를 할 때 기온, 일교차 등을 세밀하게 제공하여 예상치 못한 기상 이변으로 여행자가 불편을 당하지 않도록 해야 한다.

❸ 문화 및 시간 차이

국가별로 차별화된 문화와 관습을 가지고 있다. 우리나라의 경우는 모르는 사람도 어린아이가 예쁘게 보이면 아동의 특정 신체 부위를 만지는 것이 오랜 관습으로 용인되었으나, 현재는 아동 성추행으로 처벌받을 수 있다.

따라서 여행 인솔자는 해당 국가의 이러한 법규나 특정 음식에 대한 선호도 등을 파악하여 여행객들이 이런 문제로 어려움을 겪지 않도록 안내하여야 한다. 또한 미주 또는 유럽 등을 여행하는 경우 우리나라와 상당한 시차를 갖게 되므로 이러한 시차를 극복할 수 있어야 한다.

우리나라는 그리니치 표준 시간보다 9시간 빨라서 현지가 오전 1시일 때 우리나라는 오전 10시로서 GMT+9로 표시한다. 동쪽에서 서쪽으로 넘을 때에는 하루 늦게 표시하고 반대로 서쪽에서 동쪽으로 이동할 때는 날짜를 하루 빠르게 하는 날짜 변경선(Internation Date Line)에도 주의해야 한다. 특히, 미국은 5개의 시간대가 있는데, 동부 표준시, 중부 표준시, 산악 표준시, 태평양 표준시, 하와이와 알라스카 등이 있다.

❹ 현지의 위생 상태

문화유산으로 유명한 일부 국가들 중에는 풍토병과 정치 환경 등이 여행객들의 안전한 여행을 위협하는 요소로 작용하고 있다. 일부 동남아 국가들의 위생 상태 불량과 기독교인들의 성지 순례지로 유명한 터키와 시리아 등은 IS로 인한 치안 부재로 외국인 관광객들에게는 위험한 여행지로 분류되고 있다. 따라서 이곳을 여행할 경우 관광 인솔자는 만약의 사태에 대비하여 해당 우리나라 공관의 위치 및 연락처를 사전에 파악해야 한다.

(2) 여행 일정표 확인

여행 일정표에 포함되는 모든 관광지에 대한 상세한 정보를 출발 전에 잘 파악해야 한다.

본국에서 여행지까지의 거리와 항공기를 이용하는 경우의 소요시간 등을 파악하여 여행자들에게 공지하여야 한다. 특별히 짧은 기간에 많은 관광지를 여행하는 패키지 상품의 특성상 체류할 호텔과 관광지 주변의 환경을 잘 파악하고 여행자들에게 알려서 여행객들이 준비된 관광을 할 수 있도록 지원해야 한다.

❶ 호텔정보

여행 인솔자는 여정 중에 숙박하게 될 호텔의 위치 및 편의시설과 호텔 등급 등에 대한 정보를 파악하여야 하고, 숙박 조건 중에서 선택사양 유무를 정확히 알고 있어야 한다.

❷ 쇼핑 및 식사메뉴

해외여행자들의 공통 관심사인 저렴한 가격과 다양한 물품을 보유하고 있는 쇼핑 장소를 사전에 시장조사를 통하여 안내할 수 있어야 한다. 또한 외국 관광지에서 식사에 민감한 관심을 갖게 되는 고객들을 위하여 일정표에 포함된 메뉴도 미리 파악해 두어야 한다.

❸ 선택 관광 선정

현지 가이드에 의해서 진행되는 선택 관광(optional tour)은 관광객들과 갈등을 빚게 될 소지가 있다. 여행객들의 대부분이 선택 관광에 대한 부정적인 생각

을 하고 있기 때문에 선택 관광을 소개할 때 조심스럽게 접근할 필요가 있다. 현지에서 갑자기 상품을 추천하는 것보다는 여행 출발 전, 설명회 때 현지 체험형 관광에 대한 정보를 제공하고 고객이 충분한 시간을 가지고 검토할 수 있도록 하는 것이 효과적인 방법일 것이다.

(3) 예약 재확인

국내선, 국제선 전 항공편에 대하여 출발 72시간 전까지 승객이 예약을 재확인하도록 하는 제도는 국제항공운송협회(IATA)의 권고 사항으로 이른바 예약 부도를 막기 위해서 세계 주요 항공사가 채택하고 있는 제도이다. 그러나 대한항공은 1999년 6월 14일부터 예약 재확인 제도를 폐지하였다.

❶ 참가 인원

출발 2~3일 전까지도 출발이 불확실한 단체고객도 있으므로, 최종 참가 인원을 정확하게 재확인해야 한다. 고객 명단(name list)을 작성할 때는 성인 · 소아 · 유아를 반드시 구분해야 한다.

❷ 항공 예약 재확인

행사 확정서에 있는 항공 예약을 재확인할 수 있다. 대부분의 항공사는 탑승 72시간 전에 항공 예약을 재확인하도록 하고 있다. 성수기에는 항공사가 사전 통보 없이 예약을 취소하는 경우가 있기 때문에 원활한 여정을 위하여 항공 예약 재확인을 철저히 해야 한다.

❸ 호텔

행사 확정서에 있는 호텔 예약을 재확인할 수 있다. 현지 여행사에서 호텔 예약을 하고 있지만 해외여행 인솔자는 출발 전에 현지 여행사를 통해서 호텔 예약을 재확인하는 것이 좋다. 호텔 지불 증명서(voucher)가 있는 경우에는 면밀하게 확인하고 잘 보관한다.

❹ 버스와 운전기사

행사 확정서에 예약된 버스와 운전기사를 재확인할 수 있다. 버스와 운전기사 역시 현지 여행사에서 예약하지만 단체 인솔자는 여행 출발 전에 버스와 운전기사를 재확인하여야 한다.

❺ 주요 관광지

행사 확정서에 있는 관광지의 운영 상태에 대해서도 정확하게 재확인해야 한다. 때로는 현지에서 예기치 않은 사태로 인하여 관광지 입장이 금지될 수도 있기 때문이다.

❻ 포함 사항과 불포함 사항

단체 여행의 계약 사항에 명시되어 있는 포함 사항과 불포함 사항을 철저하게 재확인해야 한다. 여정 중에 고객들과 분쟁의 원인이 될 수도 있기 때문이다. 기획 여행의 경우 2014년 7월 15일부터 여행상품 총액표시제(총 여행금액을 유류할증료. 공항시설 이용료 등이 포함된 총액으로 명시하는 제도)가 시행되고 있어서 분쟁의 소지가 없어졌다.

❼ 식사 메뉴와 식당

확정 일정표에 나와 있는 식사 메뉴와 식당을 재확인하여야 한다. 한식이라 해도 종류가 다양하므로 구체적으로 설명해 준다. 호텔식도 종류가 다양하므로 구체적으로 설명한다. 일부 노약자들은 현지식이 잘 맞지 않는 경우에 대비해서 김 등 냄새가 나지 않는 밑반찬을 준비할 수 있도록 조언한다.

(4) 항공 예약 변경

신병이나 불가피한 사정으로 인하여 여행 중에 개별적으로 귀국할 고객이 있다면 서울 본사나 현지 가이드의 도움을 받아 항공 예약을 변경하도록 한다. 이때 추가요금의 적용이나 원하는 날짜에 좌석이 없을 수도 있다. 해외여행 인솔자는 CRS를 활용할 줄 알아야 하며, 단체 PNR과 개별 PNR의 전자항공권도

판독할 줄 알아야 한다. 비행기를 환승하거나 경유지 등에서 재확인할 때에도 PNR 판독은 필수 조건이다. 천재지변(태풍, 홍수, 지진 등)으로 인하여 항공 예약을 변경할 수도 있다. 고객의 의지와 상관없이 천재지변으로 인한 예약 변경은 많은 피해와 어려움이 따르므로 불가피한 사항임을 고객에게 잘 설득하고 현지 가이드와 본사의 도움을 받도록 한다.

(5) 호텔 예약 변경

행사 확정서에 확약된 호텔이 아니고, 부득이하게 다른 호텔로 변경할 경우에는 고객에게 변경 사유를 충분히 설명하고 동일 등급의 호텔 제공 등 불평불만을 최소화할 수 있는 호텔로 변경한다. 이 경우에도 비용 문제는 정확하게 확인하여야 한다.

(6) 현지 교통수단의 변경

행사 확정서에 확약된 기차 시간의 변경이나 차량의 불량 등으로 인하여 교통수단을 변경할 경우에도 고객에게 변경 사유를 충분히 설명하고 고객 불만을 최소화할 수 있는 동일 등급의 교통수단으로 변경하도록 한다.

(7) 운전기사 및 가이드의 변경

현지 여정 중 운전기사나 가이드를 변경할 때도 있다. 운전기사가 여행 코스를 전혀 모르는 경우에 변경할 수 있으며, 가이드의 경우도 경험이나 자격이 없거나 고객에게 충분한 안내를 하지 못하여 고객들의 불만과 변경 요청이 있을 때는, 즉시 현지 여행사나 서울 본사에 요청해서 변경할 수 있다.

(8) 관광지의 변경

갑작스런 기후 변동으로 인하여 현지에서 관광 일정을 변경하여야 하는 경우에는 그 사유를 고객에게 충분히 설명한 후 그에 상응하는 관광지를 추천하고 시행한다.

03 출국장 Meeting

1. 고객 맞이하기

(1) 고객 성향 파악

해외여행 인솔자는 고객의 건강 상태나 특별한 요구 사항을 파악하여 고객의 기대 서비스를 제공하고, 여행 중에 발생할 수 있는 돌발 상황에 대응하기 위하여 담당하게 될 단체 및 고객들의 특성을 파악하여 사전 준비를 해야 한다. 또한 인솔하게 될 고객의 규모나 모임의 성격에 따라서 특성별로 안내방법을 다르게 해야 한다.

(2) 고객의 성향 파악 방법

❶ 개별 접촉

고객의 성명을 비롯한 개인정보 기록대장을 활용하여 직업, 연령, 가족 관계, 출신 학교 및 고향 등을 알아서 적절하게 활용하는 것이 처음 만나서 인간관계를 형성하는 데 많은 도움이 된다. 즐거운 여행이 되도록 여행객들이 공동으로 관심을 가질 수 있는 화제들을 주제로 한다. 여행사로부터 받은 자료를 참고하여 고객들의 얼굴, 이름, 직업, 특별한 요청사항 등을 기억하여 친밀한 분위기를 조성한다.

② 단체 접촉

🏛️ **출국 전 설명회**

출발 약 1주에서 3일 전에 여행사가 여행객에게 설명회를 알려서 참석하도록 권유한다. 해외여행 인솔자는 반드시 설명회에 참석하여 여행객에게 자기소개와 더불어 인사를 하고 고객들의 이름과 얼굴을 익히고 고객들에게 좋은 인상을 남기도록 한다. 또한 고객들 중에서 책임자를 선정하여 여정에 필요한 사항을 사전에 통보하고 협의하여 고객들과 소통에 유의한다.

설명회는 해외여행 상해보험 증서, 외화, 여행자 수표와 여행 준비물, 외국에서 지켜야 할 글로벌 매너, 여행지 정보, 해당 국가 출입국 관련 정보, 숙박시설 정보, 여행일정표 등 여행 관련 자료들을 배포하고 공지사항을 전달한다.

🧠 **출국장 설명회**

여행 출발 전에 설명회가 없었다면, 출발 당일 출국장 미팅 장소에서 간단하게 설명회를 개최한다. 최근에는 위탁 수하물의 보안검색을 위하여 여행자 본인이 항공사 탑승수속을 직접 하도록 바뀐 점을 설명하고 여행자의 여권과 비자를 확인하며 위탁 수하물에 대한 주의 사항을 전달하고 전자항공권을 지급한 후에 여행자가 해당 항공사에서 탑승 수속을 실시하도록 안내한다.

(3) 고객 특성 파악

구 분	비 고
일반 사항	직업, 신분, 연령, 출신 학교, 학력 수준, 병역 관계, 동반 가족 수, 성격, 여행 경력
신체 정신상의 사항	임산부 및 신체 정신상의 불편 유무, 현재 건강 상태
기타 사항	특별한 요구 사항, VIP, 여행객과 판매 담당자와의 특별한 약속 유무

2. 고객 미팅 장소 파악

(1) 출국장 확인

인천 및 김포를 비롯한 국제공항의 구조를 살펴보면, 통상 2층은 항공사 출국수속을 실시하고 항공기 탑승은 3층에서 하도록 되어있다. 단체 여행객이나 일반 여행자들을 위한 만남의 장소가 별도로 지정되어 있으므로 인솔자는 사전에 이러한 점을 파악하여 고객들과 미팅 장소 선정에 착오가 없어야 한다. 인천공항의 경우 해외 단체 여행객들의 집결 장소는 지상 3층의 출국장이다.

(2) 해당 항공사의 탑승 수속 카운터 파악

항공사별로 단체 여행객들의 편의를 위하여 전용 탑승 수속 카운터를 운영하고 있으므로 사전에 FIDS(항공운항정보 안내판)를 활용하여 해당 항공사의 위치를 파악하여 탑승 수속이 원할하게 진행될 수 있도록 고객들에게 안내한다. 대한항공의 경우 단체 탑승 수속 카운터와 수하물 탁송 카운터의 위치가 다르므로 사전에 이를 공지하여 여행객의 불편을 방지한다.

(3) 약속 장소 주변 확인

고객들이 출국 미팅 장소를 찾는 데 어려움이 없도록 주변의 특정 시설 등을 확인하여 공지하고 아울러 인솔자가 본인의 업무를 수용하는 데 활용할 수 있는 시설물 등을 확인한다.

(4) 약속 장소 선정

인천공항의 경우, 단체 출발 여행객의 만남의 장소는 서쪽은 A와 B 사이 카운터와 동쪽은 L과 M 사이 카운터로 배정되어 있다.

인솔자는 여행객보다 공항에 먼저 도착하여 만남의 장소를 확인·점검하고 눈에 잘 띄는 곳으로 약속 장소를 선정하여 여행객들이 어려움 없이 찾을 수 있도록 해야 한다. 또 고객들과의 비상 연락를 위하여 휴대전화 번호를 소지하도록 한다.

(5) 집결 장소 안내

최근 여행사가 사전 설명회를 하지 않고, 출국 당일 공항의 집결 장소에서 간단히 설명회를 하고 있다. 출국장에서 설명회를 진행할 경우 고객들의 문의 사항에 답변할 수 있도록 충분한 시간을 가져야 한다.

또 여행상품 판매 담당자가 여행상품을 판매할 때 집결 장소와 시간을 통보하지만, 해외여행 인솔자는 출발 2일 전쯤 여행객들과 전화로 미팅 장소와 시간을 다시 확인하여야 한다.

3. 고객 맞이 준비 물품 점검

(1) 준비 물품의 종류

해외여행 인솔자가 공항에서 고객 맞이 업무를 수행하기 위해 필요한 이름표, 미팅 보드, 깃발, 일정표, 이름표, 해외여행 인솔자의 체크리스트들이 있다.

해외여행 인솔자는 고객 인솔 업무에 도움이 되도록 고객 맞이 준비 물품과 본인의 필요한 항목을 작성한 체크리스트들의 물품과 서류들을 신중하게 준비한다.

(2) 준비 물품

❶ 이름표

해외여행 인솔자는 약속시간 보다 일찍 공항의 약속 장소에 도착하여 고객을 맞이하기 전에 옷에 이름표를 붙인다. 여행사에서 일괄적으로 지급된 로고가 부착된 이름표를 착용한다.

❷ 미팅 보드와 깃발

인천 국제공항 여객터미널 3층 출국장의 A 카운터와 M 카운터 창측 여행사 전용 만남의 장소에 여행사 전용 데스크가 마련되어 있다. 출국 2~3일 전 고객과 전화로 안내 사항을 전달할 때 만남의 장소의 위치를 정확하게 설명하여 고객이 약속 장소를 찾아오는 데 어려움이 없도록 한다.

고객보다 공항에 먼저 도착하여 만남의 장소를 점검하고 눈에 잘 보이는 곳에 미팅 보드와 여행사 깃발을 부착하여 공항의 시설물 위치에 익숙하지 않은 여행객을 위해 더욱더 신경을 쓴다.

공항에서 여행객들이 쉽게 찾아올 수 있도록 눈에 띄는 여행사 안내판과 깃발을 준비하고 미팅 보드의 안내 문구는 아래와 같이 구체적으로 기재한다.

> 한국 여행사, 타이 3박 4일

❸ 짐수레 준비

집결 장소에 수하물 운반을 위한 짐수레(cart)를 준비하고, 고객 안내용 여행사 간판을 올려놓아 고객의 편의를 돕는다.

❹ 식별 안내 물품 전달

여행객의 명단과 여권을 대조하여 확인한 후에 여행사에서 제작한 여행객 식별용 여권 커버, 모자, 필기도구, 수하물표 등을 지급한다.

4. 고객 맞이

(1) 인솔자의 복장

단정한 옷차림으로 여행객에게 좋은 인상을 주어야 한다. 통상적으로 여행사의 유니폼을 착용하지만 사복을 착용할 경우 남성은 단정한 양복에 스트라이프 넥타이와 흰색 와이셔츠를 주로 착용한다. 여성 인솔자는 머리 모양을 단정히 하고 짙은 화장이나 화려한 액세서리는 피하도록 한다.

(2) 해외여행 인솔자의 자기소개 방법

일행이 집결하여 인원 파악이 모두 끝나면 본인을 소개한다. "안녕하십니까? 저는 OO여행사의 OOO입니다. 오늘부터 O일 동안 여러분을 모시고 함께 여행하게 되었습니다. 잘 부탁드립니다."라고 말한다. 여성 인솔자의 경우 '미스 O'라고 부르는 고객들이 많으므로 이러한 호칭이 듣기에 적합하지 않다고 생각되면 고객들에게 "OOO 씨라고 불러 주십시오."라고 당부하고, 고객들 간에도 서로 인사를 하도록 권유한다.

(3) 고객 명단 및 인원 확인

고객 성명, 성별, 영문 성명, 생년월일 등이 기재되어 있는 고객 명단을 작성하여 휴대하도록 한다. 미팅 장소에서 고객 명단과 대조하여 고객에게 나누어 줄 이름표, 확정 일정표 등을 가지고 대기한다. 여행객의 얼굴과 신상 명세를 파악하면서 공항에서의 첫 만남을 시작한다. 고객이 단체 여행객이라 하더라도 고객 명단에서 고객을 다시 확인하는 점검 절차가 꼭 필요하다.

(4) 고객들 간의 소개

여행객들은 일행 중에 어떤 사람이 같이 가는지를 궁금해 하므로 전체 여행 일정의 화합을 위하여 일행들이 서로가 간단한 본인 소개를 하는 시간을 갖도록 권유하는 것이 좋다.

(5) 전체 일정 소개

회사를 대표하여 일정에 참가하는 고객들에게 감사를 표하고, 여행 목적지의 기후, 치안 상태, 문화 등에 대해 설명하며 향후 전개될 전체 일정에 대해 간략하게 설명한다.

5. 탑승 수속하기

(1) 탑승 수속

탑승 수속은 항공기에 탑승하기 위한 수속 절차로서 승객이 항공사에 수하물을 맡기고 탑승권을 발급받는 절차이다. 여행객이 모두 집결하면 인솔자는 탑승 수속을 위해 위탁할 수하물들의 총 개수와 여권을 확인하고 해당 항공사의 탑승 수속 카운터로 옮긴다.

(2) 탑승 수속 준비

탑승 수속을 위하여 여행자들의 여권 유효 기간과 비자에 문제가 없는지를 확인한다. 단체 여행객의 경우에는 단체 전용 탑승 수속 카운터를 이용해야 하고, 탑승 수속에는 여권과 항공권 및 비자가 필요하기 때

문에 여권을 회수한다. 여권은 여행사에서 미리 모두 수거하여 인솔자나 출발 담당 직원에게 전달하는 경우도 있으나, 대부분 여행자가 개별적으로 직접 가지고 있으므로 공항에서 점검한다.

(3) 탑승 수속 절차

❶ 해당 항공사의 체크인 카운터에 여권과 항공권을 제시하여 탑승 수속을 하며, 위탁수하물을 탁송하고 수하물 증표와 탑승권을 발급 절차.

❷ 최근에는 스마트셀프카운터에서 여행자가 직접수속하는 절차.

(4) 수하물 위탁(baggage check-in)

인솔자가 여행객이 위탁할 수하물을 일괄 수거하여 수속하는 것이 일반적이지만 보안검색 관계로 여행객 각자가 자신의 수하물을 위탁해야 한다. 위탁수하물 중 세관 신고가 필요한 경우에는 대형 수하물 전용 카운터 옆 세관 신고대에서 신고하고 전용 카운터에서 수속한다.

6. 탑승 수속 장소 확인

(1) 체크인 수속 카운터(Airline Check-in Counter)

3층의 출국장에 있는 운항 정보 안내 모니터(FIDS)에서 해당 항공사와 탑승 수속 카운터를 확인한 후에 해당 항공사의 탑승 수속 카운터로 간다.

일반적으로 탑승 수속 카운터는 일등석, 일반석, 단체 전용 카운터로 구분되어 있으므로 '단체 수속 카운터'라고 표시되어 있는 곳에서 탑승 수속을 하면 된다.

(2) 단체 수속 카운터(Group Check-in Counter)

단체 수속 카운터로 가서 탑승 수속을 해야 하며, 탑승권을 받고 위탁수하물 수속 카운터로 이동한다.

(3) 탑승구와 출국장 확인

탑승 게이트와 출국 수속장의 위치를 미리 파악해 둔다.

7. 출국장 편의시설 파악

(1) 출국장 시설

출국장은 출국 수속 절차가 이루어지는 곳이다. 해외여행 인솔자가 고객들과 공항에서 첫 대면하는 만남의 장소가 있으며, 탑승 수속을 위한 각 항공사들의 탑승 수속 카운터와 출국 수속에 필요한 신고서 양식, 은행과 통신회사및 각종 편의시설 및 부대시설들이 있다. 인솔자는 고객들과의 약속 시간 전에공항에 도착하여 원활한 출국 수속을 위하여 해당 항공사의 체크인 카운터 및출국장의 주변 시설물들을 확인해 둔다.

(2) 출국장 위치

인천 국제공항 3층에는 36개의 여행사의 미팅 카운터가 설치되어 있다. 이테이블들이 여행사가 손님을 맞이할 장소로 활용되는 곳이다. 인솔자는 고객

은행 환전소

들에게 사전에 만나기로 약속한 여행사 카운터 앞에 고객 맞이 미팅 보드와 깃발을 짐수레(cart) 위에 비치한다.

(3) 필수 시설

출국 심사 후에는 환전 및 휴대전화 로밍이 불가능하므로, 출국 수속 전에 출국장에서 여행 경비 환전과 휴대전화 로밍 등 여행에 필요한 준비를 해야 한다. 출국 수속을 위해 출국장의 필수 장소로는 병무 신고소, 검역 신고소, 자동 출입국 심사소, 마일리지 적립 카운터, 은행 환전소 등이 있다.

해외여행 인솔자는 순조로운 환전을 위하여 여행객이 도착하는 순서대로 환전을 안내하도록 한다. 이때 환전 금액의 허용 한도 및 현지 통용 화폐에 대해 간단한 설명을 하는 것이 바람직하나.

(4) 편의시설

여행객들이 화장실, 공항 종합 안내소, 유아 휴게실, 약국, 인터넷 라운지 등 출국장 내의 편의시설 및 부대시설을 사용할 수 있도록 안내한다.

또 항공사에서는 한국과 계절이 다른 곳으로 여행하는 고객의 편의를 위하여 코트룸 서비스를 제공하고 있다. 이용 대상은 국제선 항공권을 구매한 고객으로 각 항공사가 마련한 공간에 출국 탑승객 1인당 최대 5일까지 무료로 외투를 보관한 후 귀국할 때 찾아갈 수 있다. 5일을 경과하면 초과 일자별로 소정의 사용료가 부과된다.

04 출국 업무

1. 출국 수속

해외여행을 출발하기 위해서는 인천공항 또는 다른 지역의 국제공항에서 만

나서 먼저 출국 수속을 해야 한다. 공항은 넓고 복잡하기 때문에 정확하게 몇 층, A 카운터 앞 또는 B 카운터 앞이라고 정확한 장소를 지정해서 만나야 한다.

국외여행인솔자는 도착한 고객의 여권과 위탁할 수하물을 확인하고 탑승 수속을 하도록 안내하여야 한다. 단체인 경우에는 도착 순서대로 또는 모든 일행이 모였을 때 같이 탑승 수속 절차를 하도록 한다. 고객들이 위탁수하물을 탁송하고 탑승권을 교부받은 후에 모든 일행이 모이도록 하고, 출국장 이동과 보안 검색 절차 후 세관 신고와 법무부 출국 심사를 받게 되는 과정을 설명하도록 한다. 출국 심사 후에는 자신이 탑승하게 될 항공기가 대기하고 있는 탑승구로 이동해서 탑승을 하면 모든 출국 절차가 끝나게 된다.

(1) 탑승 수속(Boarding Check)

항공사 담당 직원에게 여권과 e-Ticket과 위탁수하물(Baggage)을 건네주고 탑승권(Boarding pass)을 교부받는 절차를 말한다. 수하물을 위탁한 후 반드시 수하물 증표(Baggage Claim Check)를 수령하여야 한다. 탑승권에는 탑승할 항공기의 탑승구(Gate)번호 및 탑승시간과 자신의 이름이 영문으로 표기되어 있는데, 본인 이름의 영어 철자가 본인의 여권과 동일한지 확인하여야 한다. 간혹 항공사 직원의 실수로 여권과 탑승권의 철자가 다른 경우는 법무부 심사과정 또는 탑승 과정에 신원확인 문제가 발생할 수 있다.

(2) 출국장 이동

출국장은 우리나라의 경우 3층에 있다. 탑승 수속을 마친 후에는 출국을 위해 출국장으로 이동하여야 한다. 출국장 입구에서 보안요원에게 여권과 탑승권을 제시하고 본인 여부를 확인한 후 입장할 수 있다.

(3) 세관 신고

출국장에 들어서면 처음으로 자신의 휴대품 가운데 신고할 물품이 있을 경우 세관 신고를 해야 한다. 신고하지 않은 고가품은 귀국 시, 해외여행에서 구입한 물품으로 취급될 수 있으므로 출국시 신고하여 불이익을 당하지 않도록

한다. 외환관리법에 따라 미화 1만 달러 이상 소지했을 경우 세관에 반드시 신고해야 한다. 미국 등 일반적으로 1만 달러 이상 소지하면 출·입국 시에는 신고하도록 되어 있다.

(4) 보안검색

보안검색은 항공보안법에 따라서 항공기를 탑승하면서 기내에 반입할 수 없는 총기류, 액체류 등 승객과 항공기의 안전에 위험을 초래할 수 있는 물품을 문형 탐지기 및 X-ray장비 등을 활용하여 발견하는 과정을 말한다.

공항보안 검색요원들이 승객이 소지하고 있는 지갑·시계·동전·핸드폰·벨트 등을 바구니에 담아 X-ray 투시를 통해 조사하게 된다. 그러나 임산부 등 특별한 경우는 장비를 사용하지 않고 수 검색으로 실시한다.

(5) 출국 심사

본인이 해외로 출국하는 데 결격사유가 없는지 심사받는 절차를 말한다. 자신의 여권과 탑승권을 보여주고 법무부 전산망으로 본인에 대한 기록을 조회받고 그 결과에 따라서 출국 허가 여부가 결정되는 과정이다. 만약에 출입국관리법에 의해 출국이 정지된 사람이면 출국이 불허된다. 출국 심사를 마치면 바로 보세구역으로 입장하게 된다.

(6) 면세점 쇼핑

면세구역으로 들어서면 항공기 탑승 시간까지 면세점에서 쇼핑을 하고 탑승하게 될 항공기가 위치한 탑승구(gate)로 이동하는데, 시간에 늦지 않게 이동하도록 사전에 안내한다. 면세점에는 화장품, 명품 브랜드 상점, 잡화점, 와인 판매점 및 특산품 등 다양한 면세품을 판매한다.

(7) 탑승구 이동 및 대기

청사에 연결된 탑승구(Loading Bridge)는 걸어서 이동하지만, 때로는 계류장에 위치한 항공기로 이동하여서 탑승하는 경우 공항에서 제공하는 버스를 타고 이동하기도 한다. 한편 외항사의 경우 탑승동이 다르므로 셔틀경전철을 타고 이동해야 한다.

(8) 비행기 탑승

탑승순서는 항공사 직원의 도움을 필요로 하는 승객, 그 다음에 1등석 및 2등석에 승객을 탑승시키고, 나중에는 일반석의 고객들을 탑승하도록 안내한다. 자신에 해당하는 클래스에 맞춰서 탑승을 하면 된다. 탑승 전에는 탑승구에서

탑승권(boarding pass)을 확인하는 절차를 거쳐서 탑승한다. 해당하는 항공사의 직원들이 탑승권을 확인하고 항공사 보관용과 승객 보관용 항공권으로 절취하여 고객이 소지해야 하는 탑승권 부분을 받아서 소지하고, 항공기 입구에서 항공사 승무원에게 확인시키고 자신의 좌석을 안내받아 착석하면 된다.

2. 기내 업무

(1) 인원 파악 및 좌석 확인

인솔자는 탑승 전에 배포했던 좌석배정대로 승객들에게 앉도록 안내한다. 고객 중에서 좌석배치에 대한 불만이 있는 고객들에게는 귀국할 때 원하는 좌석으로 배정될 수 있도록 노력하겠다고 설득하여 더 이상 불만이 없도록 한다. 본인의 좌석은 고객들과 잘 소통할 수 있도록 뒤쪽의 통로석이 양호하며 기내에서 고객들이 지켜야 할 내용들을 주지시킨 후에는 기내 승무원들이 단체 승객들로 인하여 불편하지 않도록 협조한다.

(2) 기내 승무원과 협조 및 서비스 순서

❶ 승무원 호출장비

인솔자는 좌석의 팔걸이 부분에 부착되어 있는 기내 편의시설의 사용방법에 대하여 사전 교육을 시켜야 한다.

❷ 비상시 대처 요령

비행 중 비상 상황에 대비해서 승무원에 의해 실시되는 구명복과 산소마스크 사용법 교육과 본인 좌석에 비치되어 있는 안내카드를 읽어 볼 수 있도록 안내한다. 또한 이상 기류로 인하여 비행기가 많이 흔들릴 때는 승무원의 안내에 따라서 이동을 자제하고 본인의 좌석에서 안전벨트를 매도록(fasten seat belt) 한다.

❸ 기내식 및 음료

국제선에는 식사 직전에 음료서비스(beverage service)가 제공되며 식사 중에는 와인과 음료수를, 식사 후에는 커피나 다양한 차 등을 제공하기도 한다. 비교적 좁은 공간에서 식사를 제공하기 때문에 본인의 순서가 올 때까지 조용히 기다리는 예의가 필요하다. 기내식의 종류가 다양하지만 이코노미석의 경우는 100% 고객들을 만족시킬 수 없기 때문에 일부 고객들이 불만을 가질 수 있다.

❹ 금연

세계 항공사들이 기내에서는 화장실을 포함한 모든 구역에서 절대 금연을 실시하고 있어서 고객들에게 사전 교육이 필요하다. 일부 흡연자들이 화장실 등에서 몰래 흡연을 하는 사례가 발생하고 있으나, 열감지 장치로 인하여 발견되면 항공기 승무원으로부터 제제를 받게 되고, 지상에 착륙해서는 형사처벌을 받을 수 있다.

❺ 영화 및 서적

신문이나 잡지 등이 기내에 비치되어 있으므로 승무원에게 부탁하면 구독할 수 있다. 또한 음악과 영화를 감상할 때는 기내에 비치되어 있는 이어폰을 사용할 수 있으며 언어를 한국어로 선정하면 편안하게 프로그램을 감상할 수 있다.

❻ 면세품 구입

식사가 끝나면 면세품을 구입할 수 있도록 담당 승무원들이 카트에 술, 담배, 화장품, 볼펜, 목걸이 등을 싣고 기내 통로로 다니며 판매를 한다. 예약주문도 가능하며 사전 결제를 하면 할인 혜택도 받을 수 있고 귀국 항공편에서 편안하게 구매한 물품을 전달받을 수 있다.

❼ 기타

항공기 내에 비상용으로 진통제와 소화제 등의 구급약을 확보하고 있으므로

인솔자는 여행자 중에서 환자가 발생하면 이러한 구급약품을 사용할 수 있도록 승무원에게 부탁할 수 있다. 또한 필기도구와 메모지, 장거리 노선에는 어린이를 위하여 장난감, 기저귀, 우유, 각종 유아용품 등을 비치하고 있다.

(3) 출·입국 및 세관업무

❶ 출입국 신고서

인솔자는 사전에 준비된 고객 명단(passenger list/name list)을 참조해서 출입국 신고서(E/D Card : Embarkation/Disembarkation Card)를 작성한다. 유의할 사항은 24개월 미만의 유아도 1인 1매 작성을 원칙으로 한다는 것이다.

국가마다 출입국 신고서 작성 유무에 차이가 있지만 단체 관광객을 인솔하는 경우 본국에서 출발 전에 출입국 신고서를 준비해서 미리 작성하는 것이 현지에서의 복잡함을 피할 수 있고 능동적인 고객서비스가 될 것이다.

❷ 세관 신고서를 작성하게 하는 목적은 자국으로 반입이 금지되어 있는 품목의 소지 여부 및 외환 소지 액수 그리고 면세품의 허가 한도를 확인하기 위한 방법이다. 출입국 신고서는 고객 본인이 서명을 해야 한다.

(4) 기내에서의 신체리듬

❶ 고소공포증

기상이 나쁜 날은 하늘에서 항공기가 많이 흔들리게 되므로 대부분의 승객들은 두려움을 느끼게 된다. 증상이 심한 경우에는 전문의사로부터 치료를 받을 필요성도 있지만 대부분의 고객은 일시적인 현상으로서 심호흡을 반복해서 실시하거나, 기내에서 간단한 체조와 휴대한 책을 읽거나 음악을 들으면서 그 증상을 완화시키도록 노력한다.

❷ 탈수 방지

장거리 여행인 경우 기내의 공기 중에 수분이 절대적으로 부족하여 승객들의 정상적인 생체리듬에 악영향을 끼칠 수 있다. 대표적인 증상으로는 멀미 현상이 있는데, 이러한 경우는 수분을 많이 섭취하고 기내에서 알코올 섭취를 최소화하며 몸을 기내 바닥과 가까이 하거나, 눈을 감거나 창밖 수평선을 응시하는 것이 좋은 예방법이다.

❸ 귀 멍멍 현상

항공기 이·착륙 시에 발생하는 현상으로서 비행기를 자주 이용하는 승객이나 처음 타는 승객 구별 없이 발생되는 현상이다.

이러한 현상을 보이는 승객이 있으면 하품을 하도록 하거나, 껌을 씹게 하든지, 코를 막고 여러 번 침을 삼키게 한다든지, 입을 다문 채 숨을 크게 내쉬게 하는 등의 방법은 좋은 치유법이다.

❹ 시차 극복

여러 국가를 이동하면서 발생하는 현상으로서 몸 상태가 시차의 변화에 적응하지 못하여 일어나는 현상이다. 이를 극복하기 위해서 유럽지역과 미국지역은 미리 수면 시간대를 조절하며 준비하는 것도 좋은 방법이다.

05 입국 수속

1. 도착 수속

(1) 안내

일행 모두가 항공기에서 내렸는지를 확인하고 나서 터미널 빌딩으로 향한다. 단체 여행의 경우는 비슷한 형태의 다른 단체와 겹치는 경우가 많아서 우리 일행이 혼동하여 다른 단체를 쫓아 가다가 길을 잃게 되는 사람도 생기게 되므로 인솔자는 속도를 조정하여 일행이 모두 같이 이동하는지를 확인하여야한다. 도착인 경우 항공기에서 내려서 Arrival의 표시가 있는 곳으로 이동하면

된다. 미국의 국내선은 공항 빌딩이 크고 출입구가 다수 있어서 어려움을 겪을 수도 있다.

그러나 여행인솔자는 단체의 선두에 서서 'Arrival, Exit, Way Out' 등의 안내 표시가 있는 방향으로 이동하면 된다.

(2) 집결

일행 모두가 항공기에서 내린 후에 인원 점검을 실시하고 항공기에 두고 내린 물건이 없는지 확인시킨다. 본인들의 휴대수하물을 확인하게 하고, 입국 수속을 위해 각자의 여권을 준비하도록 한다. 이때 출입신고서와 세관신고서를 준비 하도록 한다. 그리고 입국순서는 '검역 → 입국 심사 → 위탁수하물 수취 → 세관 통과 → 입국'의 과정으로 이루어진다는 것을 설명한다. 검역은 대부분의 국가들이 특별한 경우를 제외하고는 생략하는 추세이나 실시하고 있는 국가도 있다. 입국심사대를 지나 위탁수하물 찾는 곳이 있다는 것을 설명하고, 이곳에서 짐을 찾아 다시 모일 것을 확인시킨다. 수하물을 찾은 후 일행이 모두 함께 세관을 통과하여 입국장 출구를 거쳐서 현지 가이드와의 만날 장소로 이동하도록 안내한다.

2. 검역

예방접종증명서를 보여 주면 된다. 기내에서 기입한 검역서류가 있다면 그것을 제출한다. 요즘은 입국 시 예방접종증명서를 제출하지 않는 경우가 많아졌다. 유럽에서는 타 대륙에서 도착한 때에 한 번 검역을 받으면 된다. 유럽 내를 이동할 때는 일반적으로 검역이 필요 없다. 또한 출발지와 경유지에 따라 같은 나라에 입국할 경우에도 주사증명서의 여부에 차이가 있다. 예방접종증명서가 필요한 나라는 TIM의 검역정보 등에서 사전에 조사해 두는 것이 중요하다.

3. 입국 심사

입국사열대에는 Immigration 또는 Passport Control이라는 안내표지가 있다. 여권과 E/D카드를 제시하면 비자와 여행목적 등을 확인한 다음에 입국이 허가되면 여권에 입국 스탬프를 찍어 준다. 입국사열대에는 자국민과 외국인의 구별을 두고 있는 경우가 많으며, 특히 유럽연합에서는 EU와 Other로 구분하고 있다. 또한 단체 전용 수속 창구가 있는 경우도 있으니 단체 여행객들은 그 창구를 이용해서 모두 수속을 할 수 있다. 입국 심사 방법은 인솔자가 단체 전원의 여권을 보여 주는 것만으로 심사가 간단히 끝나는 경우와 여행객 개인별로 사열하는 나라가 있다.

인솔자가 대표로 입국 심사를 받을 경우에는 단체 여행이라는 것을 알리고(단체명. 인원), 체재일 수나 숙박호텔명과 방문목적 등을 미리 설명하는 것이 좋다.

일부 국가에서는 단체 비자로 입국하는 경우가 있으므로 단체 수속 창구에서 비자를 제출한 다음 차례대로 여권을 제시하여 입국하도록 한다.

4. 세관 검사

세관 심사를 빨리 진행하기 위해서는 관계 직원에게 단체 여행이라는 것과 체재일 수ㆍ방문목적ㆍ기타 신고해야 할 것 등을 파악해서 신고한다. 단체로 통관이 가능한 경우에는 포토(porter)를 불러서 수하물표와 짐의 개수를 알려준다. 그러나 개인별로 통관수속을 해야 되는 곳에서는 노약자를 도와서 일행 모두가 신속하게 통관할 수 있도록 한다.

여행객들은 입국 수속을 마치고 현지 여행사 가이드와 만나기 전까지 일행 중에서 누구도 입국장을 나가는 일이 없어야 한다. 서구 등에서는 과세 대상이 되는 물품을 가지고 있는 사람은 빨간색 램프, 면세 대상자는 초록색 램프의 검사대를 통과하는 이중 검사대를 운영하고 있다.

06 여행 일정 관리

1. 전체 및 세부 일정 점검

(1) 행사 확정서의 개념

행사 확정서(Final Confirm Sheet)는 최종적으로 확정된 현지 수배 내용(숙박, 식사, 교통, 관광 등) 및 행사조건 등이 기재된 서류로 해외여행 인솔자(TC: Tour Conductor)가 여행사의 수배 담당자(상품 담당자)로부터 인수받는 가장 기본적인 서류이다. 행사 확정서는 현지에서 행사를 진행하게 계약된 현지 여행사(Land Operator)가 확정 여행사의 상품 담당자에게 여행 출발 전에 송부한다. 해외여행 인솔자는 항상 행사 확정서를 소지하고 실제 진행되는 일정을 확인해야 한다.

(2) 행사 확정서의 구성과 유형

행사 확정서는 상품(행사)명, 여행 기간과 일시, 여행 인원, 객실 유형과 개수, 여행 지역, 현지 가이드 정보 등 행사 조건과 교통편, 숙박, 식사, 관광 등 현지 수배 내용으로 구성된다. 행사 확정서 양식은 현지 여행사에 따라 다르며, 내용도 대략적인 여행일정만 기재된 행사 확정서부터 식당 주소와 메뉴까지 기재된 행사 확정서에 이르기까지 다양하다. 행사 확정서는 아시아 지

계림/이강유람/양삭 6일 행사 확정서

상품명	계림 / 이강유람 / 양삭 5박 6일	출발 인원	18+1FOC
여행 기간	2015년 6월 1일 ~ 2015년 6월 6일(5박 6일)	상품 가격	220만 원 / 인
여행 지역	인천 - 계림 - 양삭 - 계림 - 인천		

날 짜	지 역	교통편	시 간	여행 일정	식 사
제1일 6/1	인천 계림	MU2016	19 : 00 21 : 40 00 : 10	인천공항 3층 출국장 G-24번 카운터 앞 집결 인천 국제공항 출발 계림 국제공항 도착 후 가이드 미팅 후 호텔투숙 및 휴식 HTL: 한성호텔 (준4성급) T.0000-000-0000	
제2일 6/2	계림	전용 버스	전일	호텔조식 후 ▶ 관암으로 이동, 관암동굴(모노레일) 관광 ▶ 이강유람(관암-양재) 1시간 코스 관광 ▶ 석식 후 몽환이강 쇼 관람 HTL : 강림호텔(준4성급) T.0000-000-0000	조식 : 호텔식 중식 : 현지식 석식 : 현지식
제3일 6/3	계림 백사 양삭 계림	전용 버스	전일	호텔조식 후 ▶ 백사로 이동(1시간), 세외도원 나룻배 관광 양삭으로 이동 (30분) ▶ 월량산, 대용수, 우룡하뗏목, 서가재래시장 관광 ▶ 석식 후 인상 유삼재 관람 HTL : 강동호텔(준4성급) T.0000-0000-000	조식 : 호텔식 중식 : 쌀국수 석식 : 현지식
제4일 6/4	계림 용승	전용 버스	전일	호텔조식 후 ▶ 은자암동굴 관광 후 계림으로 이동 ▶ 중식 후 용승으로 이동 ▶ 용척재전, 요족마을 관광 후 온천욕 체험 (수영복 준비) HTL : oo호텔(정4성급) T.0000-000-0000	조식 : 호텔식 중식 : 현지식 석식 : 현지식
제5일 6/5	용 승 계 림	전용 버스	전일	호텔조식 후 계림으로 이동(2시간 30분) ▶ 요산(리프트 왕복)에 등정하여 계림 조망 ▶ 첩채산, 칠성공원 관광 후 전신마사지 2시간 체험 ▶ 석식 후 양강사호 유람선 탑승(1시간) 관광 후 공항 이동	조식 : 호텔식 중식 : 삼겹살 석식 : 현지식
제6일 6/6	계림 인천	MU2015	00 : 40 05 : 55	계림 국제공항 출발 인천 국제공항 도착	

역의 경우 여행상품이 많고 한국에 연락 사무소가 있는 경우도 많아 한국어로 명시된 행사 확정서가 대부분이지만, 그 밖의 지역에서는 대체로 영어로 기재되어 있다.

🌐 행사 확정서 구성 요소

1 상품명(행사명)
2 여행 기간과 일시
3 여행 인원
4 객실 유형(room type)과 수량
5 여행 국가의 지역
6 현지 가이드 정보(현지 이름, 전화번호)
7 현지 관광지 및 관광 정보
8 교통편(항공, 선박, 철도, 버스 등)과 시간
9 숙박시설 정보(호텔명, 주소, 전화번호)
10 식사 정보(식당 이름, 주소, 전화번호, 메뉴 등)

(3) 여행 조건 및 견적서의 개념

여행 조건 및 견적서는 여행과 관련하여 공급자(현지 여행사, 현지지상 수배업자)가 주문자(여행사)에게 공급 가능한 내용 및 제반 비용을 첨부하여 제출하는 문서로 여행 견적서라고도 한다. 대부분 여행사들은 행사가 확정된 후에 다수의 현지 여행사(현지 여행사의 한국 사무소)에 여행 조건 및 견적서를 요청하여 이를 비교한 후에 한군데와 계약하여 실제 행사를 진행한다.

(4) 여행 조건 및 견적서의 구성

여행 조건 및 견적서는 국가, 지역, 현지 여행사에 따라 형식과 내용이 다르지만 일반적으로 상품(행사)명, 여행 기간, 여행 경비, 독방 요금, 여행 지역, 포함 사항, 현지 안내원, 요금 적용 기간, 불포함 사항 등으로 구성된다.

여행 조건 및 견적서 구성 요소

1 상품명(행사명)

2 여행 기간과 일시

3 여행 경비

4 개인사용(single charge) 요금

5 여행 국가와 지역

6 요금 내 포함 사항(항공료, 숙박, 식사, 교통편, 비자, 입장료, 공항세 등)

7 현지 안내원 유무

8 요금 적용 기간

9 불포함 사항

(5) 여행 일정표의 정의

여행 일정표는 여행 계획을 일정으로 구체화시킨 것으로서 여행 기간 동안의 구체적인 여행 일정이다. 여행 일정표와 행사 확정서의 내용은 유사할 수 있는데, 여행 일정표는 여행사가 여행객에게 제공하는 여행객용 여행 일정이고, 행사 확정서는 현지의 여행사가 행사 주관 여행사에게 최종적으로 제출하는 확정된 여행 일정이다. 여행 일정표는 여행상품의 주체가 여행사인지 여행객의 주문에 의한 것인지에 따라 그 내용이 다르다. 여행상품의 주체가 여행사일 경우 일반 여행객을 기준으로 하여 해당 여행사는 일반적인 여행상품을 개발하며, 여행객의 주문에 의한 것일 경우에 주체 여행객의 희망과 조건에 적합한 여행 계획으로 작성한다.

(6) 여행 일정표의 구성

여행 일정표에는 여행 날짜별 여행지와 관광 내용, 교통수단, 쇼핑 횟수, 숙박 장소, 식사 등 여행 세부 일정 및 여행사 제공 서비스 내용과 여행객 유의 사항이 포함되어야 한다(공정거래위원회 해외여행 표준약관 제4조).

1 상품명(행사명)

2 여행 기간(여행 출발일과 도착일)과 일시

3 공항 미팅 시간 및 공지 사항

4 항공 이용편명, 현지 교통편

5 숙박 시설(호텔명, 주소, 전화번호)

6 식사 정보(식사의 포함 유무, 식사 종류 등)

7 현지 여행 날짜별 지역명 및 관광 세부 일정

8 선택 관광, 쇼핑 관광 정보

2. 행사 진행 사항 파악

(1) 현지 정보

출장 전 해당 국가나 지역에 대한 일반적인 정보를 인터넷, 서적 등 다양한 매체를 통해 수집한다. 일반적인 현지 관련 사항으로는 해당 국가의 역사, 정치, 기상, 치안, 출입국 수속 등이 있다.

(2) 여행상품 정보

출장 전 여행상품과 관련된 정보를 본사 담당자, 현지 여행사 등을 통해 수집한다. 여행 상품 관련 정보는 관광지 정보 및 일정, 숙박 시설, 식당, 메뉴 등 식사 관련, 선택 관광, 쇼핑 관광, 교통 관련 사항 등이 있다.

(3) 고객 정보

고객 관련 기본 정보는 판매 담당자 혹은 상품 담당자가 작성한 고객 명단(name list/passenger list)으로 연령, 성별, 동반 가족 수 등을 미리 파악할 수 있다. 또 출발 전 설명회나 전화 통화 등 사전 접촉을 통해 여행객들의 정보를 미리 파

🏝 계림/이강유람/양삭 6일 여행 일정표

행사 인원	신관수님 외 17명(총 18명)		행사 기간	2015년 6월 1일(월) ~ 6월 6일(토) (5박 6일)
현지 가이드	최문기 010-0000-0000			
방사용	2인실 9개 사용		이용 항공사	중국동방항공

일 자	지 역	교통편	시 간	여행 일정	식 사
제1일	인천 계림	MU2016 MU2016	19 : 00 21 : 40 00 : 10	인천공항 3층 출국장 G-24번 카운터 앞 집결 인천 국제공항 출발 계림 국제공항 도착 가이드 미팅 후 호텔투숙 및 휴식 HTL : 계림호텔(준4성급) T.oooo-ooo-oooo	
제2일	계림 계림	전용 버스	전 일	호텔조식 후 ▶ 관암으로 이동, 관암동굴(모노레일) 관광 ▶ 이강유람(관암-양재), 1시간 코스 관광 ▶ 석식 후 몽환이강쇼 관람 HTL : 강성호텔 (준4성급) T.oooo-ooo-oooo	조식 : 호텔식 중식 : 현지식 석식 : 현지식
제3일	계림 백사 양삭 계림	전용 버스	전 일	호텔조식 후 ▶ 백사로 이동(1시간), 세외도원 나룻배 관광 　 양삭으로 이동 (30분) ▶ 월량산, 대용수, 우룡하뗏목, 서가재래시장 관광 ▶ 석식 후 인상유삼재 관람 HTL: 유람호텔 (준4성급) T.oooo-oooo-ooo	조식 : 호텔식 중식 : 쌀국수 석식 : 현지식
제4일	계림 용승	전용 버스	전 일	호텔조식 후 ▶ 은자암동굴 관광 후 계림으로 이동 ▶ 중식 후 용승으로 이동 ▶ 용척재전, 요족마을 관광 후 온천욕 체험(수영복 준비) HTL : oo호텔(정4성급) T.oooo-ooo-oooo	조식 : 호텔식 중식 : 현지식 석식 : 현지식
제5일	용승 계림	전용 버스	전 일	호텔조식 후 계림으로 이동(2시간 30분) ▶ 요산(리프트 왕복)에 등정하여 계림 조망 ▶ 첩채산, 칠성공원 관광 후 전신마사지 2시간 체험 ▶ 석식 후 양강사호 유람선 탑승(1시간) 관광 후 공항이동	조식 : 호텔식 중식 : 삼겹살 석식 : 현지식
제6일	계림 인천	MU2015	00 : 40 05 : 55	계림 국제공항 출발 인천 국제공항 도착	
포함 사항				* 왕복항공료, 유류할증료/텍스, 여행자보험, 중국단체비자비용, 호텔(2인1실), 차량(37인승) 　관광지입장료, 기본식사, 가이드/기사팁, 여행자보험, 전신마사지 2시간, 생수 1병씩 매일 제공	
불포함 사항				* 개인적으로 드는 비용(주류, 음료, 에티켓 팁 등)	
비고 사항				* 쇼핑센터 5군데 방문합니다.(차, 라텍스, 죽섬유, 히노끼, 진주, 잡화 중 5곳) * 현지 사무실 연락처 : oo 여행사 oooo-ooo-oooo / ooo-oooo 　김oo 부장 HP.ooo-oooo-oooo / 이oo 실장 HP.ooo-oooo-oooo	

악할 수 있다. 그 밖의 정보는 여행 도중 여행객들과의 접촉을 통해 얻을 수 있다. 직업, 가족 관계, 거주 지역, 해외여행 경험, 식성, 여행 중 불만 사항, 건강 상태, 개별 특이 사항 등 다양한 고객 정보를 얻는 것은 원활한 행사 진행에 큰 도움이 된다.

	성별	성명	생일	여권번호	주소	전화번호	비고
고객 명단(Name List)							
1	M	김oo	1960.08.oo	M7588500	제주 제주시	010-5512-oooo	부부
2	F	이oo	1962.02.oo	M7588500	〃	〃	〃
3	M	박oo	1965.12.oo	M8333240	서울 종로구	010-1244-oooo	부부
4	F	신oo	1955.06.oo	M9234230	〃	〃	〃
5	F	이oo	1964.09.oo	M2423420	서울 노원구	010-9282-oooo	고교 동창

3. 일정 협의

(1) 여행 일정표에 따른 협의

현지 가이드와 협의할 때 가장 유의할 것은 여행객들이 가지고 있는 여행 일정표를 중심으로 진행되어야 한다는 점이다. 행사 확정서는 본사와 현지 여행 사와의 계약이지만, 여행 일정표는 본사와 여행객들과의 계약이다. 행사 확정 서와 여행 일정표의 내용에 차이가 있는 경우도 간혹 있는데, 여행 출발 전에 담당자와 미리 협의를 해야 하지만, 이미 현지에 도착한 후라면 여행객들이 가 지고 있는 여행 일정표를 기준으로 일정을 진행할 수 있어야 한다.

(2) 현지 변동에 따른 협의

예정된 일정은 변동하지 않는 것이 좋다. 하지만 예정된 일정은 현지의 교통

상황, 치안과 여행객의 안전, 기상, 성수기와 비수기, 관광지 여건, 관광지 운영 시간, 그 밖의 현지 상황에 따라서 변동이 가능하다. 특히, 호텔이나 현지 교통 편은 정확한 인원이 있어야 예약이 가능하므로 출발일이 임박해서야 확정되는 경우가 많다. 현지 상황 변동에 따른 협의가 필요할 경우는 여행객에게도 상황의 불가피성에 대해 자세히 설명하여야 하며, 여행객들의 안전을 우선으로 협의가 이루어져야 한다.

(3) 고객 편의와 만족

여행객들의 편의와 만족도가 우선적으로 고려되어야 한다. 단체에 노약자가 많을 경우는 도보 노선을 상대적으로 짧게 한다든지, 학생을 동반한 가족이 있을 경우는 박물관 일정을 좀 더 늘리기 위해 여정을 수정한다든지, 관광지에서의 교통여건을 반영하여 관광지 방문 순서를 바꾼다든지 하는 것은 여행객들의 편의와 만족도를 고려한 것으로서 해외여행 인솔자가 현지 가이드와 탄력적으로 협의할 수 있다.

(4) 여행사의 편익

현지 여정 진행 계획보다 해외여행 본사와 현지 여행사의 수익을 위한 일정 협의가 우선되는 것은 신중해야 한다. 그렇지만 해외여행 인솔자는 영리를 추구하는 여행사의 입장과 고객 등 양측의 입장을 고려해서 현명하게 판단해야 된다.

4. 선택 관광 협의

(1) 선택 관광의 개념

선택 관광은 "예정된 일정에는 없지만 여행객의 요청에 의하여 개인적으로 비용을 지불하고 자발적으로 참여하는 관광"을 말한다. 선택 관광으로 인한 수

익은 쇼핑 관광과 함께 해외여행 인솔자와 현지 가이드, 여행사의 주요 수입원이 된다.

선택 관광에는 여행사가 주도하는 현지 선택 관광과 여행객들이 주도하는 선택 관광으로 구분한다.

전자는 "파리의 센 강 유람선 탑승"처럼 지역적인 특성 등으로 알려진 형태의 관광이며, 후자는 여행객들이 희망하여 해외여행 인솔자에게 인솔을 요청하는 관광이다. "현지의 특정 장소, 안내 요청" 등이다.

(2) 선택 관광의 수행

여행사가 판매하는 선택 관광은 현지에서 상품화된 것으로 현지 가이드의 도움을 받아 체험할 수 있으나, 여행객이 주도하는 선택 관광은 신청자의 성향에 따라 원하는 상품의 내용과 질이 다르므로 현지 가이드도 수용하기 어려울 수 있다.

참가자가 희망하는 선택 관광은 많은 여행객이 참가하는 패키지 투어에서는 수용할 필요가 없으나, 회사나 특정 단체가 주도하는 인센티브 투어에서는 가능하면 현지 가이드와 협의하여 수용하는 것이 좋다.

(3) 선택 관광 유형

국가와 지역에 따라 그 내용이 다양하다. 인지도가 높은 선택 관광에서부터 인지도가 높지 않지만 만족도가 높은 상품에 이르기까지 다양성이 있다. 따라서 해외여행 인솔자는 구체적인 정보를 가지고 여행객들에게 설명할 수 있어야 한다.

표 9-1 아시아 지역 선택 관광

국 가	지 역	선택 관광명	소요 시간	내 용
타이	파타야	알카자 수상 스포츠 전통 마사지 코끼리 트레킹 바이욕 뷔페	1시간 20분 1시간 30분 20~30분 1시간	트랜스젠더 쇼 제트 스키 등 마사지 코끼리 트레킹 전망 뷔페
필리핀	마닐라 세부	어메이징 쇼 히든 밸리 푸닝 온천 스쿠버 다이빙 마사지	1시간 30분 1~2시간 2시간 1시간 30분 1시간	극장식 쇼 자연 휴양지 온천 스쿠버 다이빙 마사지
인도네시아	발리	데이 크루즈 게짝 댄스 래프팅	6시간 1시간 4시간	스노클링 민속춤 래프팅
중국	베이징 상하이	발 마사지 인력거 투어 서커스	1시간 1시간 1시간	마사지 인력거 투어 서커스
홍콩	마카오 중국 심천 홍콩 시내	마카오 투어 심천 투어 나이트 시티 투어	반일 반일 2시간	카지노 관람 등 민속촌 방문 등 야경 투어
싱가포르	싱가포르	나이트 투어 나이트 사파리 리버 보트	1시간 1시간 30분 1시간	트라이쇼 투어 야간 동물원 관광 소형 보트 관광
타이완	타이베이	101 타워 전망대 발 마사지	30분 30분	전망대 관람 발 마사지

표 9-2 유럽 지역 선택 관광

국 가	지 역	선택 관광명	소요 시간	내 용
터키	이스탄불 카파도키아 안탈리아	밸리 댄스 야경 투어 열기구 투어 유람선	2시간 2시간 3시간 1시간	민속춤 야간 시내 투어 열기구 투어 유람선 투어

국 가	지 역	선택 관광명	소요 시간	내 용
프랑스	파리	리도 쇼 센 강 유람선 에펠 탑 관람	2시간 1시간 30분 1시간	극장식 쇼 유람선 탑승 에펠 탑 전망대
오스트리아	빈 인스부르크 잘츠부르크	비엔나 음악회 티를 쇼 유람선+케이블카	1시간 20분 1시간 30분 1시간 30분	클래식 음악회 민속춤 유람선+케이블카
스페인	그라나다 바르셀로나	플라멩코 야간 투어	1시간 30분 1시간 30분	민속춤 야간 도심 투어
그리스	아테네	아테네 야간 투어	1시간	아테네 야간 투어
이탈리아	로마 베니스	벤츠 관광 곤돌라	3시간 40분	벤츠 이용 시내 관광 곤돌라 승선
슬로베니아	블레드	블레드 섬	1시간 30분	섬 관광

표 9-3 기타 지역 선택 관광

국 가	지 역	선택 관광명	소요 시간	내 용
미국	라스베이거스 뉴욕 버팔로	주블리 쇼 스카이 라이드 제트 보트	2시간 1시간 2시간	극장식 쇼 엠파이어 빌딩 전망대 나이아가라 폭포 주변
캐나다	온타리오	나이아가라 폭포 투어	2시간	나이아가라 폭포 투어
아르헨티나	부에노스 아이레스	탱고 디너	2시간	민속춤과 디너
브라질	이과수	라파인 디너 쇼 마꾸고 사파리	1시간 1시간	민속촌, 현지식 보트 투어
호주	시드니 포트스테판	시드니 야경 투어 돌핀 크루즈	3시간 2시간	나이트 투어 돌고래 탐방
케냐	나이로비	사파리 캐츠 쇼	1시간	아프리카 원주민 쇼
이집트	록소르	열기구 투어 사막 투어	1시간 1일	열기구 유적 관광 낙타 투어

(4) 진행 시 주의 사항

선택 관광은 현지 가이드(운전기사), 해외여행 인솔자의 주 수익으로서 무리하게 일정을 추진하는 경우도 있으나, 선택 관광에 참여하지 않는 데 따른 일정상의 불이익은 없어야 한다. 가능한 정규 일정이 끝난 후에 진행하도록 하고 선택 관광을 하지 않는 여행객들에게 피해가 없도록 한다. 어쩔 수 없이 일정 중간에 진행해야 하는 경우에는 반드시 참여하지 않는 고객의 양해를 구해야 한다.

최근 많은 여행사가 여행 일정 자체에 선택 관광 정보를 소개하여 선택 관광으로 인한 여행객들의 불만을 줄이기 위해 노력하고 있다.

🌐 선택 관광 진행 시 주의 사항

1 정확한 정보를 제공
2 현지 가이드와 협의, 적절한 선택 관광 선택, 지나친 권유 자제
3 권유는 현지 가이드에게 일괄
4 원하지 않는 고객들에게 피해 최소화
5 일정에 차질이 없는 범위 내 진행

5. 쇼핑 관광

(1) 쇼핑 관광의 개념

쇼핑은 여행의 중요한 요소인 동시에 그 자체가 목적이 되기도 한다. 여행의 기념으로 현지에서 그 지역의 대표 기념품 및 특산물 등을 구매한다.

중국의 차, 남아프리카 공화국의 다이아몬드 원석, 말레이시아의 주석 제품, 영국의 레인코트, 이집트의 파피루스 등과 같이 각 국가나 지역마다 다른 특산품이 있다.

(2) 쇼핑 관광의 구조

여행사뿐만 아니라 해외여행 인솔자나 현지 가이드에게도 주요한 수입원이 된다. 현지 여행사는 덤핑으로 인한 적자를 충당하는 수단으로 쇼핑 관광을 선호하며, 현지 가이드와 해외여행 인솔자의 경우 주 수입은 쇼핑과 선택 관광에서 보장된다. 이러한 사유로 패키지 상품에 포함되는 단체 쇼핑을 부정적인 시각으로 보는 여행객들이 많으며, 많은 쇼핑 일정과 구매 권유는 여행객들이 인솔자나 현지 가이드를 불신하는 큰 이유가 되기도 한다.

(3) 관광 시 착안사항

해외여행 인솔자는 그 지역의 특산물에 대해서 정확한 정보를 숙지하고 여행객들이 문의할 때 명확하게 답변할 수 있어야 한다. 또한 관세청이 고시한 면세와 과세 금액을 사전에 여행객에게 제공하여 현지에서 쇼핑으로 인해 고객들이 불이익을 당하지 않도록 배려한다. 해외여행 인솔자는 본인이나 여행사의 수익보다는 여행객들의 만족도를 우선적으로 고려해야 한다. 연령과 계층에 따라서 쇼핑 품목은 달라진다. 해외여행 인솔자는 실제 구매에는 개입하지 말고, 구매 품목은 여행객이 결정하도록 한다.

쇼핑 관광 진행 시 유의 사항

1 같은 품목이라면 한국보다 저렴해야 한다.
2 제품의 품질을 믿을 수 있어야 하며, 신뢰할 만한 점포로 안내하여야 한다.
3 여러 군데의 유사 상점은 권하지 않는다.
4 여행객들의 취향이 다르므로 전문 상점은 피한다.
5 현지 가이드를 전적으로 믿지 않는다.
6 물건의 구매를 강요하면 안 된다.
7 비구매 고객을 차별하지 않는다.
8 쇼핑 종료 시간을 정하고 여행객들에게 사전에 알린다.
9 면세와 과세 금액을 사전에 공지한다.

6. 가이드 지원

(1) 현지 가이드와 해외여행 인솔자의 역할

현지에서 관광을 안내하는 것은 현지 가이드(local guide)의 임무이고, 단체의 여행을 총괄하는 것은 해외여행 인솔자의 임무이다. 현지 가이드와 해외여행 인솔자는 여행객들의 일정관리 및 여행 만족도에 중요한 역할을 하게 되므로 서로가 긴밀하게 협조하여 일정을 진행해야 한다.

(2) 현지 가이드와 해외여행 인솔자의 관계

일정 진행의 주도권 문제로 해외여행 인솔자와 현지 가이드가 불편한 관계가 발생하는 경우가 있는데, 이는 여행객들에게도 매우 부정적인 영향을 끼치고 원활한 일정 관리에 부정적인 영향을 미치게 되므로, 해외여행 인솔자와 현지 가이드는 상호 협력하고 보조해야 한다.

그러나 해외여행 인솔자와 현지 가이드가 지나치게 밀접한 관계를 갖는 것으로 보이면 여행객들이 여행사를 불신하는 요인도 되므로 공사 관계를 명확히 하는 모습을 보이도록 한다.

(3) 현지 가이드 지원

❶ 인원 확인

인원 확인은 해외여행 인솔자의 기본 업무이다. 관광지에 도착하면 현지 가이드는 앞에 서고, 해외여행 인솔자는 맨 뒤에서 일행의 물품 등을 확인하고 낙오자가 없도록 협조한다.

❷ 일정 관리

관광지에서는 승·하차 및 다음 목적지로 이동 또는 예기치 못한 교통 혼잡 등으로 시간이 많이 소요되는 경우가 생기므로 해외여행 인솔자는 항상 가이드와 협의하여 단체의 일정과 시간에 차질이 없도록 해야 한다.

❸ 호텔 체크인(check-in) / 체크아웃(check-out)

호텔 체크인 및 체크아웃은 해외여행 인솔자의 기본업무이다. 동남아시아나 중국에서는 언어 등의 문제로 현지 가이드가 호텔 체크인과 체크아웃 업무를 주관하지만 그 밖의 지역에서 현지 가이드는 관광 안내에 치중한다.

❹ 현지 가이드 보조

관광지에서는 현지 가이드가 안내하고 해외여행 인솔자는 여행객 보조 역할을 한다. 앞에는 현지 가이드가 서고, 뒤에는 해외여행 인솔자가 서서 일행 중에 낙오자가 없도록 확인하고 도와주며 마지막으로 따라 가는 것이 좋다.

❺ 가이드 업무

출국 및 입국, 기내, 공항에서의 여행객 인솔, 호텔 체크인 이후 여행객 관리 등 여행에 필요한 모든 일정에 여행자를 지원하고, 현지 가이드가 없는 곳에서는 여행안내 등을 포함하여 가이드의 업무를 성실하게 해야 한다.

07 해외여행 시 위기 관리

1. 사고 처리 원칙

단체 고객을 인솔하고 해외여행을 하는 동안 예기치 않은 사고를 당하게 되면 순조로운 행사를 진행할 수 없게 된다. 이러한 예기치 못한 사고가 발생했을 때 다음과 같은 내용들을 사전에 숙지하고 떠나면 대비할 수 있다.

해외여행 상품의 구성 요소

1 여행 목적지 및 구성의 만족도, 편의성, 접근성
2 항공기 및 육상 교통수단인 선박, 기차, 버스 등의 편의성, 서비스, 안정성
3 호텔 등 숙박시설과 공공시설의 관리 상태, 서비스, 편의성, 요금 등
4 식음료 가격과 질 등
5 쇼핑 환경 등 고객 관점 서비스 등

(1) 여권을 분실한 경우

여권이 분실된 것이 확인되면 경찰서에 신고하고 분실증명확인서를 발급받아 현지에 주재하고 있는 우리나라 공관에서 여행증명서(여권분실확인서, 여권용 사진 2매, 여권번호와 발급 연월일 제출)를 발급받는다.

여권 재발급에 따른 소요 기간은 1일 이내로 발급되는 경우도 있지만, 나라별로 다르므로 여권관리에 만전을 기해야 한다. 또한 여권 재발급에 따른 제반 수수료는 고객이 부담하여야 한다.

(2) 항공권을 분실한 경우

현지 경찰서로부터 항공권 분실확인서를 발급받아 최초 항공권 발급 항공사에 분실증명서를 제출하는 것이 원칙이지만 불가피한 경우는 본사의 도움을 받아 재발급을 받는 것이 좋다.

재발급 요청 시 항공권번호, 예약번호, 요금, 발행지점, 발행 연월일 등이 필요하기 때문에 항공권을 발급받으면 만약의 사태에 대비하여 항공권을 복사해 두는 것이 필요하다.

분실된 항공권을 타인이 이미 사용했거나, 환불이 이미 이루어진 경우에는 손해에 대한 보상을 하겠다는 책임인수서(Indemnity letter)에 인솔자가 서명을 하고 재발급을 받는다. 무상으로 재발급을 받지 못하고 새로운 항공권을 구입해야 할 경우 차후에 환불(refund)을 받을 수 있도록 관계 서류들을 구비해야 된다.

(3) 위탁수하물 보상

위탁수하물이 목적지 공항에 도착하지 않고 분실되었을 경우 탑승 수속 시 항공사로부터 받은 수하물표와 항공권을 지참하고 공항에 있는 수하물 분실신고 센터(lost & found)에 수하물사고보고서(PIR : Property Irregularity)를 제출하고 1부는 본인이 보관한다. 여행 중이라도 찾게 되었을 때를 대비해 다음 행선지를 정확하게 일자별로 가르쳐 주어야 한다. 보상금액은 항공사별 차이가 있다. 수하물이 파손된 경우에는 수리비, 구입비 등을 청구한다.

(4) 귀중품 및 현금 분실

숙박하고 있는 호텔에서 분실된 경우에는 호텔 책임자에게 통보한 후 경찰서에 신고를 하고 귀국 후에 보험 청구용으로 사용하기 위해 분실 및 도난증명서를 보관해 둔다. 호텔 투숙 시 귀중품은 귀중품 보관함(safety box)을 보관하도록 안내하여 여행 중에 도난 사고 등을 방지할 수 있도록 한다.

(5) 신용카드 및 여행자 수표 분실

신용카드를 분실하면 즉시 한국의 발행 은행에 신고하여 타인이 사용하지 못하도록 하고 현지에서 재발급을 할 수 있는 경우는 도움을 준다.

여행자 수표를 분실한 경우에도 즉각 해당 은행에 신고를 하고 타인이 사용하지 못하도록 한다. 또한 여행자 수표는 구입 즉시, 사인란에 서명을 해두도록 하며, 구입한 은행과 구입 연월일, 수표번호 및 총금액 등을 수첩에 기록하여 만일의 사태에 대비한다.

(6) 항공사 파업으로 출발 지연

항공기가 2시간 이상 지연이 될 경우는 항공사 직원으로 하여금 고객들에게 설명하도록 요청하고 인솔자도 현지 여행사와 본사에 연락을 해서 지원을 받을 수 있도록 한다.

불가피한 사고가 발생하면 여행사는 면책사유에 해당되지만, 부득이하게 여행 일정에 차질이 올 경우 일정 변경에 따른 추가요금의 지불 주체는 고객들과 명확하게 해야 한다.

(7) 환자 발생

과도한 일정 소화로 일행 중에서 환자가 발생되면 다른 고객들에게 양해를 구한 후 병원으로 후송을 한다. 인솔자가 직접 환자를 병원으로 후송할 수도 있고 현지 가이드를 활용할 수도 있다. 입원이 필요한 경우는 환자의 가족과 본사에 연락하도록 한다.

치료비는 환자 부담이 원칙이며 카드결제를 하는 것이 보험처리 절차 시 용이하다. 식중독, 교통사고로 입원을 하게 되면 가해자 부담이다. 인솔자는 고객이 보험처리에 사용할 수 있도록 영수증, 치료비 영수증, 의사의 진단서 등을 보관하도록 조언한다.

교통사고인 경우 현지 경찰서로부터 사고증명서를 교부받고 본사와 가족에게 연락을 취한 후 보험회사와 주재 공관에 사고자 인적 사항 및 사고경위와 현재 환자상태 등에 대한 내용을 상세하게 제공해야 한다.

(8) 사망사고 발생

고객이 사망하게 되면 인솔자는 다음과 같은 절차에 따라서 업무를 처리한다.

- 담당의사의 사망진단서를 발급받는다.
- 변사나 타살로 사망한 경우에는 경찰서로부터 사고경위서, 증명서 등을 교부받고 주재 공관에 사망자의 인적 사항 및 사고 개요, 여권번호와 발급일, 유해안치소 등에 대한 정보를 제공하고 해당 여행사에서는 가족에게 연락과 보험 청구를 의뢰해야 한다.
- 유해는 반드시 유족들의 의사를 존중해서 처리한다.
- 천재지변으로 사망사고가 발생한 경우, 나머지 고객들을 안전한 장소로 대피시키고 사망자와 부상자를 병원으로 후송한다.
- 본사와 주재 공관에 연락을 한 후 모든 일정을 취소하고 가능한 후속조치를 한 후 조기귀국 한다.
- 보상은 여행약관에 따라서 처리한다.

08 고객 만족 및 사후 관리

1. 고객 만족관리

(1) 고객 만족의 개념

만족은 고객이 제품이나 서비스를 구매한 후의 느낌이 구매하기 전의 기대와 비교하여 달라진 상태를 말한다. 즉, 고객이 제품을 구매한 후에 구매한 제품이나 서비스의 품질이 기대를 충족하는 경험을 했을 때에 고객이 느끼는 상태를 말한다. 이러한 고객 만족의 정도를 고객 만족도라고 하며, 이는 구매 전의 기대와 구매 후의 차이에 의해서 결정된다.

고객의 기대는 고객의 구매 경험이나 주변의 평가와 구전, 해당 기업에서 제공하는 정보, 묵시적 또는 명시적 약속에 의하여 구성된다.

(2) 고객 만족의 형성 과정

고객 만족은 제품이나 서비스에 대한 고객의 기대와 느끼는 품질과의 비교에 따라서 결정된다.

제품이나 서비스의 품질이 고객의 기대와 일치하거나 초과한다면 고객이 만족하고, 미치지 못한다면 불만이 된다. 이러한 고객 만족의 형성 과정은 기대/불일치 모형, 공정성 이론, 비교 수준 이론, 가치/지각 부동성 이론으로 나눌 수 있다.

(3) 고객 만족도 조사

고객 만족도 조사는 측정에서 시작한다. 여행업계에서 자주 사용되는 측정 지표는 매출액, 이익, 시장점유율 등과 같은 재무적 지표 및 결과에 중점을 두는 방법과 고객 만족도, 고객 선호도, 고객 충성도 등과 같은 태도 측정 지표도 많이 사용되고 있다.

(4) 설문 조사

자료 구성이 탄력적이고 용이해서 여행업계에서 가장 널리 사용하는 조사 방법이다. 설문은 개별 면접, 우편, 전화, 자기 기입, 온라인 등의 5가지 주요 조사 방법이 이용된다.

❶ 개별 면접

길거리, 가정, 사무실, 상점가 등에서 조사 대상자들과 대화를 통하여 자료를 수집하는 방법이다. 이 방법은 융통성이 많고, 질문의 내용을 확실하게 전달할 수 있으며, 시의 적절하게 자료를 사용할 수 있다. 그렇지만 개별 면접 방식은 비용이 많이 들며, 조사할 때 질문자가 편견을 가질 수 있고, 응답자가 개인적인 사항에 대하여 기피할 수 있다. 아울러 응답자가 편안한 방식으로 대답하지 않고, 설문이 이루어지는 동안 응답자에게 불편을 줄 수 있다.

❷ 우편 조사

응답자들에게 우편으로 설문지를 발송하여 회신을 받는 방법이다. 이 방식은 적은 비용으로 많은 양의 조사를 실시하기 위해서 사용된다. 응답자들이 모르는 면접자와 사적인 질문에 자유로울 수 있으며, 면접자도 대면 조사를 하지 않는 응답자의 대답에 편견이나 영향을 줄 수가 없다.

그러나 이 방법은 응답자 모두가 똑같은 질문에 똑같은 형태로 답변함으로써 융통성이 작고 조사 시간이 오래 걸린다.

❸ 전화 조사

조사자의 재량에 따라서 질문을 명확하게 구성할 수 있고 적절하지 않은 질문은 생략할 수 있어서 우편 설문 조사보다 융통성이 있다.

따라서 교육이 잘 된 전화면접자는 높은 응답률을 얻을 수 있다. 그렇지만 이 방법은 전화를 받는 사람들이 설문에 응답하지 않고 바로 전화를 끊는 경우가 많아서 조사를 못할 수도 있다.

❹ 자체 조사

숙소 및 항공기와 선박 전용실에 비치된 설문지와 편의시설에 비치된 고객 의견 카드를 활용하는 방법이다. 이 방법은 서비스의 질과 시설 및 장비 등에 대한 고객 만족도를 조사하는 목적으로 이용된다.

❺ 온라인 조사

인터넷을 통한 설문 조사이다. 고객에게 설문지를 보내서 회신을 받는 방법으로, e-mail과 World wide-web을 이용한다. 이 방법은 조사를 빠르게 진행할 수 있지만 웹을 활용한 설문지 개발에 기술력과 시간이 필요하다.

2. 고객 불편 처리하기

(1) 고객 불편 파악

고객 불편 파악은 해외여행 고객이 무엇을 원하고 있는지를 알려 준다. 서비스 제공자가 아무리 노력하여도 100% 완전하지는 않다. 따라서 고객의 불편한 점을 파악하여 제도를 개선하여야 한다. 고객 불편 파악은 서비스 개선에 중요한 시사점이 된다.

첫째, 고객 불편을 통하여 새로운 문제점을 파악할 수 있기 때문이다.

둘째, 불만족에 대한 구전 효과는 만족에 대한 입소문보다 강력한 전파력이 있다. 따라서 고객에게 불편한 것이 있으면 다른 곳에 전달하지 않고, 해당 여행사 및 담당 직원에게 직접 불평을 하도록 권유해야 한다.

셋째, 불만을 제기한 고객은 그 문제점이 해소되면, 만족한 고객보다 오히려 여행사에 더 충성 고객이 된다.

(2) 불만 고객의 유형

불평 표출에는 세 가지 유형이 있다.

첫째, 해당 기업에 직접 항의하고 배상을 요구한다.

둘째, 가족이나 친지 등 주변 사람들에게 자신의 불만 사항을 이야기한다. 즉, 자신이 영향을 미칠 수 있는 소비자에게 그 제품의 구매에 악영향을 미치는 행동을 한다.

셋째, 정부 기관 및 소비자 보호 단체 등에 민원을 제기하여 자신의 목적을 달성하고 배상을 받는다.

(3) 불만 발생원인

❶ 서비스 품질 문제

상품을 구매한 후에 불만족한 고객은 교환 또는 환불을 요구한다. 이 요구가 무시되거나 교환을 거절당했을 때에 고객 불편이 발생한다.

❷ 직원 접객 태도

직원의 불친절한 언행, 고객의 질문 회피, 고객의 요구에 대한 일방적인 무시, 불친절 등은 고객 불만의 원인이 된다.

❸ 정보 미흡

판매사원의 미흡한 제품 정보 제공은 제품 사용상의 문제점을 발생시킨다. 또한 사원이 고객에게 상품 설명을 생략하여, 고객이 상품의 사용방법을 몰라서 문제가 발생되는 경우도 고객 불만이 된다.

❹ 강권과 강매

충분한 설명 없이 이루어진 옵션상품은 여행사에 대한 신뢰감을 떨어뜨리며 고객 불만의 원인이 된다.

❺ 교환 · 환불 지연

정당한 이유나 설명 없이 교환이나 환불을 회피할 경우 고객 불만을 발생시키고 충성 고객이 떠나게 된다.

❻ 약속 불이행

직원의 행위는 회사를 대표하여 이루어진다. 따라서 직원의 약속 불이행으

로 인하여 고객에게 손해를 끼치는 경우는 손해배상 사유가 발생한다.

❼ A/S 미흡

고객이 원하는 A/S에 대한 정확한 내용을 기록으로 남겨 놓지 않으면, A/S 담당 직원에게 그 내용이 제대로 전달이 되지 않아 고객 불편이 발생할 수 있다. 따라서 고객의 요청 내용을 정확히 전달해야 되며, A/S 후에는 반드시 고객의 요구가 잘 처리되었는지 고객에게 확인하여야 한다.

❽ 표시와 광고

광고가격과 실제 판매 상품의 가격 차이는 고객 불만의 원인이 된다.

(4) 고객 불만 개선

❶ 고객 불만 조치

고객 불만처리대장에 발생시간 및 내용, 불만 해결을 위한 조치 등을 상세하게 기록하고 그 다음 날 아침 회의에서 보고하여 동일 사례의 재발을 방지한다. 또한 월별 통계를 작성하여 본사에 보고함으로써 고객 불편 발생의 근본적인 원인을 분석하고 제도를 수립한다.

❷ 원스톱 서비스(one stop service)

고객 불편을 접수하는 부서는 특정 전화번호를 지정하여 고객 불편에 대해 신속하게 대응하여야 한다.

❸ 만족도 조사

여행사가 직접 고객을 대상으로 '만족도 설문지 조사'를 실시하여 이를 분석하여 고객서비스 개선 자료로 활용한다.

❹ 도표화

월별로 고객 불편 발생 빈도에 따라 순위를 결정하고, 이를 근거로 도표를 작성하여 관련 직원들에게 경각심을 준다.

⑤ 교육 · 훈련

매일 특정한 시간을 지정하여 고객접점 직원들을 대상으로 '불만 고객 대응
요령'을 교육시킨다.

09 정산 · 보고

1. 행사 결과 보고서 작성

❶ 행사 결과 보고서는 행사 확정서에 따라 매일 진행 사항을 사실대로 기록
한다.

❷ 행사 결과 보고서는 회사마다 양식이 다르나 구성 내용은 비슷하므로 회
사 규정에 따라 작성한다. 이때 모든 기록은 변형 없이 사실대로 작성해
야 한다.

❸ 일정에 따라 행사 당일 기록한 보고서를 근거로 일정상의 문제점 및 개선
방안, 현지 가이드 및 운전기사, 호텔, 차량, 식사, 관광지, 고객의 만족도
등을 정확하게 기록하여, 행사 종료 후에 다른 상품을 준비할 때에 중요한
자료로 활용할 수 있다.

❹ 행사 중에 고객의 불평불만(complain)이 발생하면 해외여행 인솔자는 주저
하지 말고 여행객 및 현지 가이드와 협의하여 원만하게 진행하고 귀국 즉
시 회사에 보고하여야 한다. 이때 발생한 비용 등이 해외여행 인솔자의
능력으로 해결하지 못하는 부분이 있으면 즉시 회사에 도움을 요청하여
해결하도록 한다.

❺ 예비비(비상시 대비 회사 책정 추가경비) 지출은 신중하게 집행하도록 한다.

2. 정산(영수증) 처리

고객들로부터 입금된 여행 경비 총액에서 항공료, 지상비, 여행자 보험료, FOC(free of charge) 경비, 인솔자 경비, 예비비 등 총 지출을 제외하고 남은 금액을 소정 양식에 작성해서 보고하는 것으로, 현지에서 발생한 쇼핑 수수료와 선택 관광 수수료도 포함한다.

(1) 항공료

FOC 항공권을 포함하여 항공권 발행에 소요된 모든 비용을 말하며, 유류 할증료도 포함된 가격이다. 유류 할증료(fuel surcharge) 제도는 2004년부터 국토교통부 승인하에 실시된 제도로 불안정한 유가로부터 항공요금 안징화를 도모하기 위하여 추진되었다. 유류 할증료란 항공 유가 인상에 비례하여 급격하게 인상되는 항공 운임 대신 별도로 추가요금으로 지불하는 형식을 말한다. 수시로 인상되는 국제 유가에 탄력적으로 대응하기 위하여 정부 당국에서 '유류 할증료'를 신설하여 1개월 단위로 인상 또는 인하된 추가 유류 가격을 적용한다.

(2) 지상비

현지 체재비로서 숙박비를 포함한 현지에서 여행과 관련하여 지불되는 모든 비용을 포함한다.

(3) 여행자 보험료

여행상품(package tour)은 「관광진흥법 시행규칙」 제18조(보험의 가입 등)에 따라 의무적으로 해외여행자가 보험을 가입하여야 한다. 「관광진흥법」 제2조제3항에 의하면 "기획 여행이란 여행업을 경영하는 자가 해외여행을 하려는 여행자를 위하여 여행의 목적, 일정, 여행자가 제공받을 운송 또는 숙박 등의 서비스 내용과 그 요금 등에 관한 사항을 미리 정하고 이에 참가하는 여행자를 모집하여 실시하는 여행을 말한다."라고 명시하고 있다.

(4) FOC 경비

일반적으로 15 + FOC라고 하는 것은 항공사에서 해외여행 인솔자용으로 제공하는 무료 항공권을 의미한다. 그러나 최근에는 항공사가 경영개선 목적으로 FOC 제도를 점차 폐지하고 있다. 반면에 일반 여행자들이 항공권이나 여행상품 예약 시 15명이 넘으면 일행 중 한 명에게 무료 항공권을 제공할 것을 요청하는데 이는 잘못 알고 있는 것이다.

FOC 항공권이 완전 무료는 아니며 출발 공항세, 전쟁 보험료, 현지 공항세, 관광 진흥 개발 기금 등은 별도로 지불해야 한다.

(5) 인솔자 경비

인솔자 경비에는 통상적으로 출장비, 여행자 보험료, FOC 항공료 중 TAX(유류할증료 포함), 비자 발급비 등이 포함된다.

(6) 예비비

부득이하게 현지에서 비용이 필요한 경우는 회사에서 정해준 범위 내에서 사용하도록 한다. 이때 사유와 영수증은 반드시 첨부하여야 한다. 대부분 예비비 지출은 고객의 만족도를 높이고 충성 고객 유치를 위하여 사용된다.

(7) 선택 관광 수수료

선택 관광 상품의 판매사항을 자세히 기록하고 현지 가이드가 서명한 영수증을 첨부한다.

(8) 현지 가이드와 운전자 팁

국외 여행지와 여행 그룹별로 팁이 포함된 상품과 포함되지 않은 상품이 있으므로 정확하게 구분하여 작성하여야 한다. 팁 때문에 여행 중에 갈등이 발생하는 경우가 있으므로 사전에 충분히 설명하여 오해가 없도록 한다.

3. 정산서 작성

❶ 행사 종료 후에 예상서와 비교하면서 작성한다.

❷ 경비 관련 영수증을 첨부하여 작성한다.

❸ 국외 여행 계약서를 반드시 첨부하여야 한다.

정산서 작성 항목

1. 항공료 작성	항공사에서 지급하는 수수료, FOC, 유류 할증료 가격, 소아와 유아 여부, 개별 귀국자 등을 정확히 파악한 후에 작성한다.
2. 지상비 작성	환전 당시 환율표 첨부
3. 여행자 보험료 작성	여행자 보험료는 생년월일에 따라 보험료가 차등되므로 정확하게 파악한 후에 작성한다. 특히, 14세 미만과 70세 이상은 보험료와 보상 한도액이 다르므로 주의한다.
4. FOC 경비	여행 참가자의 목적과 인원에 따라 FOC 제공 수량 차등
5. 인솔자 경비	출장비와 여행자 보험료, FOC 항공권에 대한 각종 TAX(유류 할증료 등) 포함
6. 예비비 사용내역	객관적인 사유를 증빙할 수 있는 명분 및 영수증 첨부
7. 선택 관광 수수료	관광 상품의 종류 및 참가 인원과 금액을 정확하게 기록하고 현지 가이드가 서명한 영수증 첨부

4. 정산서 제출

❶ 정산서의 각 항목을 면밀하게 검토

❷ 항목별 영수증 첨부 여부 확인

❸ 정산서의 사실 여부 확인

❹ 예상서와 동시 제출

❺ 행사 확정서에 첨부하여 제출

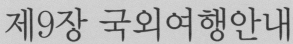
제9장 국외여행안내

공항실무에 관련된 용어의 친숙함을 도모하기 위함이므로 객관식과 주관식 문제를 혼용하여 교수님의
판단에 따라 Open book과 Close book으로 평가하여 주시기를 당부드립니다.

성명: 학번:

1. 국외여행안내업무의 의의는? (주관식-open book 권장)

_____

_____

_____

_____

_____

_____

_____

2. 다음 중에서 국외여행자의 역할이 아닌 것은?

① 여행일정 관리자

② 여행자의 보호자

③ 여행자 본인 일정 관리

④ 여행의 연출자

3. 다음 중에서 국외여행 행사진행을 위한 서류가 아닌 것은?

① 최종 여행일정표

② 개인 보험 증명

③ 전자항공권과 예약 기록(e-ticket & PNR)

④ 수배확정서

4. 해외여행안내 사전 정보에 해당하지 않는 것은?

① 현지 공항 정보

② 현지의 계절 및 기상

③ 문화 및 시간 차이

④ 현지인 학력수준

5. 해외여행일정표의 확인 사항에 포함되지 않는 것은?

① 여행객 선물 목록

② 쇼핑 및 식사 메뉴

③ 선택 관광 사항

④ 호텔정보

memo

INTRODUCTION TO AIR
TRANSPORTATION
SERVICE

CHAPTER

10

부록

Appendix

항공운송
서비스개론

↗

CHAPTER

10

부록 Appendix

1. 음성문자(Phonetic Alphabets)

승객의 이름을 전화, 무선 또는 워키토키 등의 통신장비를 사용하여 송신할 때 오류를 방지하기 위하여 ICAO에서 제정한 표준 음성문자를 사용하지만, 대다수의 항공사들은 항공사 버전 음성문자를 사용하고 있다.

구 분	ICAO	AIRLINE
A	Alpha	Able
B	Bravo	Baby or Baker
C	Charlie	Charlie
D	Delta	David or Dog
E	Echo	Easy
F	Foxtrot	Father
G	Golf	George
H	Hotel	How
I	India	Item
J	Juliet	Jack
K	Kilo	King

구 분	ICAO	AIRLINE
L	Lima	London
M	Mike	Mother
N	November	Nancy
O	Oscar	Opal
P	Papa	Peter
Q	Quebec	Queen
R	Romeo	Roger
S	Sierra	Sugar
T	Tango	Tommy
U	Uniform	Uncle
V	Victor	Victor
W	Whiskey	William
X	X-ray	X-ray
Y	Yankee	Yoke
Z	Zulu	Zebra

2. 항공 용어 및 해설

A

☑ ABC World Airways Guide　영국의 ABC Travel Guide Ltd.가 월간으로 발행하는 것으로 항공사의 시간표 및 두 도시 간의 항공편 및 기타 정보가 수록된 정기노선의 시간표

☑ Acceptance of Baggage　수하물의 운송조건

☑ Accompanied Baggage　동반수하물. 승객이 탑승한 항공기로 동시에 운송되는 수하물

☑ Actual Time of Arrival(ATA)　실제 도착시간

☑ Actual Time of Departure(ATD)　실제 출발시간

☑ Adult   성인. 만 12세 이상의 여객

☑ Adult Fare   성인운임. 만 12세 이상의 승객에게 적용되는 성인요금

☑ Advance Passenger Information(API)   사전여객 정보

☑ Advance Seating Product(ASP)   사전좌석 배정제도. 항공편의 예약 시 승객이 원하는 좌석을 미리 예약해 주는 제도

☑ Advice Flight Status(AVS)   항공사와 예약시스템 간의 좌석상태의 응답코드

☑ Aeroport De Paris(ADP)   파리공항공단

☑ Affinity Charter   Prorata Charter. 여행 이외의 목적을 가진 단체로 최소 비행 전 6개월 전에 구성된 전세비행의 일종

☑ Air Bridge   탑승교. 탑승구에서 항공기까지 연결해 주는 승객탑승용 터널형 통로

☑ Air Bus   에어버스. 유럽항공사들의 컨소시엄으로 제작된 운송용 항공기

☑ Air Coach   에어코치. 요금이 저렴한 근거리 통근용 비행기

☑ Aircraft   항공기. 비행기, 비행선, 활공기 등 민간항공에 사용할 수 있는 기기

☑ Aircraft Carrier   항공모함. 항공기를 탑재, 이·착륙시킬 수 있는 시설과 장비를 구비한 함선

☑ Aircraft Maintenance   항공기 정비

☑ Aircrew   항공승무원

☑ Air Field   비행장

☑ Air Freedom   하늘의 자유

☑ Air Freighter   화물기

☑ Airline   항공사

☑ Airline Code   항공사 코드

☑ Airline Terminal   항공사 터미널. 탑승권 판매, 수하물 처리, 공항까지의 교통편 등을 제공하는 공항시설

☑ Airline Ticketing Request(ATR)   항공권을 Agent 자체의 발권을 불가하며 해당 항공사에 직접 발권을 의뢰함

☑ Air man   비행사

☑ Airplane   비행기. 추진용 동력장치와 고정된 날개를 가진 항공기

☑ Airport   공항

☑ Airport Revenue   공항수익

☑ Airport Surveilance Radar   공항감시 레이더

☑ Airport Terminal   공항청사

☑ Air Route   항공로. 항공사가 항공수송을 수행하는 공로

☑ Air Show   에어쇼. 비행진행구간에 따라 비행속도, 비행고도, 외기온도, 잔여 비
행 시간, 목적지 현지시간 등의 비행정보를 스크린을 통해 안내하는 프로그램

☑ Air Shuttle   에어 셔틀. 운항시간표를 별도로 짜지 않고 여객이 많은 노선에서 승
객이 일정 수에 달하면 출발하며 연속 운항도 가능함

☑ Air Side   계류장 지역. 정부통제기관이 관할하는 공항통제지역

☑ Air Traffic   항공교통

☑ Air Traffic Control Holding(ATC Holding)   공항의 혼잡 등의 이유로 관제탑의
지시에 의해 항공기가 지상에서 대기하거나 공중에서 선회하는 것

☑ Air Traffic Control Service   항공교통관제업무. 항공기와 항공기 및 장애물 간의
충돌방지 등의 목적으로 수행하는 업무

☑ Air Traffic Control Unit   항공관제소, 접근관제소, 관제탑 등 항공교통관제업무를
수행하는 기관

☑ Air Traffic Management(ATM)   항공교통관리

☑ Air Transportation   항공수송

☑ Air Transportation Business   항공수송사업

☑ Airway   항로

☑ Air Way Bill(AWB)   항공화물운송장. 화물운송을 위한 화주와 운송인 간의 계약
증서

☑ Airworthiness   감항. 항공기가 안전하게 비행할 수 있는 능력

☑ Airworthiness Certificate   감항 증명서

☑ Alternative Reservation   예비예약. 승객이 원하는 날짜의 항공편 이외의 예약

☑ Apron   계류장. 일명 Ramp. 승객, 우편물, 화물 등을 하기하거나 급유, 주기, 정비
를 위한 항공기를 수용하기 위한 비행장 내의 구역

☑ Audio Response System(ARS)   국제선·국내선 당일의 정상운항 여부 및 좌석
현황을 전화로 알려주는 음성응답 서비스

☑ Authorization(AUTH)　항공사에서 항공권에 대해 할인이 주어질 경우 할인의 내역과 성격을 코드화한 것

☑ Automatic Landing System　자동착륙장치

☑ Automatic Ticket Machine(ATM)　자동발권기

☑ Available Seat Kilometer(ASK)　유효 좌석 킬로미터. 항공사의 여객 수송력의 단위로서 좌석 수와 수송거리를 곱한 값으로 1좌석이 1km 비행할 경우를 1좌석 킬로미터라 함

☑ Available Ton-Kilometer(ATM)　유효 톤 마일. 여객·화물·우편물에 대한 가용 총톤 수에 수용능력이 비행한 마일 수를 곱한 값

B

☑ Baby Meal(BBML)　유아식

☑ Baggage　수하물. 항공기에 탑재한 여객 및 승무원의 수하물

☑ Baggage Claim Area　수하물 수취소

☑ Baggage Claim Tag　위탁수하물의 구별을 위해 항공사가 발행하는 수하물 증표

☑ Baggage Pooling　수하물 합산. 2명 이상의 여객이 동일편, 동일 목적지의 여정일 경우, 무료 수하물 허용량은 전체 합으로 적용

☑ Billing Settlement Plan(BSP)　항공사와 여행사 간의 항공권의 판매대금을 은행에서 대행하는 제도

☑ Birthday Cake(BDCK)　생일축하 케이크

☑ Blocked-Off Charters　블록오프차터. 정기편과 동일 또는 유사한 경로와 시간으로 구성되어 운항편 전체가 부정기 판매를 위해 지정된 경우

☑ Block Time　항공기가 움직이기 시작하여 다음 목적지에 착륙하여 정지할 때까지의 시간

☑ Boarding Pass　항공기 탑승권

☑ Booking Passenger(BKG)　예약승객

☑ Break Even Load Factor　손익분기이용률. 항공사의 수입과 비용의 균등을 나타내는 단위로 여객의 경우에는 손익분기중량이용률(Break Even Weight Load Factor)이 사용된다.

c

☑ Cabin   캐빈, 객실. 승객이 탑승하는 항공기의 공간

☑ Cabin Attendant   비행승무원이 아닌 승무원

☑ Cabin Baggage(CBBG)   Unchecked, Hand Baggage. 여객이 직접 보관하고 있는 수하물

☑ Cabin Crew   객실승무원. 객실 내 업무를 담당하는 승무원으로서 Stewardess · Steward · Purser 등

☑ Cabotage   카보타지. 국내 운항을 자국기에 한정하는 운송권의 제한

☑ Cancellation   결항. 기상불량이나 항공기 고장 등의 여러 요인으로 사전 계획된 운항이 취소된 경우

☑ Cargo   화물

☑ Cargo Aircraft   화물기

☑ Captain   조종사

☑ Cargo Charter Flight   화물전세기

☑ Cargo Terminal   화물청사

☑ Cargo Manifest   화물적재 목록

☑ Carrier   운송사업자

☑ Catering   항공기내식. 기내식 음료 및 기내 용품을 공급하는 업무로서 항공사가 직접 운영하는 경우도 있으나, 대부분은 Catering 전문회사에 위탁하고 있음

☑ Catering Company   기내식 사업소

☑ Charter Flight   전세편. 공표된 스케줄에 따라 특정구간을 정기적으로 운항하는 정기편과는 달리 운항구간이나 운항시기, 운항스케줄 등이 부정기적인 항공운항편

☑ Check-In   탑승수속

☑ Check Flight   점검비행. 항공기의 작동 여부를 위한 항공기 시험비행

☑ Checked Baggage   위탁수하물. 항공사에 등록된 수화물

☑ Child(CHD)   소아

☑ Child Fare   소아운임. 만 2세 이상 12세 미만 승객에게 적용되는 항공요금

☑ City Terminal   공항 외의 시내에서 이용할 수 있는 공항 터미널

☑ Child Meal(CHML)   어린이용 식사

☑ Civil Aeronautics Board(CBA)   미국의 민간항공 위원회

☑ Civil Aviation Of Singapore(CAAS)   싱가포르 민항청

☑ C · I · Q   Customs(세관), Immigration(출입국), Quarantine(검역)을 의미하며 정부기관에 의한 출입국 심사

☑ Cockpit Crew   운항승무원, 조종실 승무원, 기장 · 부기장 · 항공기관사

☑ Code Sharing   공동운항. 노선확장을 위한 항공사 간의 제휴방식으로 항공사 간에 특정구간의 좌석을 일정부분 공동으로 사용하는 방법

☑ Combination Aircraft   Combi. 화객 혼용기(콤비) 객실의 일부까지 화물 탑재용으로 사용하는 항공기

☑ Commercial Aircraft   상용항공기. 여객 · 화물 · 항공측량 · 보도취재 · 광고선전 등과 같이 영리사업용 항공기

☑ Commercial Air Transport Operation   유상으로 화객 및 우편물을 수송하는 항공운항

☑ Commercial Document Delivery Business   상업 서류송달업. 유상으로 수 · 출입에 관한 서류 및 견본품을 항공기를 이용하여 송달하는 사업

☑ Common Use Terminal Equipment(CUTE)   청사 내에서 체크인 카운터와 단말기 등의 장비를 공동 사용하는 시스템

☑ Communication Aircraft   커뮤터 항공기. 20~50인승의 단거리용 소형 항공기

☑ Communication Navigation Surveillance/Air Traffic Management   CNS/ATM 위성항행시스템. 인공위성을 이용한 통신, 항법 및 운항감시를 할 수 있는 획기적인 시스템

☑ Complimentary Service   우대서비스. 통과승객에게 제공되는 서비스로서 중간기착(Stopover) 서비스의 일종

☑ Computer Reservation System(CRS)   컴퓨터 예약시스템. 항공좌석의 예약과 발권, 운임, 호텔 등 기타 여행에 관한 종합서비스를 제공하는 컴퓨터를 통한 통신시스템

☑ Corporate Mileage Bonus System(CMBS)   1개 회사에 카드소지자가 10인 이상일 경우에 상용고객 우대제도의 개인별 혜택에 추가하여 소속 기업 및 단체에 혜택을 부여하는 제도

☑ Concord   콩코드기. 마하 2.04로 비행할 수 있는 거리로서 영국과 프랑스가 제작한 탑승 인원 100명의 최초의 초음속 제트여객기

☑ Confirmation   확인. 항공사의 항공승객의 여정에 대해 행하는 예약의 확인

☑ Conjunction Ticket   연결항공권

☑ Connecting Flight   연결운항

☑ Connecting Point   연결지점

☑ Control Tower   관제탑

☑ Co-Pilot   부조종사

☑ Convention On Internatinal Civil Aviation   국제민간항공협약

☑ Convertible Aircraft   화객 겸 목적용 항공기. 사용목적에 따라 이용할 수 있도록 설계 · 제조한 항공기

☑ Creative Fare   수요창출용 특별운임. Night Travel Fare와 Excursion Fare 등과 같이 계절, 시간대, 노선 등에 따라 설정되는 운임

☑ Curbside   하차장

☑ Customer Management   고객관리

☑ Customs   세관

☑ Customs Airport   화물의 수 · 출입 및 외국무역기의 출 · 입항을 위한 국제공항

D

☑ Dead Head   상용기가 여객과 화물을 수송하지 않고 비행하는 복귀비행

☑ Delay   지연. 연 · 발착한 운항

☑ Denied Boarding Compensation(DBC)   해당 항공편의 초과예약 등 자사의 사유로 탑승이 거절된 승객에 대한 보상제도

☑ Departure Control System(DCS)   출국통제시스템

☑ Departure Time   출발시간

☑ Deportee(DEPO)   합법 및 불법을 막론하고 일단 입국한 승객이 일정기간이 경과 후에 주재국의 관계 당국에 의해 강제추방을 명령받은 승객

☑ Deposit(DEPO)   연말연시 등 시즌에 무리한 좌석확보 경쟁으로 인한 실수요자의 피해를 방지하고 예약부도율의 최소화를 위해 해당 기간 그룹 좌석당 체결하는 일정금액의 담보금

☑ Designated Airline   지정항공사. 항공협정상 정기 국제항공업무 운영허가 및 취득한 항공

☑ Destination   행선지, 목적지, Point Of Unlanding, Point Of Arrival, Point Of Disembarkation

☑ Destination Airport   목적지 공항

☑ Diabetic Meal(DBML)   당뇨병 환자용 식사

☑ Direct Route   직행노선. 두 지점 사이에 운행되는 가장 짧은 노선

☑ Direct Sales Channel   직접 판매경로. 항공사가 지점 및 영업소 등 자사조직을 통한 항공권 판매경로

☑ Discount Fare   할인운임

☑ Distances   거리. 국제선 항공편이 운항되는 공항 간의 최단거리(대권거리)

☑ Diversion   목적지 변경. 목적지 공항의 사정으로 인하여 타 공항으로 운항하는 경우

☑ Domestic   동일국가의 영토 내 공항에서 수행되는 노선

☑ Domestic Flight   국내선 운항. 국내 구간만을 비행하는 운항편

☑ Domestic Flight Stage   국내 비행구간. 한 국가에 등록된 항공사의 항공기가 해당 국가의 영토 내에 있는 제 지점 간의 운항

☑ Domestic Passenger   국내선 여객

☑ Domestic Scheduled Airline   국내 정기항공사

☑ Double Booking   Duplicate Reservation 중복예약. 동일한 승객이 동일 항공편에 두 번 이상 중복하여 예약을 하는 경우

☑ Dry Charter   승무원은 포함하지 않고 항공기만 전세 내는 것

☑ Duty-Free Shop   면세점

E

☑ Ejection Seat   긴급 시 승무원 좌석과 함께 탈출하는 장치

☑ Electronic Data Interchange(EDI)   전자서류교환

☑ Embargo   항공사가 특정구간에서 특정여객 및 화물에 대하여 일정기간 동안 운송을 제한하거나 거절하는 것

☑ Embarkation/Disembarkation Card(E/D Card)　　항공승객의 출입국신고서

☑ Emigration Check　　법무부 출국사열

☑ Endorsement　　배서. 항공사 간의 항공권에 대한 권리의 양도행위

☑ Estimated Time Of Arrival(ETA)　　항공기의 도착 예정시간

☑ Estimated Time Of Departure(ETD)　　항공기의 출발 예정시간

☑ Estimated Time Of Enroute(ETE)　　예정 비행시간

☑ Excess Baggage(XBAG)　　초과 수하물. 무료 수화물 허용량을 초과한 수하물

☑ Excess Baggage Charge　　무료 수하물량을 초과할 때 부과되는 수하물 요금

☑ Excursion Fare　　회유 운임

☑ Extra　　임시편

☑ Extra Revenue Flight　　임시유상비행. 초과 수송량을 수송하기 위한 운항

F

☑ Fare Adjustment　　운임 조정

☑ Fare Construction Rule　　IATA Construction Rule for Passenger Fare에 의한 여
객 운임 계산의 규칙

☑ Federal Aviation Administration(FAA)　　미국연방항공국

☑ Ferry Flight　　공기비행. 정비 등 특정조건하에서 특수비행 허락하에 수행되는 비
행으로 유상 탑재물을 탑재하지 않는 비행

☑ Fifth Freedom　　Beyond Right, 제5의 자유. 상대국과 제3국 간에 여객과 화물을
수송할 수 있는 자유

☑ First Aid Kit　　기내에 탑재되는 응급처치함

☑ First Freedom　　영공통과의 자유. 타국의 영공을 무착륙으로 횡단 · 비행할 수
있는 자유

☑ Five Freedoms Of The Air　　다섯 가지 하늘의 자유

☑ Flag Carrier　　국적기

☑ Flight　　항공편

☑ Flight Attendant　　객실승무원. 항공기에 탑승하여 승객을 안전하게 운송하는 승
무원

☑ Flight Coupon　　탑승용 쿠폰

☑ Flight Crew　　운항승무원. 항공기에 탑승하여 비행에 관한 임무를 수행하는 승무원(조종사, 항공기관사, 통신사, 항법사)

☑ Flight Distance　　운항거리. 실제 비행거리

☑ Flight Information Display System(FIDS)　　운항 안내표지판

☑ Flight Number　　편명

☑ Flight Stage　　비행구간

☑ Flight Stage Distance　　구간거리. 이륙공항과 착륙공항 간의 거리

☑ Flight Time　　비행시간

☑ Forth Freedom　　제4의 자유. 상대국의 영역 내에서 여객과 화물을 싣고 자국으로 수송할 수 있는 자유

☑ Free Baggage Allowance　　무료 수하물 허용량. 여객운임 이외에 별도의 요금 없이 운송할 수 있는 수하물의 허용량

☑ Free Boarding System　　자유탑승방식. 사전 좌석예약 없이 탑승 후, 여객이 자유롭게 좌석을 사용할 수 있는 탑승방식

☑ Free Of Charge(FOC) Ticket　　무료로 제공받은 티켓. 사전에 예약이 인정되지 않고 좌석이 있을 경우에만 탑승 가능한 SUBLO와 사전에 예약이 가능한 NO SUBLO로 구분됨

☑ Frequent Flyer Program(FFP)　　상용고객 우대제도

G

☑ Galley　　갤리. Oven · Hot Cup · Coffee Maker 등의 시설을 갖춘 기내식을 위한 조리실

☑ Gap　　Surface Segment. 승객의 여정 중 항공기 이외의 교통수단으로 여행하는 여정으로 현 지점과 다음의 탑승지점이 동일하지 않은 경우를 의미함

☑ Gate　　게이트

☑ Gateway　　관문. 항공기가 국내에서 최초로 출발 및 도착하는 곳

☑ General Declaration(G/D)　　항공기 입 · 출항보고서. 항공기가 출항허가를 받기 위해 관계 기관에 제출하는 서류로 항공편의 일반적인 사항, 승무원의 명단, 비행상의 특기사항 등을 기재한 운항허가서

☑ General Sales Agent(GSA)   항공사의 지점이 없는 지역에 항공사를 대행하는 총판 대리점

☑ Global Indicator(GI)   정확한 운임을 적용하기 위하여 여행의 방향성을 지표화한 것으로 여정지표라 함

☑ Global Positioning System   위성 위치 측정시스템

☑ Go Show Passenger(GSP)   만석(Fill)의 이유로 인해 예약할 수 없는 승객이 No Show가 생길 것을 기대하고 무작정 공항에 나와 탑승을 기다리는 여객

☑ Government Transportation Request(GTR)   공무로 해외여행을 하는 공무원 및 이에 해당하는 사람에 대한 서비스

☑ Greenwich Mean Time(GMT)   표준시

☑ Ground Crew   항공기를 수리하고 관리하는 지상요원

☑ Ground Handling   지상조업

☑ Ground Handling Company   지상조업사

H

☑ Hand Carried Baggage   기내 반입 수하물, 휴대 수하물

☑ Hanger   격납고. 항공기의 정비를 위해 사용되는 건물

☑ Hindu Meal(HNML)   쇠고기를 먹지 않는 힌두교인을 위한 식사

☑ Honey Moon Cake(HMCK)   결혼축하 케이크

☑ Hub Airport   중추공항

☑ Hub & Spoke System   허브 & 스포크 시스템. 효율적인 노선망 방식

☑ Hydrant Fuel System   급유전 시스템

☑ Hypersonic Transport(HST)   국초음속기. 마하 5 이상의 속도로 비행하는 수송기

I

☑ Immigration   출입국

☑ Inadmissible Passenger(INAD)   사증 미소지. 여권 유효기간 경과 등 입국자격 결격 사유로 인해 여행목적지 또는 경유지 국가에서 입국 또는 상륙이 불허된 승객

☑ Inbound   인바운드

☑ Independent Charter   정기편이 아닌 항공기를 전세하는 것

☑ Indirect Router   두 지점 간의 직항노선에 의한 운항 이외의 다른 노선

☑ Infants(INF)   유아

☑ Infant Fare   유아운임

☑ Inflight Entertainment   기내 오락

☑ Instrument Landing System(ILS)   계기착륙장치. 착륙항공기에 지향성 유도전파를 발사하여 항공기가 활주로에 안전하게 착륙할 수 있도록 활주로 중심선 및 거리정보를 제공하는 시설

☑ Intelligent Transportation System(ITS)   지능형 교통시스템

☑ Intermediate Point   경유지. 항공기가 운송상 및 기술상의 목적으로 정기적으로 착륙하도록 지정된 중간지점

☑ Instrument Flight Rules(IFR)   계기비행. 항공기의 고도, 위치 및 항로의 측정을 계기에 의존하는 비행

☑ Intergrated Service Date Network(ISDN)   공항 내 전 통신망을 하나로 묶어 공항정보를 공유하는 시스템

☑ Interline Baggage Tag   타사기 탑승여객의 위탁수하물에 부착하는 하물표

☑ Interline Connection   연계연결

☑ Interline Fare   2개 이상의 항공사 노선에 적용되는 운임

☑ Interline Transfer   다른 항공사의 운항편으로 이어지는 여객, 수하물, 화물, 우편물의 환승, Off-line

☑ International   국제선. 한 공항과 다른 국가의 공항 간에 수행되는 수송노선

☑ International Air Carrier Association(IACA)   국제항공기업협회, Charter 전문 항공사 단체

☑ International Airport   국제공항

☑ International Air Transport Association(IATA)   국제항공운송협회. 세계 각국의 민간 항공사의 단체

☑ International Civil Aviation Conference   국제민간항공회의

☑ International Civil Aviation Organization(ICAO)   국제민간항공기구

☑ International Date Line   국제날짜선

☑ International Flight　국제선 비행

☑ International Flight Stage　국제선 비행구간

☑ International Non-Scheduled Operator　국제부정기항공사. 국제선 항공수송을 부정기적으로 제공하는 항공사

☑ International Passenger(baggage, cargo, mail)　국제여객(수하물, 화물, 우편물)

☑ International Scheduled Airline　국제선 정기항공사

☑ Invalid passenger　운송제한승객. 정신적·육체적 결함으로 타인의 도움이 필요한 승객

☑ Involuntary Down Grade(INV D/G)　A/C Change 등으로 승객의 본의와 달리 Down Grade된 승객

☑ Involuntary Up Grade(INV U/G)　예약 및 체크인상의 문제로 상위 등급으로 UP Grade된 승객

☑ Itinerary　항공승객의 전 여정

J

☑ Joint Fare　결합운임. 둘 이상의 항공사가 통일된 운임을 공시하는 것

☑ Joint Operation　항공협정상의 문제나 경쟁력 강화를 위하여 2개 이상의 항공사가 공동운항

☑ Joint Rate　Interline Rate, 결합요율. 2개 이상의 항공사 노선의 화물운송에 적용되는 단일요금으로서 공시된 화물요율

☑ Joint Service Flight　조인트 비행. 2개의 항공사가 지정된 코드로 각 소속국가에서 동시에 수행하는 비행

☑ Jump Seat　점프 시트. 접개식의 보조석으로 승무원 좌석

K

☑ Kosher Meal　유대교를 위한 기내식

L

☑ Landing　착륙

☑ Landing Fee　착륙료

☑ Landing Permission   착륙허가

☑ Landside   청사지역

☑ Large Aircraft   대형 항공기. 최대 이륙 중량 9톤(20,000Ibs) 이상의 항공기

☑ Late Cancellation   여행 일정의 변경으로 인하여 항공편의 출발일시에 임박하여 출발시간 몇 시간 이내의 취소

☑ Late Show Passenger   고 쇼우 여객. 탑승수속 마감 후에 탑승하기 위해 나타나는 여객

☑ Leased Aircraft   리스 항공기. 항공사의 공급력을 높이기 위하여 사용하는 임차 항공기

☑ Load Factor   탑승률. 공급좌석에 대한 실제 탑승객의 비율

☑ Load Sheet   기적확인서

☑ Loading Bridge   탑승교. 공항터미널 빌딩에서 항공기까지를 잇는 통로

☑ Local Time   현지 시간. 항공여행의 도착지의 현지 시간

☑ Long Haul   장거리 운항구간

☑ Lost And Found   유실물 취급소. 공항이나 역에 있는 유실물 취급소

☑ Low Calorie(LCML)   비만체중 조절용 기내식

☑ Machine Readable Travel Documents(MRTDs)   출입국 관련 서류의 기계판독

☑ Market Segmentation   시장세분화

☑ Maximum Certificated Take-Off Mass   최대 이륙중량

☑ Maximum Flying Distance   최대 항속거리. 항공기가 이륙하여 착륙할 때까지 순항할 수 있는 총 비행거리

☑ Maximum Payload Capacity   최대 허용탑재중량. 항공기의 최대 중량 한계탑재량

☑ Mega-Carrier   초대형 항공사

☑ Mileage   마일리지

☑ Mileage System   마일리지 시스템. 비행거리에 의한 여객운임 산출방법

☑ Minimum Connection Time(MCT)   연결항공편을 이용하는 데 소요되는 최소한의 시간

☑ Miscellaneous Charges Order(MCO)   제비용청구서. 운송인 또는 그 대리인에 의해 발행되는 증표로서 증표에 기재된 사람에게 여객 항공권의 발행, 적절한 서비스의 제공을 요청하는 증표

☑ Mis-Connection   접속불능. 항공편의 지연 및 회항으로 예정된 항공편에 연결되지 못하는 것

☑ Moslem Meal(MOML)   돼지고기를 먹지 않는 이슬람교인의 식사

☑ Multi Mega Carrier   다국적 초대형 항공사

☑ National Aeronautics and Space Administration(NASA)   미국항공우주국

☑ National Flag Carrier   국적기. 국제항공에서 국가를 대표하는 항공사

☑ Night Flight/flying   야간비행. 일몰에서 일출 간의 비행

☑ Normal Fare   All Year Fare. 정상운임

☑ Normal Rate   정상요율. 일반화물요율로 45kg 미만의 화물에 적용되는 요율

☑ Non-Carrying Member   Non-Participant Member. 여객의 운송은 담당하지 않으나 그 여객의 예약수속을 한 항공사

☑ Non-Revenue Flight   무상비행. 시험운항, 기술운항, Ferry 등 수익과 관련 없이 계획된 운항

☑ Non-Revenue Passenger   무상여객. 무임 탑승여객

☑ Non-Scheduled Airline   부정기 항공사

☑ Non-Scheduled Air transport Operator   부정기 항공운송사업자

☑ Non-Scheduled Freight   부정기 화물

☑ Non-Scheduled Passenger   부정기 항공여객

☑ Non-Scheduled Service   부정기 운송. 정기 운송 이외의 모든 유상 비행

☑ Non-Stop Flight   직항편

☑ No Record(NOREC)   여객이 예약된 항공권을 제시했으나 예약을 받은 기록이나 좌석을 확인해준 근거가 없는 상태

☑ No Show   접속불능 이외의 이유로 예정 탑승명단에 있으나 마감시간까지 공항에 나타나지 않는 경우

☑ No Smoking Seat(NSST)   금연석

☑ No Subject To Load(NO SUBLO)   무상 또는 할인요금을 지급한 승객으로 일반승객과 같이 동일한 권리가 부여되어 좌석예약이 가능함

☑ Number of Flights   비행횟수

☑ Obligatory Service   필수서비스. 항공사의 잘못으로 인하여 정상적인 운항을 못했을 경우에 제공되는 서비스

☑ Official Airline Guide(OAG)   전 세계 항공사의 운항시간표 및 여행 관련 정보가 수록되어 있으며 세계판과 북미판이 월 단위로 발간되는 책자

☑ Off Line   자사 항공편이 취항하지 않는 지점 및 구간

☑ Off Season Late   비수기 운임. 비수기의 여객확보용 할인운임

☑ On Line   자사 항공편이 취항하는 지점 및 구간(운항노선)

☑ On-Line Connection   온라인 연결

☑ On Line Fare   단일 항공사운임. 단일 항공사의 노선상 운송에 적용되는 운임

☑ On The Job Training(OJT)   실무훈련

☑ Open Skies Policy   항공자유화정책

☑ Open Ticket   예약되어 있지 않은 항공권

☑ Operation Cost   운항비. 비행기의 운항을 위한 경비

☑ Operational Planning & Utilization System(OPUS)   항공기상. 특정 비행편의 출·도착정보 및 항공편의 진행사항, 항공기별 비행계획 등 항공기의 통제업무를 데이터베이스화한 시스템

☑ Origin   시발지점. 여정상의 맨 처음 지점으로서 여객과 화물이 해당 여정 시초에 항공기 탑승 및 탑재하는 지점, Point Of Loading, Point Of Departure, Point Of Embarkation

☑ Origin Airport   출발공항. 운항이 처음 시작되는 공항

☑ Origination/Terminating Passenger   출발·도착여객. 해당 공항에서 여정을 출발 또는 도착하는 여객

☑ Origination Flight   시작비행

☑ Outbound   아웃바운드

☑ Out-Bound Carrier   입국 또는 통과상륙이 거절되었거나 추방을 명령한 국가 로부터 추방자를 수송한 항공사

☑ Outsourcing   아웃소싱. 외부화

☑ Over Booking   초과예약. 특정 해당 항공편에 판매 가능한 좌석 수보다 예약자 의 수가 더 많은 상태

☑ Over Load   초과탑재. 항공기의 최대 중량을 초과하여 운항하는 상태

☑ Over Sale   초과판매. 특정 해당 항공편에 실제 공급좌석 수보다 더 많은 좌석을 판매한 경우

☑ Participating Carrier   연계수송의 경우 전체 구간 중 일부분을 담당할 항공사

☑ Passenger   항공여객, 승객

☑ Passenger Aircraft   여객기

☑ Passenger Coupon   승객용 쿠폰

☑ Passenger Name Record(PNR)   예약된 승객의 예약기록

☑ Passenger-Kilometers   여객 킬로미터. 각 비행구간의 유상여객 수에 해당 구 간의 비행거리를 곱한 값

☑ Passenger Load Factor   여객탑승률. 유효좌석 킬로미터에 대한 유상여객 킬 로미터의 백분율

☑ Passenger Manifest : 탑승자 명부

☑ Passenger Traffic & Sales Manual(PTSM)   대한항공의 여객영업, 운송, 판매 에 관한 규정집

☑ Passport   여권

☑ Payload   탑재량

☑ Preflight Briefing   비행 전 브리핑. 임무, 목적, 요령 등에 대하여 비행 전에 설명 하는 것

☑ Preflight Check   Preflight Inspection, 비행 전 점검. 비행 전 조종사가 체크리스 트에 따라 기체, 엔진, 연료, 운활유 등에 관한 점검

☑ Preliminary Revenue Flight   예비유상비행. 새로운 항공서비스를 위한 사전 운항

☑ Prepaid Ticket Advice(PTA)   항공요금 선불제도. 타 도시에 거주하고 있는 승객을 위하여 제3자가 항공운임을 사전에 지급하고 타 도시에 있는 승객에게 항공권을 발급하는 제도

☑ Product Advancement   상품개선

☑ Public Information Displays   공공안내시스템

☑ Published Scheduled   공시스케줄. 기종·출발 및 도착시간을 정한 공식 운항시간계획

☑ Purser   사무장

Q

☑ Quality Of Service Monitor(QSM)   모니터링제도

☑ Quarantine   동식물 검역

R

☑ Range   항속거리. 항공기에 탑재된 연료로 계속 비행할 수 있는 비행거리

☑ Reconfirmation(RCFM)   항공승객이 여행 도중에 어느 지점에서 72시간을 체류하는 경우 늦어도 해당 항공편 출발시간 72시간 전에 좌석예약을 재확인하는 제도

☑ Refund   환급. 사용하지 않는 항공권에 대해서 전체 또는 부분의 운임을 반환하여 주는 것

☑ Registrated Aircraft   등록항공기. 고유의 등록기호를 취득한 항공기

☑ Regulation   항공규제

☑ Removing Intermediaries   중간매개체 제거

☑ Restricted Item(R/I)   승객의 휴대수하물 중 보안상 문제가 될 수 있는 Item은 기내반입이 허락되지 않는 품목

☑ Return   회항

☑ Revenue Flight   유상비행

☑ Revenue Passenger Kilometer(RPK)   유상여객 킬로미터. 항공사의 수송량을 나타내는 것으로서 수송한 여객의 수와 수송한 거리를 곱한 값

☑ Revenue Ton-Kilometer(RTR)   유상 톤 킬로미터. 여객을 일정기준에 의거 중

량으로 환산하고 화물의 수송량을 합산한 것[여객·수하물의 평균적 중량 × 여객 수 + 화물총량) × 수송거리]

☑ Round Trip   왕복여행

☑ Route   항공로

☑ Runway   활주로. 항공기의 이·착륙을 위하여 비행장에 설치된 일정한 범위의 구역

☑ Runway Visual Range(RVR)   활주로 가시거리. 조종사가 활주로 표면 표시, 등화등을 눈으로 볼 수 있는 최대거리

S

☑ Safety Belt   안전벨트

☑ Sales Report   항공권판매보고서

☑ Scheduled Airline   정기항공사

☑ Scheduled Air Transportation Business   정기항공운송사업

☑ Scheduled Flight   정기편

☑ Scheduled Passenger   정기여객

☑ Seat Configuration   좌석배치

☑ Seat-Kilometers Available   유효 좌석 킬로미터. 각 비행구간에서 판매 가능한 좌석 수를 구간거리로 곱한 값

☑ Sector Booking   섹터예약. 여정 중에 여러 개의 항공사가 포함되어 있을 경우, 예약을 한 항공사에 전부하지 않고 해당 항공사에 별도로 예약하는 것

☑ Security Check   보안 검사

☑ Segment   항공편의 운항기간 중에 승객여정이 되는 모든 구간

☑ Ship Pouch   R/I, 부서 간 전달서류 등을 넣는 가방. 출발 전 기내 사무장이 공항 서비스 직원에게 인수받아 목적지 공항에 인계함.

☑ Short Haul   단거리 운송구간

☑ Short Take Off And Landing(STOL)   단거리 이·착륙기

☑ Simulated Flight   모의비행. 모의 조건하에서 실시하는 비행

☑ Simulator   시뮬레이터. 항공기의 비행을 지상에서 모의 재현하여 연구개발이나 조종훈련 등에 사용할 수 있는 장치

☑ Special Fare　　특별운임

☑ Stand By　　Go Show. 예약 없이 체크인 카운터에 나타나서 좌석상황에 의해 좌석을 배정받는 여객

☑ Stand-By Aircraft　　예비기

☑ State Of Registry　　등록국. 항공기가 등록된 국가

☑ Steward　　남승무원

☑ Stewardess　　여승무원

☑ Stop Over　　중간기착. 여객이 출발지와 종착지 간의 중간지점에서 체류하는 것을 의미하며, 한 도시에 24시간 이상을 중간기착(체류)하는 것

☑ Subject To Load(SUBLO)　　사전 예약이 인정되지 않고 여분의 좌석이 있을 경우, 탑승할 수 있는 제도

☑ Supersonic Transport(SST)　　초음속 수송기. 마하 1.2~5의 운항속도로 비행하는 여객기

☑ Take-Off　　이륙

☑ Take-Off Time　　이륙시간

☑ Taxiway(TWY)　　유도로. 항공기의 지상유도를 위하여 육상비행장에 설치하는 통로

☑ Technical Landing　　기술착륙. 급유 및 정비 등 기술적 목적을 위한 착륙

☑ Technical Landing Right　　기술착륙의 자유. 수송 이외의 급유, 정비 같은 기술적 목적을 위하여 상대 국가에 착륙할 수 있는 자유

☑ Terminating Flight　　비행종료

☑ Terminating Passenger　　발착여객. 해당 공항에서 항공여행을 끝내거나 시작하는 여객

☑ Test Flight　　시험비행. 항공기의 성능을 확인하기 위한 실제 비행

☑ The Airline Deregulation Act　　항공규제완화법

☑ The United State Of America Transportation Request(GTR)　　미국 정부가 정부기관, 운항관계자의 공용여행을 위한 후불취급으로 교통기관에 발권을 의뢰하

기 위한 요구서

☑ Third Freedom Set-Down Right. 자국의 영역 내에서 실은 여객 및 화물을 상대국으로 수송할 수 있는 자유

☑ Through Check-In 전체 구간 통과수속. 환승항공편을 소지한 승객의 수하물을 최종 목적지까지 운송하는 수속 절차

☑ Through Fare 승객의 출발지점과 최종 목적지까지의 합산 운임

☑ Through Flight 하나 이상의 경유공항을 통과하는 운항

☑ Through Passenger Local Boarding Passenger에 대하여 직행여객

☑ Through Rate 전체 구간요율

☑ Through Route 출발지와 목적지까지의 전체 노선의 합계

☑ Ticket Point Mileage 승객이 여행하는 구간의 실제 거리

☑ Ticket Time Limit(TKTL) 항공권 구입시한. 예약 시 일정시점까지 항공권을 구입하도록 하는 항공권 구입시한

☑ Timatic 승객이 필요한 정보를 Update된 상황에서 신속히 제공할 목적으로 200여 개국의 여권, 비자, 검역 등 해당국 출입국에 필요한 각종 여행정보를 수록한 책자(Tim : Travel Information Manual)를 전산화한 것

☑ Total Passenger Service System(TOPAS) 대한항공 예약 전산시스템의 고유명칭

☑ Tonne-Kilometers Available 유효 톤킬로. 이용가능한 톤 수×운항구간의 거리

☑ Transfer 환승. 여정상 여객이 중간지점에서 특정 항공사의 비행편으로부터 동일 항공사의 다른 비행편이나 타 항공사의 비행편으로 수송

☑ Transfer Baggage 환승수화물

☑ Transfer Passenger 환승여객

☑ Transit 통과. 여객이 타 비행편으로 갈아타지 않고, 동일 비행편이 중간지점으로 착륙하였다가 계속 운송을 하는 상태

☑ Transit Flight 통과비행

☑ Transit Right 국제항공운송협정의 제1, 제2자유 통과권

☑ Transit Station/Airport 통과공항, 경유지 공항

☑ Transit Without Visa(TWOV) 항공기를 갈아타기 위하여 단시간 체재하는 경우 비자를 요구하지 않는 경우

☑ Travel Information Manual(TIM)   해외여행 시에 필요한 정보로 여권, 비자, 예방 접종, 세관 등에 관하여 각국에서 요구하는 규정이 국가별로 수록되어 있는 항공여 행정보 책자

☑ Turn-Around Time   운항회전시간. 항공기가 운항을 끝낸 후에 다음 운항을 위해 운항을 개시하는 데 소요되는 시간

☑ Unaccompanied Baggage   비동반 수하물

☑ Unaccompanied Minor(UM)   비동반 소아. 성인이 동반하지 않고 혼자 여행하는 생후 3개월 이상 만 12세 미만의 유아나 소아

☑ Unchecked Baggage   비위탁수하물, 위탁수하물 이외의 수하물

☑ Unchecked Air Transportation Business   부정기 항공운송사업

☑ Up-Grade   국제선에서 하급 클래스의 요금지급으로 상급 클래스에 탑승되는 것으로서 공항 카운터에서 결정함.

☑ Utility Aircraft   보통 비행기. 연락기 등과 같은 일반 목적용 항공기

☑ VFR Condition   시행비행 규정하의 기상조건

☑ Vegetarian Meal(VGML)   종교상의 계율에 따라 육류를 먹지 않는 채식주의자

☑ Vertical Take-Off And Landing Plane   수직 이 · 착륙기

☑ Very Important Passenger(VIP)   특별한 주의가 필요한 대내외 귀빈

☑ Virtual Airlines   가상적 항공사

☑ Visual Flight Rules(VFR)   시계비행. 다른 비행기, 구름, 지표면 등을 조종사가 직접 눈으로 보면서 행하는 비행

☑ V/Stol Aircraft   Vtol와 Stol기의 양쪽 성능으로 설계된 비행기

☑ X-ray Inspection   X선 검사. X선을 이용하여 항공기를 검사하는 것

W

☑ Waiting List   대기자 명단. 예약이 만석(Full)일 경우에 예약취소나 No Show를 기대하고 대기자로 등록하는 것

☑ Weight & Balance   항공기의 중량 및 중심위치를 실측 또는 산출하는 것

☑ Weight & Balance Sheet   항공기가 이·착륙할 때 항공기의 중심관계를 조사하기 위하여 중량배분을 기록한 표

☑ Weight Charge   중량에 기초하여 부과한 운임

☑ Wheel Chair Passenger(WCHR)   휠체어 승객

Y

☑ Yield Management   수입극대화 관리

3. 항공사코드

항공사	코	드	국 가
Aeroflot Russian Airlines	SU	AFL	Russian Federation
Aerlineas Argentinas	AR	ARG	Argentina
Aeromexico	AM	AMX	Mexico
Air Algerie	AH	DAH	Algeria
Air Canada	AC	ACA	Canada
Air China International	CA	CCA	China
Air India	AI	AIC	India
Air France	AF	AFR	France
Air Gabon	GN	AGN	Gabon
Air Jamaica	JM	AJM	Jamaica
Air Kazakstan	9Y	KZK	Kazakstan
Air Koryo	JS	KOR	Korea, North
Air Macau	NX	AMU	Macau, China
Air New Zealand	NZ	ANZ	New Zealand
Air Pacific	FJ	FJI	FiJi
Air Portugal	TP	TAP	Portugal
Air Senegal International	V7	SNG	Senegal
Air Tahiti	VT	VTA	French Polynesia
Alaska Airlines	AS	ASA	USA
Alitalia · Linee Aeree ltaliane	AZ	AZA	Italy
All Nippon Airways	NH	ANA	Japan
Aloha Airlines	AQ	AAH	USA

항공사	코 드		국 가
American Airlines	AA	AAL	USA
American West Airlines	HP	AWE	USA
Ansett Australia	AN	AAA	Australia
Asiana Airlines	OZ	AAA	Korea, South
Atlas Air	5Y	-	USA
Austrian Airlines	OS	AUA	Austria
Bangkok Airways	PG	BKP	Thailand
Blue Oy	KF	BLF	Finland
Blue Panorama Airlines	BV	BPA	Italy
British Airways	BA	BAW	United Kingdom
Cathay Pacific Airways	CX	CPA	Hong Kong, China
Cebu Pacific Air	5J	CEB	Philippines
China Airlines	CI	CAL	Chinese Taipei
China Eastern Airlines	MU	CES	China
China Hainan Airlines	HU	CHH	China
China Northern Airlines	CJ	CBH	China
China Northwest Airlines	WH	CNW	China
China Southern Airlines	CZ	CSN	China
China Southwest Airlines	SZ	CXN	China
China Yunnan Airlines	3Q	CYH	China
China Xiamen Airlines	MF	CXA	China
China Xinjiang Airlines	XO	CXJ	China
Continental Airlines	CO	COA	USA
Continental Micronesia	CS	CMI	Guam
Croatia Airlines	OU	CTN	Croatia
Czech Airlines	OK	CSA	Czech
Dalavia Far East Airways Khabarovsk	H8	KHB	Russian Federation
Delta Airlines	DL	DAL	USA
Deutsche Lufthansa AG	LH	DLH	Germany
Dragon Airways	KA	HDA	Hong Kong China
Egyptair	MS	MSR	Egypt
EI AI Israel Airlines	LY	ELY	Israel
Emirates Airlines	EK	UAE	Arab Emirates
EVA Airlines	BR	EVA	Chinese Taipei
Falcon Air AB	IH	FCN	USA
FedEx	FX	FDX	USA
Garuda Indonesia	GA	GIA	Indonesia
Hainan Airlines	HU	CHH	China
Hong Kong Dragon Airlines	KA	HAD	Hong Kong, China
Iiberia-Lineas Aereas de Espana	IB	IBE	Spain and Canary Islands
Indian Airlines	IV	IAC	India
Iran Air	IR	IRA	Iran
Japan Airlines	JL	JAL	Japan
Japan Air System	JD	JAS	Japan
Jet Airways(India) Private	9W	JAI	India
Kenya Airways	KQ	KQA	Kenya
KLM Royal Dutch Airlines	KL	KLM	Netherlands

항공사	코드		국가
Korean Air	KE	KAL	Korea, South
Krasnoyarsk Airlines	7B	KJC	Krasnoyarsk
Kuwait Airways	KU	KAC	Kuwait
Kyrgyzstan Airlines	K2	KZK	Kyrgyzstan
Ladeco S.A. dba Ladeco Airlines	UC	LCO	Chile
LAM-Linhas Aereas de Mocambique	TM	LAM	Mozambique
Lauda Air Luftfahrt AG	NG	LDA	Austria
Lineas Aereas Costarricenses S.A	LR	LRC	Costa Rica
Lithuanian Airlines	TE	LIL	Lithuania
LOT-Polish Airlines	LO	LOT	Poland
LTU International Airways	LT	LTU	Germany
Maersk Air A.S	DM	DAN	Denmark
Mahan Airlines	W5	IRN	Iran
Malaysian Airline System Berhad	MH	MAS	Malaysia
Malev Hungarian Airlines	MA	MAH	Hungary
Malmo Aviation	6E	SCW	Sweden
Manx Airlines	JE	MNX	United Kingdom
Mexicana	MX	MXA	Mexico
Mongolian Airlines	OM	MGL	Mongolia
Montenegro Airlines	YM	MGX	Yugoslavia
Nigeria Airways	WT	NGA	Nigeria
Northwest Airlines	NW	NWA	USA
Olympic Airways	OA	OAL	Greece
Oman Aviation Services	WY	OAS	Oman
Orient Thai Airlines	OX	OEA	Thailand
Pakistan International Enterprise	PK	PIA	Pakistan
Philippine Airlines	PR	PAL	Philippines
Pulkovo Aviation Enterprise	FV	PLK	Russian Federation
Qantas Airways	QF	QFA	Australia
Red Sea Air	7R	ERS	Eritrea
Royal Jordanian	RJ	RJA	Jordan
Royal Swazi National Airways	ZC	RSN	Swaziland
Sat Airlines	HZ	SHU	Russian Federation
Saudi Arabian Airlines	SV	SVA	Saudi Arabia
Scandinavian Airlines System	SK	SAS	Sweden
Shandong Airlines	SC	CDG	China
Scandinavian Airlines System	SK	SAS	Sweden
Shandong Airlines	SC	CDG	China
Scandinavian Airlines System	SK	SAS	Sweden
Shandong Airlines	SC	CDG	China
Shenzhen Airlines	ZH	-	China
Siberia Airlines	S7	SBI	Russian Federation
Singapore Airlines	SQ	SIA	Singapore
Skyways AB	JZ	SKX	Sweden
Solomon Airlines	IE	SOL	Solomon Islands
South African Airways	SA	SAA	South Africa
SriLankan Airlines	UL	ALK	Sri Lanka

항공사	코드		국가
Swissair	SR	SWR	Switzerland
Thai Airways	TG	THA	Thailand
TNT Airways S.A.	3V	TAY	Belgium
Turkish Airlines	TK	THY	Turkey
United Airlines	UA	UAL	USA
US Airways	US	USA	USA
Uzbekistan Airways	HY	UZB	Uzbekistan
Varig	RG	VRG	Brazil
VASP	VP	VSP	Brazil
Viernam Airways	VN	HVN	Vietnam
Virgin Atlantic Airways	VS	VIR	United Kindom
Vladivostok Air	XF	VLK	Vladivostok
Xiamen Airlines	MF	CXA	China
Yemenia-Yemen Airways	IY	IYE	Yemen
Zambian Airways	Q3	MAZ	Zambia

4. 도시(공항)코드

코드	도시/공항명	국가
AAT	Altay	China
ABA	Abakan	Russian
ABD	Abadan	Iran
ACD	Acandi	Colombia
ACY	Atlantic City Int'l	USA
ADD	Addis Ababa Bole	Ethiopia
ADS	Dallas Addison	USA
ADX	St. Andrews Leuchars	UK
AEP	Buenos Aires Newbery	Argentina
AEX	Alexandria Int'l	USA
AFA	San Rafael	Argentina
AFW	Dallas Fort Worth Alliance	USA
AGC	Pittsburgh Allegheny	USA
AHN	Athens	USA
AKD	Akola	India
AKJ*	Asahikawa	Japan
AKL*	Auckland	New Zealand
AKX	Aktyubinsk	Kazakhstan
AKY	Sittwe Civil	Myanmar
ALA*	Alma Ata	Kazakhstan
ALO	Waterloo Municipal	USA
ALX	Alexander City Russsell	Egypt
AMM	Amman Queen Alia	Jordan
AMS*	Amesterdam Schiphol	Netherlands
ANC*	Anchorage	USA
AOJ*	Aomori	Japan

코 드	도시/공항명	국 가
ATL*	Atlanta Hartsfield	USA
AUH*	Abu Dhabi Int'l	Arab Emirates
AUS	Austin Bergstrom	USA
AXT*	Akita	Japan
AZN	Andizhan	Uzbekistan
BAH	Bahrain Int'l	Bahrain
BAK	Baku	Azerbaijan
BAS	Balalae	Solomon Islands
BAX	Barnaul	Russian Federation
BBU	Bucharest Baneasa	Romania
BCN	Barcelona	Spain
BCX	Belorecx	Russian Federation
BGW	Baghdad AI Mithana	Iraq
BIE	Beatrice	USA
BKA	Moscow Bykovo	Russian Federation
BKI*	Kota Kinabalu	Malaysia
BKK*	Bangkok Int'l	Thailand
BLL	Billund	Denmark
BNA	Nashvile Metro	USA
BNE*	Brisbane Int'l	Australia
BOM*	Bombay	India
BOS*	Boston Logan	USA
BPU	Beppu	Japan
BQS	Blagoveschensk	Russian Federation
BRU	Brussels	Belgium
BST	Bost	Afghanistan
BTH	Batam/Batu Besar	Indonesia
BTL	Battle Creek Kellogg	USA
BWI	Baltimore Int'l	USA
BWN	B. Seri Begawan Brunei	Brunei Darussalam
CAH	Ca Mau	Vietnam
CAI*	Cairo Int'l	Egypt
CAN*	Guangrhou Baiyun	China
CCD	Los Angeles Century City	USA
CCK	Cocos-Keeling Is	Cocos Island
CCU	Calcutta	India
CDB	Cold Bay	USA
CDG*	Paris De Gaulle	France
CEB*	Cebu Int'l	Philippines
CEI	Chiang Rai	Thailand
CEJ	Chernigov	Ukraine
CEK	Chel Yabinsk	Russian Federation
CGK*	Jakarta Soekarno	Indonesia
CGN*	Cologne/Bonn Koeln	Germany
CGO*	Zhengzhou	China
CGQ*	Changchun	China
CHC	Christchurch Int'l	New Zealand

코 드	도시/공항명	국 가
CJU*	Cheju	Korea, South
CKG*	Chongqing	China
CLT	Charlotte Douglas	USA
CMB	Colombo Katunayake	Sri Lanka
CMH	Columbus Int'l	USA
CNS	Cairns	Australia
CNX*	Chiang Mai Int'l	Thailand
CPH	Copenhagen	Denmark
CPM	Compton	USA
CPT	Cape Town D.F. Malan	South Africa
CRK*	Luzon Is Clark Fld	Philippines
CRZ	Chardzhou	Turkmenistan
CSX*	Changsha	China
CTS*	Sapporo Chitose	Japan
CTU*	Chengdu	China
CVG	Cincinnati Cin N. Knty	USA
CYI	Chiayi	Taiwan
CYM	Chatham	USA
CZX	Changzhou	China
DAC	Dhaka Zia Int'l	Bangladesh
CTU*	Chengdu	China
CVG	Cincinnati Cin N. Knty	USA
CYI	Chiayi	Taiwan
CYM	Chatham	USA
CZX	Changzhou	China
DAC	Dhaka Zia Int'l	Bangladesh
DAD*	Da Nang	Vietnam
DEL*	Delhi Gandhi	India
DEN	Denver Stapleton	USA
DFW*	Dallas Int'l	USA
DHA	Dhahran	Saudi Arabia
DJE	Djerba Melita	Tunisia
DLC*	Dalian	China
DMA	Tucson Davis Monthan AFB	USA
DMB	Dzhambul	Kazakhstan
DME	Moscow Domodedovo	Russian Federation
DOH*	Doha	Qatar
DPS*	Denpasar Bali Ngurah Ral	Indonesia
DRW	Darwin	Australia
DTW*	Detroit Wayne Co	USA
DVO	Davao Mati	Philippines
DWN	Oklahoma City Downtown Airpark	USA
DXB*	Dubai Int'l	Arab Emirates
EDF	Anchorage Elmendorf Afb	USA
EIL	Fairbanks Eielson Afb	USA
ESB	Ankara Esenboga	Turkey
EVN	Yerevan	USA

코 드	도시/공항명	국 가
EWR*	New York NY/Newark	USA
FAL	Fairbanks Int'l	USA
FCO*	Roma Da Vinci	Italy
FEG	Fergana	Uzbekistan
FKJ	Fukui	Japan
FKS*	Fukushima	Japan
FNJ	Pyongyang Sunan	Korea, North
FRA*	Frankfurt Int'l	Germany
FRU*	Bishkek	Kyrgyzstan
FUK*	Fukuoka	Japan
GAJ	Yamagata Junmachi	Japan
GDA	Gounda	Central African
GDN	Gdansk Rebiechowo	Poland
GDX	Magadan	Russian Federation
GIG	Rio De Janeiro Int'l	Brazil
GMP*	Gimpo Int'l	Korea, South
GRU*	Sao Paulo Guarulhos	Brazil
GUA	Guatemala City La Aurora	Guatemala
GUM*	Guam Agana	Guam
HAM	Hamburg Fuhisbuettel	Germany
HAN*	Hanoi Noibai	Vietnam
HEL*	Helsinki Vantaa	Finland
HFE*	Hefei Luogang Int'l	China
HGH*	Hangzhou	China
HIJ*	Hiroshima	Japan
HIN	Chinju Sacheon	Korea, South
HKD*	Hakodate	Japan
HKG*	Hong Kong Int'l	Hong Kong
HKT*	Phuket Int'l	Thailand
HND*	Tokyo Haneda	Japan
HNL*	Honolulu Int'l	USA
HOU	Houston Hobby	USA
HRB*	Harbin	China
HTA	Chita	Russian Federation
IAD*	Washington Dulles	USA
IAH*	Houston George Bush Int'l	USA
ICN*	Incheon Int'l	Korea, South
IEV	Kiev Zhulhany	Ukraine
IKT*	Irkutsk Int'l	Russia
INB	Indianapolis Int'l	USA
INC*	Yinchuan Helanshan	Yinchuan
ISD	Islamabad/Rawalpindi Int'l	Pakistan
IST*	Istanbul Ataturk	Turkey
IZO	Izumo	Japan
JED*	Jeddai King Abdul	Saudi Arabia
JFK*	New York NY/Newark Kennedy	USA
JHB	Johor Bahru Sultan Ism	Malaysia

코드	도시/공항명	국가
JIB	Djibouti Ambouli	Djibouti
JKT	Jakarta Soekarno	Indonesia
JMU*	Jiamusi	China
KAG	Kangnung	Korea, South
KBV*	Krabi	Thailand
KCH	Kuching	Malaysia
KCZ	Kochi	Japan
KHH*	Kaohsiung Int'l	Taiwan
KHI	Karachi	Pakistan
KHV*	Khabarovsk Novy	Russian Federation
KIJ*	Nigata	Japan
KIV	Kishinev	Moldova
KIX*	Kansai Int'l	Japan
KJA	Krasnoyarsk	Russian Federation
KKJ*	Kita Kyushu	Japan
HKD*	Hakodate	Japan
HKG*	Hong Kong Int'l	Hong Kong
HKT*	Phuket Int'l	Thailand
HND*	Tokyo Haneda	Japan
HNL*	Honolulu Int'l	USA
HOU	Houston Hobby	USA
HRB*	Harbin	China
HTA	Chita	Russian Federation
IAD*	Washington Dulles	USA
IAH	Houston George Bush Int'l	USA
ICN*	Incheon Int'l	Korea, South
IEV	Kiev Zhulhany	Ukraine
IKT*	Irkutsk Int'l	Russia
INB	Indianapolis Int'l	USA
INC*	Yinchuan Helanshan	Yinchuan
ISD	Islamabad/Rawalpindi Int'l	Pakistan
IST*	Istanbul Ataturk	Turkey
IZO	Izumo	Japan
JED*	Jeddah King Abdul	Saudi Arabia
JFK*	New York NY/Newark Kennedy	USA
JHB	Johor Bahru Sultan Ism	Malaysia
JIB	Djibouti Soekarno	Djibouti
JKT	Jakarta Soekarno	Indonesia
JFK*	New York NY/Newark Kennedy	USA
JHB	Johor Bahru Sultan Ism	Malaysia
JIB	Djibouti Soekarno	Djibouti
JKT	Jakarta Soekarno	Indonesia
JMU*	Jiamusi	China
KAG	Kangnung	Korea, South
KBV*	Krabi	Thailand
KCH	Kuching	Malaysia
KCZ	Kochi	Japan

코 드	도시/공항명	국 가
KHH*	Kaohsiung Int'l	Taiwan
KHI	Karachi	Pakistan
KHV*	Khabarovsk Novy	Russian Federation
KIJ*	Nigata	Japan
KIV	Kishinev	Moldova
KIX*	Kansai Int'l	Japan
KJA	Kransnoyarsk	Russian Federation
KKJ*	Kita Kyushu	Japan
KLO*	Kalibo	Philippiness
KMG*	Kunming	China
KMI*	Miyazaki	Japan
KMJ*	Kumamoto	Japan
KMQ*	Komatsu	Japan
KNJ	Kindamba	Congo
KOJ*	Kagoshima	Japan
KPO	Pohang	Korea, South
KTM*	Kathmandu Tribhuvan	Nepal
KUA	Kuantan	Malaysia
KUF	Samara	Japan
KUL*	Kuala Lumpur Subang Int'l	Malaysia
KUN	Kaunas	Lithuania
KUV	Kunsan	Korea, South
KWL	Kuwait Int'l	Kuwait
KWJ	Kangju	Korea, South
KWL*	Guilin	China
KXK	Komsomolsk Na Amure	Russian Federation
KZK	Kompong Thom	Cambodia
KZN	Kazan	Russian Federation
LAD	Luanda Fevereiro	Angola
LAH	Labuha	Indonesia
LAO	Laoag	Philippiness
LAS*	Las Vegas Mccarran	USA
LAX*	Los Angeles Int'l	USA
LBG	Paris Le Bourget	France
LCK	Columbus Ricknbackr	USA
LED*	St. Petersburg Pulkovo	Russian Federation
LGB	Long Beach Municipal	USA
LGK	Langkawi	Malaysia
LGW*	London Gatwick	UK
LHR*	London Heathrow	UK
LIS	Lisbon Lisboa	Portugal
LON	London Heathrow	UK
LUX	Luxembourg Findel	Luxembourg
MAA	Madras Menmbarkam	India
MAD*	Madrid Barajas	Spain
MAJ	Majuro Int'l	Marshall Islands
MBB	Marble Bar	Australia

코 드	도시/공항명	국 가
MBE	Monbetsu	Japan
MCO	Orlando Int'l	USA
MCX	Makhachkala	Russian Federation
MDC	Manado Samrtulngi	Indonesia
MBE	Monbetsu	Japan
MCO	Orlando Int'l	USA
MCX	Makhachkala	Russian Federation
MDC	Manado Samrtulngi	Indonesia
MDG*	Mudanjiang	China
MDW	Chicago Midway	USA
MEB	Melbourne Essendon	Australia
MEL*	Melbourne Tulamarine	Australia
MEM	Memphis Int'l	USA
MFM*	Macau	Macau
MGQ	Mogadishu Int'l	Somalia
MIA	Miami Int'l	USA
MIC	Minneapolis Crystal	USA
MII	Marilia G Vidigal	Brazil
MKE	Milwaukee G Mitchell	USA
MLE*	Male Int'l	Maldives
MMB	Memanbetsu	Japan
MMJ	Matsumoto	Japan
MMK	Murmansk Monkey	Russian Federation
MNL*	Manila Ninoy Int'l	Philippines
MNS	Mansa	Zambia
MQF	Magnitogorsk	Russian Federation
MRG	Mareeba	Australia
MSP	Minneapolis Int'l	USA
MSQ	Minsk	Belarus
MSY	New Orleans Int'l	USA
MTJ	Montrose	USA
MUC*	Munich	Germany
MWX*	Muan Int'l	Korea, South
MXP*	Milan Malpensa	Italy
MYJ*	Matsuyama	Japan
NAL	Nalchik	Russian Federation
NAN*	Nadi Int'l	Fiji
NBO*	Jomo Kenyatta Int'l	Kenya
NGB*	Ningbo	China
NGO*	Ngoya Komaki	Japan
NGS*	Nagasaki	Japan
NKG*	Nanjing	China
NMA*	Namangan	Uzbekistan
NMG	San Miguel	Panama
NOU*	La Tontouta Int'l	New Caledonia
NOP	Mactan Island Nab	Philippines
NOZ	Novokuznetsk	Russian Federation

코 드	도시/공항명	국 가
NPT*	Newport	USA
NRT*	Tokyo Narita	Japan
NVY	Neyveli	India
OAK	Oakland Int'l	USA
OBO	Obihiro	Japan
ODM	Oakland	USA
OIT*	Oita	Japan
OKA*	Okinawa Naha Fld	Japan
OKD	Sapporo Okadama	Japan
OKI	Oki Island	Japan
OKJ*	Okayama	Japan
OKO	Tokyo Yokota Afb	Japan
ONG	Mornington Is	Australia
ONT	Ontario Int'l	USA
ORD*	Chicago O'hare	USA
OSA*	Osaka Int'l	Japan
OSL*	Oslo	Norway
OSS	Osh	Kyrgyzstan
OVB*	Novosibirsk Tolmachevo	Russian Federation
PAR	Paris De Gaulle	France
PDX	Portland Int'l	USA
PEC	Pelican	USA
PEE	Perm	Russian Federation
PEK*	Beijing Capital	China
PEN*	Penang Int'l	Malaysia
PHL	Philandelphia Pa/Wilmton Int'l	USA
PKC	Petropavlovsk-Kamchatsky Apt	Russian Federation
PNE	Philadelphia Pa/Wilmton No. Phil	USA
PNH*	Phnom Penh	Cambodia
POM	Port Moresby Jackson	Papua New Guinea
PPT	Papeete Faaa	French Polynesia
PRG*	Ruzyne	Czech Republic
PUS*	Pusan Kimhae	Korea, South
PVG*	Pu Dong	China
QPG	Singapore Paya Lebar	Singapore
RAM	Ramingining	Australia
REP*	Angkor Int'l	Cambodia
RGN*	Yangon Mingaladon	Myanmar
ROR*	Koror Airai	Palau
RSU	Yosu	Korea, South
RUH*	Riyadh K. Khaled	Saudi Arabia
SAN	San Diego Lindberg	USA
SAT	San Antonio Int'l	USA
SCW	Syktyvkar	Russian Federation
SDA	Baghdad Saddam	Iraq
SDJ*	Sendai	Japan
SDN	Sandance	Norway

코 드	도시/공항명	국 가
SEA*	Seattle/Tacoma Sea/Tac	USA
SFO*	San Francisco Int'l	USA
SGN*	Ho Chi Minh Son Nhut	Vietnam
SHA*	Shanghai Hongqiao	China
SHD	Shenandoah Valley Airport	USA
SHE*	Shenyang	China
SHJ	Sharjah	USA
SHM	Nanki Shirahama	Japan
SHO	Sokcho Solak	Korea, South
SIA*	Xi An Xiguan	China
SIN*	Singapore Changi	Singapore
SIY	Montague	USA
SJW*	Shijiazhuang	China
SNK	Snyder	USA
SNN	Shannon	Ireland
SOF	Sofia Int'l	Bulgaria
SPL	Schiphol	Netherlands
SPN*	Saipan Int'l	Northern Mariana Islands
STL	St. Louis Int'l	USA
STN	London Stansted	UK
SVO*	Moscow Sheremetye	Russian Federation
SVX	Ekaterinburg	Russian Federation
SYD*	Sydney Kingsford	Australia
SYO	Shonai	Japan
SYX*	Sanya	China
SZX*	Shenzhen	China
TAE*	Taegu	Korea, South
TAK*	Takamatsu	Japan
TAO*	Qingdao	China
TAS*	Tashkent	Uzbekistan
THR*	Tehran Mehrabad	Iran
TIJ	Tijuana	Mexico
TIP	Tripoli Int'l	Libya
TJM	Tyumen	Russian Federation
TKC	Tiko	Cameroon
TKS	Tokushima	Japan
TLS	Toulouse Blangnac	France
TLV*	Tel Aviv-Yafo Ben Gurion	Israel
TNA*	Jinan	China
TNN	Tainan	Taiwan
TOY*	Toyama	Japan
TPE*	Taipei Shek	Taiwan
TSA*	Taipei Songshan	Taipei
TSE	Tselinograd	Kazakhstan
TSN*	Tianjin	China
TTJ	Tottori	Japan
TUN	Tunis Carthage	Tunisia

코 드	도시/공항명	국 가
TYN	Taiyuan	China
TYO	Tokyo Narita	Japan
TXN*	Huangshan Tunxi Int'l	China
UAM	Guam Anderson Afb	Guam
UBJ	Ube Yamaguchi	Japan
UFA	Ufa	Russian Federation
ULM	New Ulm	USA
ULN*	Ulan Bator	Mongolia
ULY	Ulyanovsk	Russian Federation
URC*	Urumqi	China
USN	Ulsan	Korea, South
UTP	Utapao	Thailand
UUD	Ulan-Ude	Russian Federation
UUS*	Yuzhno-Sakhalinsk	Russian Federation
VLE*	Vienna Schwechat	Australia
VTE*	Watty Int'l	Laos
VVO*	Vladivostok	Russian Federation
WAW	Warsaw Okecie	Poland
WKJ	Wakkanai	Japan
WNZ*	Wenzhou Int'l	China
WUH*	Wuhan	China
XIY*	Xi An Xianyang	China
XMN*	Xiamen Int'l	China
YCN	Cochrane	Canada
YEC	Yechon	Korea, South
YEG	Edmonton Int'l	Canada
YGJ*	Yonago	Japan
YKS	Yakutsk	Russian Federation
YMS	Yurimaguas	Peru
YMX	Montreal Mirabel	Canada
YNJ*	Yanji	China
YNT*	Yantai Laishan	China
ZAG*	Pleso	Croatia
YVR*	Bancouver Int'l	Croatia
YWG	Winnipeg Int'l	Croatia
YXX	Abbotsford	Croatia
YYC	Calgary Int'l	Croatia
YYZ*	Toronto Pearson	Croatia
YNY*	Yangyang Int'l	Korea, South
ZRH*	Zurich	Switzerland
YYC	Calgary Int'l	Croatia
YYZ*	Toronto Pearson	Croatia
YNY*	Yangyang Int'l	Korea, South
ZRH*	Zurich	Switzerland

5. 국내외 항공 관련 기관 및 단체

구 분		명 칭	홈페이지
정부 및 산하 기관	국가기관	국토교통부물류혁신본부	molit.go.kr
		항공안전본부	casa.go.kr
		서울지방항공청	sraa.molit.kr
		부산지방항공청	braa.mdit.go.kr
		항공교통센터	acc.molit.go.kr
		항공철도사고조사위원회	araib.molit.go.kr
		항행표준관리센터	fio.go.kr
		항공기상청	kama.kma.go.kr
		외교부	mofa.go.kr
		산업통상자원부	motie.go.kr
		인천국제공항공사	airport.kr
		한국공항공사	airport.co.kr
		한국관광공사	visitkorea.or.kr
정부 및 산하 기관	기관 및 단체	교통안전공단	ts2020.kr
		한국항공진흥협회	airtransport.or.kr
		한국항공우주산업진흥협회	aerospace.or.kr
		한국항공우주기술협회	korea.or.kr
	정보 관련 기관	국가대중교통정보센터	tago.go.kr
		항공정보포털시스템	airportal.go.kr
		항공물류정보시스템	aircis.kr
민간 항공 당국	독일	Civil Aviation Authority	lba.de
	영국	Civil Aviation Authority	caa.co.kr
	노르웨이	Civil Aviation Authority	luftfartstilsynet.no
	스위스	Federal Office for Civil Aviation(FOCA)	aviation.admin.ch
	프랑스	Bureau d Enquetes et d Analyess Pour la Securite de l Aviation Civile	bea-fr.org
	호주	Civil Aviation Safety Authority	casa.gov.au
	뉴질랜드	Civil Aviation Authority	caa.govt.nz
	피지	Civil Aviation Authority	caaf.org.fj
	일본	Ministry of Land, Infrastrastructure & Transport	mlit.go.jp
	중국	Civil Aviation Administration of China	caac.gov.cn
	말레이시아	Department of Civil Aviation	dca.gov.my
	싱가포르	Civil Aviation Authority of Singapore	caas.gov.sg

구 분		명 칭	홈페이지
민간 항공 당국	인도	Ministry of Civil Aviation	civilaviation.nic.in
	대만	Civil Aeronautics Administration	caa.gov.tw
	태국	Department of Civil Aviation	aviation.go.th
	필리핀	Air Transportation Office(ATO)	ato.gov.ph
	캄보디아	Ministry of Public Works and Transport	mpwt.gov.kh
	홍콩	Civil Aviation Department	cad.gov.hk
	러시아	State Civil Aviation Authority	favt.ru
	미국	Federal Aviation Administration(FAA)	laa.gov
	캐나다	Transport Canada	tc.gc.ca

참 고 문 헌

■ 논문

서정만, 공공서비스 산출과정에서 발생하는 격차 해소 방안(박사), 2004.

김재식, 국내항공사의 지상조업 발전 방향에 관한 연구(석사), 2008.

곽재섭, 글로벌 저가 항공사의 경쟁적 마케팅 전략(석사), 2015.

정은미, 저가 항공사 고객 시민 행동에 대한 영향 요인 분석(석사), 2014.

윤희목, 항공운송업 현황 및 전망(산업정보, 월간 신한 리뷰), 2011.

■ 도서

김경숙, 항공서비스론, 백산출판사, 2014.

윤문길 외, 글로벌 항공운송서비스 경영, 한경사, 2014.

유문기, 항공운송론, 새로미, 2008.

정찬종 외, 최신 국외 여행 인솔 실무, 대왕사, 2015.

허국강 외, 항공여객 운송서비스, 백산출판사, 2014.

강혜숙, 항공운송업무론, 대왕사, 2009.

고광남 외, 항공보안론, 백산출판사, 2006.

노정철 외, 항공운송서비스 경영론, 한올출판사, 2011.

Collin C. Law & Mary R. Doerflein, Introduction to AIRLINE GROUND SERVICE,
        CENGAGE Learning, 2014.

■ 포털 사이트

한국공항공사(http://www.airport.co.kr)

인천국제공항공사(http://www.airport.kr)

한국항공진흥협회(www.airtransport.or.kr)

대한항공(kr.koreanair.com)

아시아나 항공(www.flyasiana.com)

IATA(www.iatatravelcentre.com)

ICAO(www.icao.int)

■ 네이버 Blog

쿠가의 궁전

미루오의 행복이 머무는 집

찾아보기

저자 소개

|서 정 만|

● 호남대학교 행정학 박사
● 국방대학교 안전보장대학원
● 한국공항공사(1980~2013)
  - 홍보실장
  - 안전보안실장
  - 경영정보실장
  - 여수지사장
● 현) 경복대학교 항공서비스과 교수

|이 희 라|

● 세종대학교 호텔관광과 박사
● 세종대학교 석사
● 한국외국어 대학교
● 2000~2014년 대한항공 부사무장
● 현) 경복대학교 항공서비스과 교수

항공운송서비스개론

초판1쇄 발행 2016년 1월 20일
2판 1쇄 발행 2018년 1월 15일
3판 1쇄 발행 2019년 1월 25일
3판 2쇄 발행 2021년 2월 10일

지은이   서정만·이희라
펴낸이   임 순 재

펴낸곳   (주)한올출판사
등 록   제11-403호
주 소   서울특별시 마포구 모래내로 83(성산동, 한올빌딩 3층)
전 화   (02)376-4298(대표)
팩 스   (02)302-8073
홈페이지   www.hanol.co.kr
e-메일   hanol@hanol.co.kr

ISBN 979-11-5685-740-2

□ 이 책의 내용은 저작권법의 보호를 받고 있습니다.
□ 잘못 만들어진 책은 본사나 구입하신 서점에서 바꾸어 드립니다.
□ 저자와의 협의하에 인지가 생략되었습니다.
□ 책 값은 뒷표지에 있습니다.